縄文時代前期から中期の大規模な集落跡が見つかった
三内丸山遺跡（青森県青森市）。

加曽利貝塚（千葉県千葉市）は、縄文時代前期から晩期にかけての集落遺跡。写真は、復元された加曽利貝塚（左上）と、貝層断面（右下）。赤色顔料が付着したハマグリ（左下）なども見つかっている。

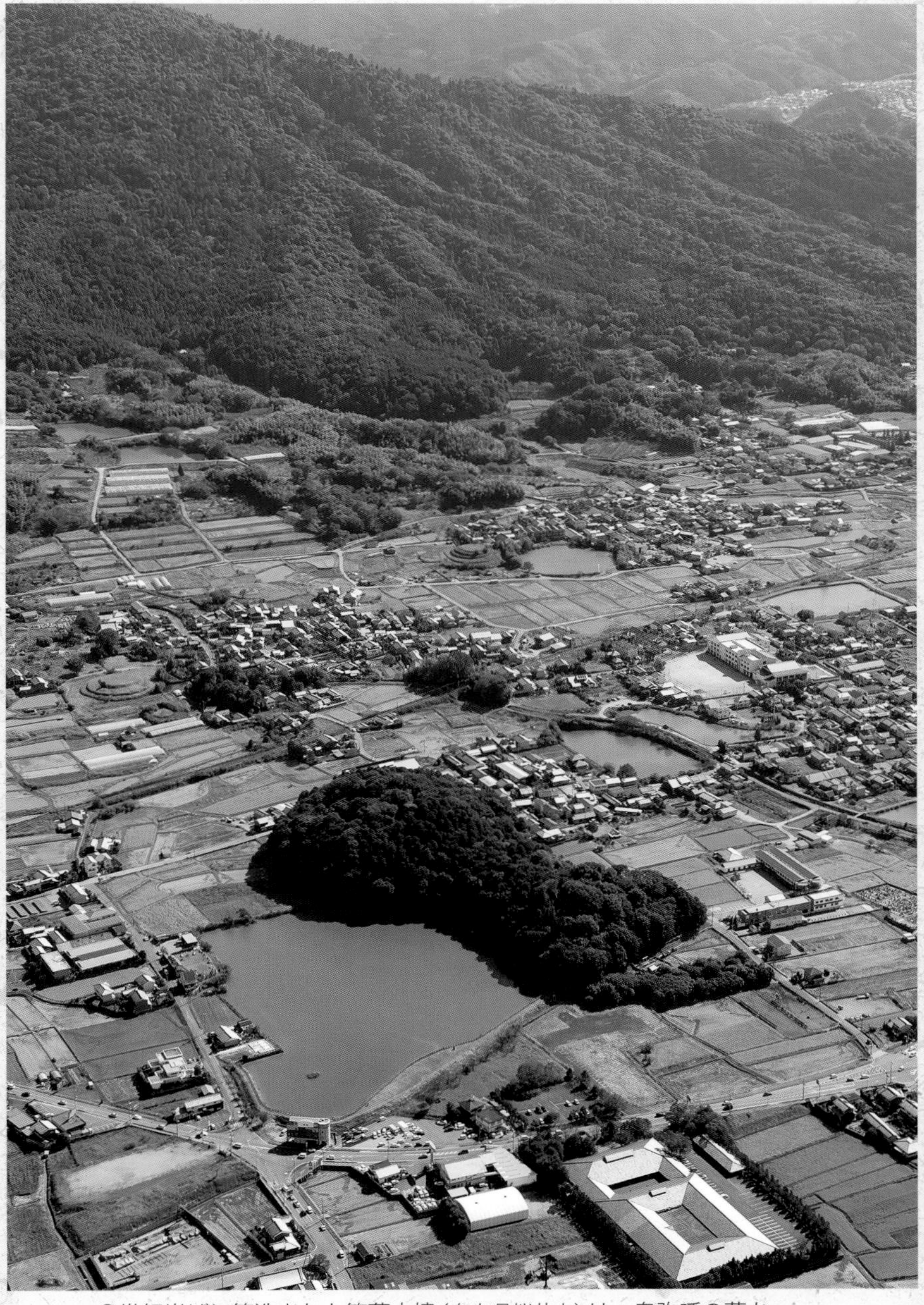

3世紀半ばに築造された箸墓古墳（奈良県桜井市）は、卑弥呼の墓か――。

「景初三年」銘の三角縁神獣鏡が出土した神原神社古墳（島根県雲南市）。

三五八本の銅剣と、銅鐸・銅矛が発見された荒神谷遺跡（島根県出雲市）。

大正時代に兵庫で発見された「外縁付鈕２式銅鐸」。加茂岩倉遺跡（島根県雲南市）と同じ鋳型でつくられたと考えられている。

吉野ヶ里遺跡（佐賀県神埼郡）の復元集落。

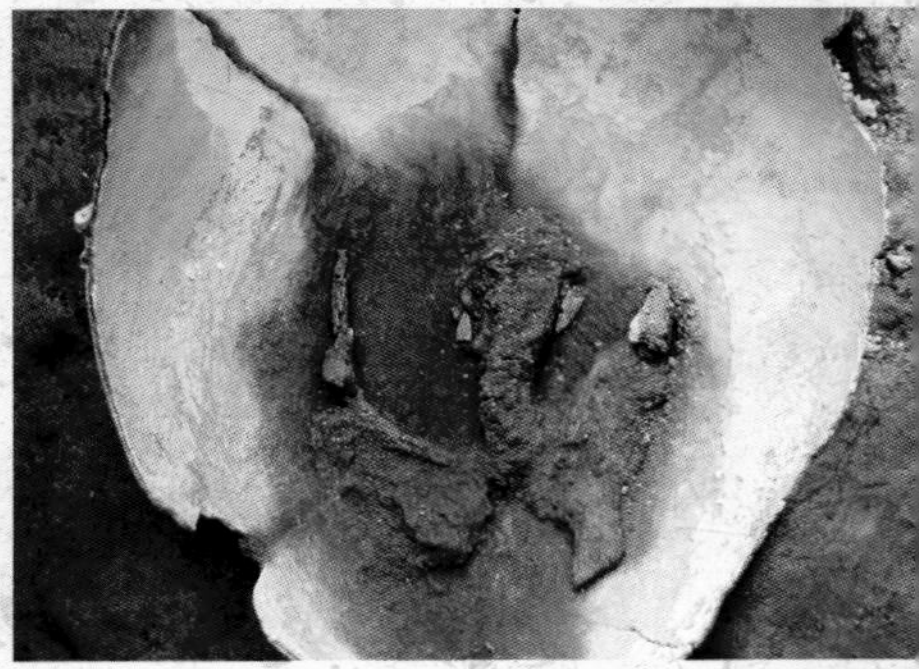

腹部に矢を射込まれていた人骨（上）、銅剣（左上）、貝でつくられた指輪（左下）。
いずれも吉野ヶ里遺跡で発見されたもの。
写真提供：佐賀県

熊野から八咫烏に導かれ、大和に向かった神武天皇。
画：「八咫烏に導かれる神武天皇」安達吟光

日向を出発した神武天皇は、苦難の末に橿原宮で即位した。
写真は橿原神宮（奈良県橿原市）。

九州北部最大の前方後円墳・岩戸山古墳（福岡県八女市）。六世紀の築造で、被葬者は、筑紫国造磐井と見られている（上）。この古墳とその周辺からは、「石人」と呼ばれる石像彫刻が多数発見されている（下）。

聖徳太子の創建と伝わる四天王寺（大阪府大阪市）。

高句麗に帰国する僧恵慈との別れを悲しむ聖徳太子（「聖徳太子絵伝断簡」）。

蘇我馬子の墓といわれる石舞台古墳（奈良県明日香村）。

「入鹿首塚」は、飛鳥寺西門を抜けた場所にある（奈良県明日香村）。

蘇我入鹿が暗殺された乙巳の変の舞台となった飛鳥宮跡／飛鳥板蓋宮跡（奈良県明日香村）。

藤原京の朝堂院南門跡と耳成山（奈良県橿原市）。

平城京は、奈良時代の政治の中心だった。写真は、復元された朱雀門（奈良県奈良市）。

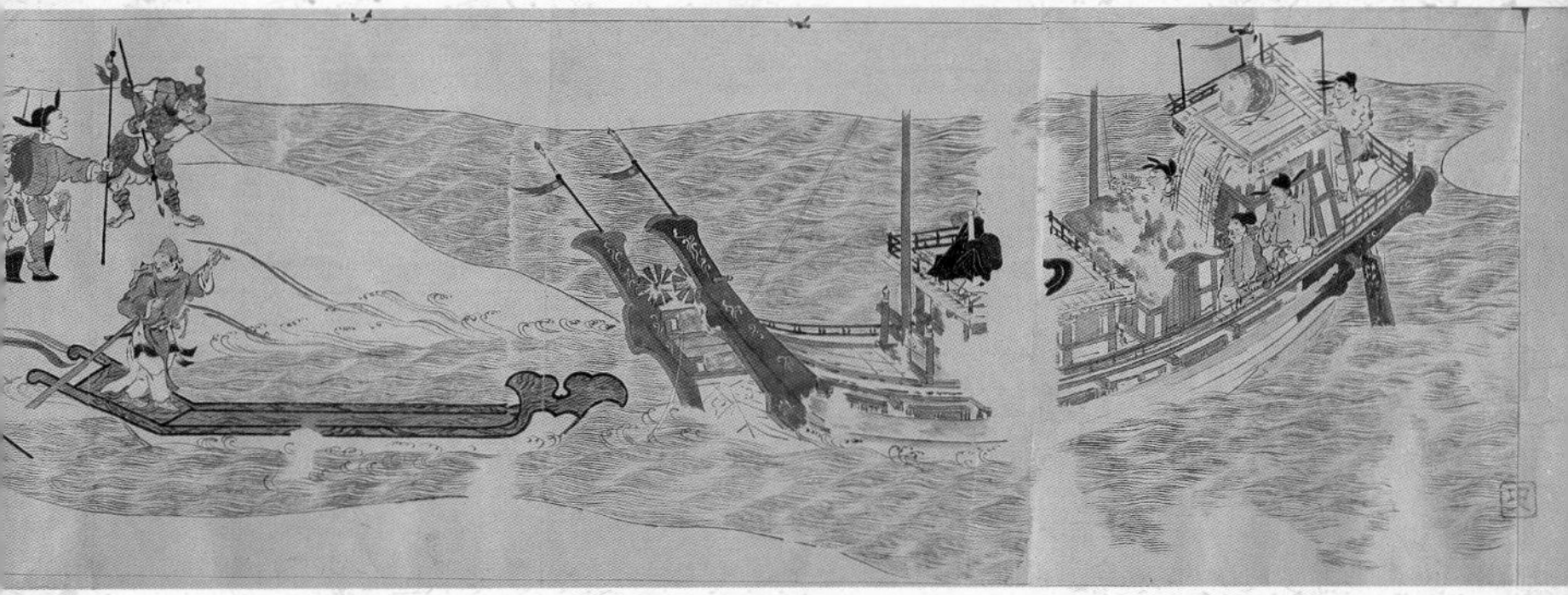

遣唐使船で唐に渡った吉備真備のエピソードが描かれている「吉備大臣入唐絵巻」（模本）。

仏教による鎮護国家を目指す聖武天皇（下）にとって、東大寺大仏殿（上）と、その中に鎮座する大仏（中）は、聖的象徴であり、国家を守護するシンボルでもあった。

厳島神社の社殿と大鳥居（広島県廿日市市）。

奥州藤原氏ゆかりの寺として知られる中尊寺（岩手県平泉町）。

藤原清衡のあとを継いだ基衡が造営した毛越寺（岩手県平泉町）。

「石橋山・江島・箱根図」。石橋山で敗れて、安房に逃れた源頼朝を探す平氏方の武将。江島・箱根も頼朝がたどった地として知られる。作者は、江戸時代中・後期に画家として活動した狩野惟信。10代将軍徳川家治や大老井伊直弼に重用された。

源義経（左下）は、平氏打倒の立役者だった。しかし、義経が後白河上皇（右下）に近づいたことなどが原因で、兄頼朝（左上／注：写真は伝源頼朝像）との不和が表面化。義経は、奥州へと逃れる。藤原秀衡に匿われるが、秀衡の死後、頼朝の圧力に屈した泰衡に急襲され、衣川の館で自害。右上は、源平合戦図屏風。

古代日本の歩き方

その謎を解明する！

瀧音能之

青春出版社

はじめに

近年の日本古代史研究の傾向を見てみると、新しい研究の流れが起きているように思われる。といっても、それによって歴史事実が変わるといったものではない。

それでは、どのような点が新しいのかというと、事件なり、人物なりに対する従来の見方や評価に変化が生じてきているということである。

たとえば、聖徳太子に対する評価はその最たるものの一つといえるだろう。聖徳太子といえば、知らない人はいないといってもよいくらいの有名人であるが、その生涯は謎に包まれている。とても人間わざとは思えない超人的な行動も多々見られる。

しかし、従来、これらのことについては、あまり積極的に検討を加えたものはなく、限られたものしかなかったように思われる。太子の様々な業績に対して、個々のものについては、検討を加えられることはあっても太子の全体像に関して総合的に分析を加えて評価することはなかったのではあるまいか。

それが近年にいたって、厩戸皇子という人物はいたが、聖徳太子という超人的な存在はいなかったとするいままでの聖徳太子像を全否定するような研究が提示され、論争をよんだ。これなどは、新しい史料によるものというより、いままでのものに対して視点を変えたり、解釈を深めたりした結果、導かれたといえる。

　こうしたことは、何も聖徳太子のみに限られるのではなく、乙巳の変の首謀者や蘇我氏の評価、壬申の乱の黒幕など古代史のさまざまなことがらにおいて問題提起がなされている。新たに問題視されている事柄のすべてが妥当であるか否かについては、さらに検討を加えなければならないものもあるが、いずれにしてもここにきて、古代史の研究に新しい潮流が見られるようになってきていることは否定できない事実のように思われる。

　本書は、そうした古代史研究の動向に気をとめつつ、それがいままでの研究とどのように関係を持つのか、それともまったく相容れないものかという点にも気をつかいつつ、古代史の全般について眺望したものである。本書によって、改めて古代史の魅力を感じていただければ、これ以上の喜びはない。

二〇二三年初春

瀧音能之

古代日本の歩き方　その謎を解明する！■目次

目　次

第3章 奈良時代

特集1 『古事記』と『日本書紀』の謎を追う

第4章 平安時代

特集2 日本神話と古代日本の実像を追う

■カバー写真…Colbase（https://colbase.nich.go.jp）
■口絵写真…アフロ（イメージマート、吉川信之／アフロ、東阪航空サービス／アフロ、角田展章／アフロ、古城 渡／アフロ、エムオーフォトス／アフロ、上田 安彦／アフロ、田中重樹／アフロ、中島洋祐／アフロ、akg-images／アフロ、萱村修三／アフロ、月岡陽一／アフロ、オフィスケー／アフロ、縄手英樹／アフロ、高松ミミ／アフロ、矢部志朗／アフロ）／青森県／佐賀県／島根県観光連盟／Colbase（https://colbase.nich.go.jp）
■本文写真…島根県観光連盟
■図版作成・DTP…ハッシィ

第1章

日本人のルーツ

1　日本人のルーツはどこまでさかのぼれるのか

◆人類の出現をめぐって

そもそも日本列島が現在のような弧状列島《こじょうれっとう》に近い姿になったのは、今からおよそ五〇〇万年くらい前のこととされる。もちろんその頃は、まだ大陸と陸続きであった。この日本列島に人が住みついたのは、更新世《こうしんせい》であることがわかってきている。

更新世とは、地質学の用語で、今から二〇〇万年前から一万年前くらいの時期をさしている。一万年前からは完新世《かんしんせい》とよんでいる。

更新世とよばれる時代を考古学でいうと、旧石器時代《きゅうせっきじだい》ということになる。したがって、この旧石器時代には、日本列島に人が住みついていることは今では明らかになっており、遺跡の数も四〇〇〇か所以上がみつかっている。

しかし、旧石器時代の日本列島に人が住んでいたことが明らかにされたのは、第二次世界大戦以後のことである。

第二次世界大戦に敗れるまでの歴史学界の定説は、日本列島に人が住みついたのは、旧

■人類の発生と進化

200万年前　100万年前　50万年前　10万年前　1万年前

更新世	完新世
先土器時代	縄文時代
旧石器時代	新石器時代

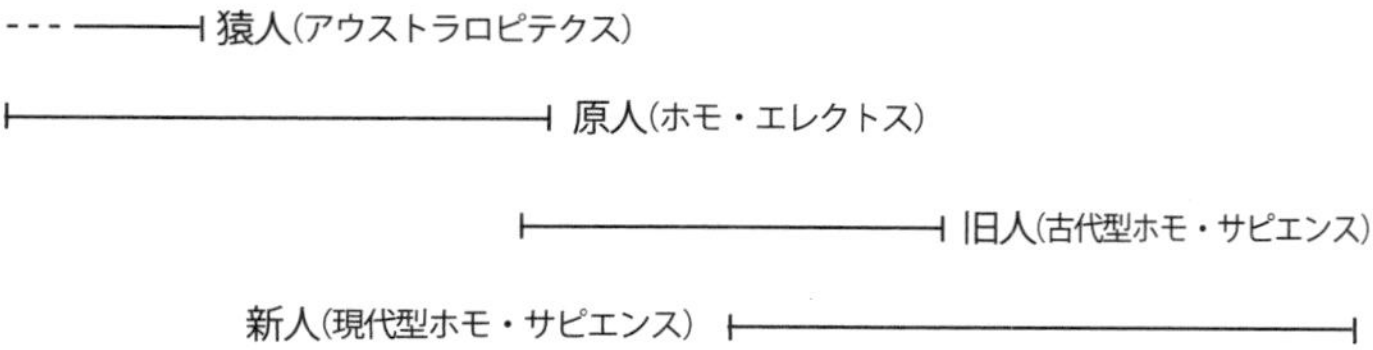

石器時代のあとの縄文時代からであるというものであった。したがって、発掘をおこなっても、縄文時代の地層が終わって旧石器時代の地層があらわれると、それで終了とされていたのである。

かつて、昭和六年（一九三一）、満州事変《まんしゅうじへん》が勃発《ぼっぱつ》した年に、直良信夫《なおらのぶお》氏によって、兵庫県明石市で、人骨が発見されたことがある。直良氏は、この人骨を旧石器時代の人骨であるとしたが、学界の認めるところとはならなかった。それは、みつかった人骨が腰骨《こしぼね》の部分のみであり、資料として十分でなかったこともあるが、何よりも旧石器時代の日本列島に人がいるはずがないという当時の先入観が強かったと思われる。

しかし、直良氏が発見した人骨は、その後、不思議な運命をたどることになる。人骨は早稲田大学に保管されていたが、戦局が激しくなり、東京が空襲を受けるようになると、その中で焼失してしまった。しかし、東京帝国大学がこの人骨のレプリカ（複製）を作っていたのである。そして、このレプリカが空襲をまぬがれ、残された。

戦後になって、長谷部《はせべ》言人《ことんど》氏が、このレプリカを用いて検討した結果、この人骨は旧石器時代のものと判定され、明石原人とよばれるようになった。しかし、なにしろ人骨の一部しかみつからず、しかも原物は焼失してしまっており、レプリカを使っての判定ということで、旧石器時代の人骨とすることには疑問が投げかけられていた。現在では、明石人と称され、縄文時代以降の人骨とする意見が強い。

しかし、昭和六年（一九三一）の段階で、すでに直良氏によって、日本列島における旧石器時代人の存在が指摘されていたことは、大変、興味深く、重要なことというべきであろう。

◆日本のシュリーマン〝相澤忠洋〟

戦後まもない一九四六年秋のこと、民間の考古学者であった相澤忠洋《あいざわただひろ》氏が群馬県の岩《いわ》宿《じゅく》で旧石器をみつけた。岩宿遺跡の発見であり、日本列島における旧石器時代の遺跡発見の第一号となる記念すべき遺跡の発見であった。

岩宿遺跡は、現在の群馬県みどり市にある。小間物《こまもの》の行商を終えた相澤氏は、家路に向かう途中であった。当時、相澤氏は行商をなりわいとしていたが、その一方で、考古学の探究に情熱を燃やす考古学徒でもあった。

一九四六年というと、敗戦の翌年であり、社会は大混乱の最中であった。人々は日々の生活に追われ、明日の食物にもことかくありさまであった。そのような社会状況の中で、決して裕福とはいえなかったであろう相澤氏の考古学への姿勢は、考古学好きという言葉などではすまされぬものであったろうし、また、それほどの情熱があったからこそ岩宿遺跡の発見へとつながったのであろう。

岩宿を通りかかった相澤氏の目に入ったのは、黒曜石《こくようせき》の破片であった。そして、この黒曜石の破片が含まれていた地層が赤土層であったことが、相澤氏を悩ませることになるのである。というのは、関東平野の赤土層は関東ローム層とよばれるものであり、旧石器時代に火山灰がふり積もったものであった。つまり、旧石器時代、少なくとも関東は火山活動が激しかったと考えられ、とても人間が生活を送っていたとは思われなかった。

ところが、赤土層から黒曜石の破片、すなわち石器が出てきたということは、ここでそれを使った人間の営みが確かにおこなわれていたということにほかならない。大学などで教えているいわゆる専門の考古学者ではなかった相澤氏にとっては、これは大変な疑問であった。

なぜなら、日本列島に人間が住みついたのは縄文時代からというのが常識だった時代に、旧石器時代の地層からいないはずの人間が生活していたであろう証拠をみつけてしまったのである。

こうした相澤忠洋氏の相談にのったのが、明治大学の芹沢長介《せりざわちょうすけ》氏であった。そして、このことが縁となり、明治大学によって岩宿の学術的な発掘が一九四九年と翌一九五〇年におこなわれた。土層を観察した結果、全部で五つの土層が確認された。そのうちの二層目からナイフ形石器や削器《さっき》が出土し、三層目からも石斧《せきふ》やナイフ形石器がみつかった。岩宿遺跡の発見である。この発見は、日本中の人々を驚かせた。何しろ、それまでの常識をくつがえして、旧石器時代にもすでに日本列島に人間がいたことが明らかになったからである。

◆石器ねつ造事件の衝撃

その後、発掘成果が進み、日本列島のいたるところで旧石器時代の遺跡の発見があいつぐようになり、それにつれて日本列島に人間が住みついた時期もどんどんさかのぼっていった。そして、いっときは、日本列島には五〇～六〇万年前にはすでに人間がいたといわれるようになった。

しかし、それが完全に否定される事件が起こった。石器ねつ造事件である。一人の考古学者が発掘の前に自分で石器を地層に埋めこんでいたのである。そこを発掘するわけであるから、当然のことながら石器がみつかる。そうした方法で多くの遺跡の発掘にたずさわっていたこの人物は、有名な民間の考古学者であった。

■日本の旧石器時代の主な遺跡

いみじくも民間の

学者である相澤氏によって切り開かれた旧石器時代の研究が同じ民間の学者によって閉ざされてしまったのである。それまで、この人物がかかわった遺跡の成果がすべてといってよいほど否定されたのはいうまでもないことである。そして、それによって日本の旧石器時代研究は停滞に追いこまれてしまった。

その後、地道な研究が旧石器時代研究を回復させつつあり、現在までのところ、日本列島でみつかっている旧石器時代の遺跡は、約三万五〇〇〇年前から一万二〇〇〇年前くらいのものとされている。

これらは、すべて後期旧石器時代に位置づけられるものであるが、それ以前の遺跡の発見の追究も列島各地でおこなわれている。たとえば、島根県出雲市の砂原遺跡からみつかった三六点の石片類は、一二万年前から一一万年前のものとされているが、これらの石片類についてはいまだ検討の余地があるともいわれている。

2 縄文時代のイメージを覆した三内丸山遺跡のインパクト

◆覆された縄文時代の定説

青森県の郊外で発見された三内丸山遺跡《さんないまるやま》は、それまでのわたしたちがもっていた縄文時代のイメージを一変させてしまった。

今から約一万二〇〇〇年前から紀元前四世紀ごろまでの時期にあたる縄文時代について、わたしたちは、狩猟《しゅりょう》や漁労《ぎょろう》を中心とした食料を採集する生活が営まれ、住居も台地上などに五から六人が居住する竪穴住居《たてあなじゅうきょ》をつくり、それが一〇戸ほどまとまってひとつの集落を形成していたと考えていた。

人々の生活範囲もそれほど広いものではなく、自分たちの集落とその周辺に限られていたと推測していた。

こうした縄文時代へのイメージは、全体的にはそうまちがっていないかもしれない。しかし、現在こうした考えだけでは理解できないケースがいくつもでてきているのも事実である。その代表例が三内丸山遺跡といえよう。

三内丸山遺跡は、縄文中期の集落遺跡であるが、まず驚かされるのがその規模の大きさである。全体が約四〇ヘクタールとそれまでの縄文時代の集落遺跡では想像もつかないくらいの広さをもっている。

一九九二年からの発掘調査によって多くの建物が確認され、一番多いときには五〇〇人もの住民がいたと考えられている。

一般的に考えて採集経済のみでは、これほど多くの人々の食料を確保し続けるのは困難である。したがって三内丸山遺跡では原始農耕といった生産経済の可能性も想定されている。

◆アワビ、黒曜石から読む縄文人の暮らし

原始農耕という点では、すでに縄文晩期から弥生期にかけての遺跡である福岡市の板付《いたづけ》遺跡や佐賀県唐津市の菜畑《なばたけ》遺跡などから水田跡がでている。

また、千葉市にある加曽利《かそり》貝塚からも興味深いデータが出されている。

貝塚は文字通り貝がらをすてた場所であり、いまでいうとゴミすて場ということになる。加曽利貝塚は国内最大級の貝塚遺跡であるが、そこから周辺の人々が消費した以上の量のアワビ貝がでてくるというのである。

■縄文時代の遺跡

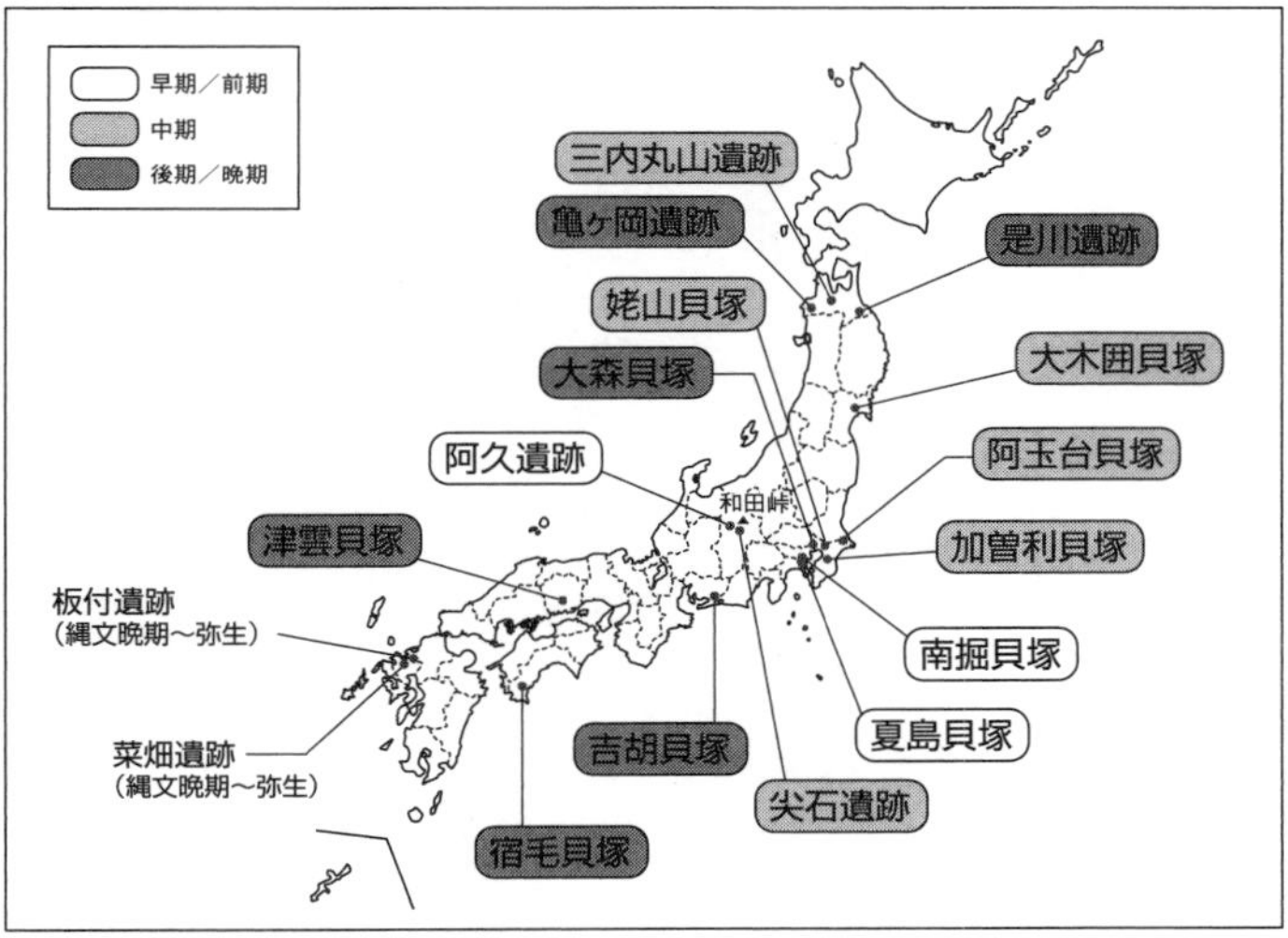

■黒曜石の交易圏

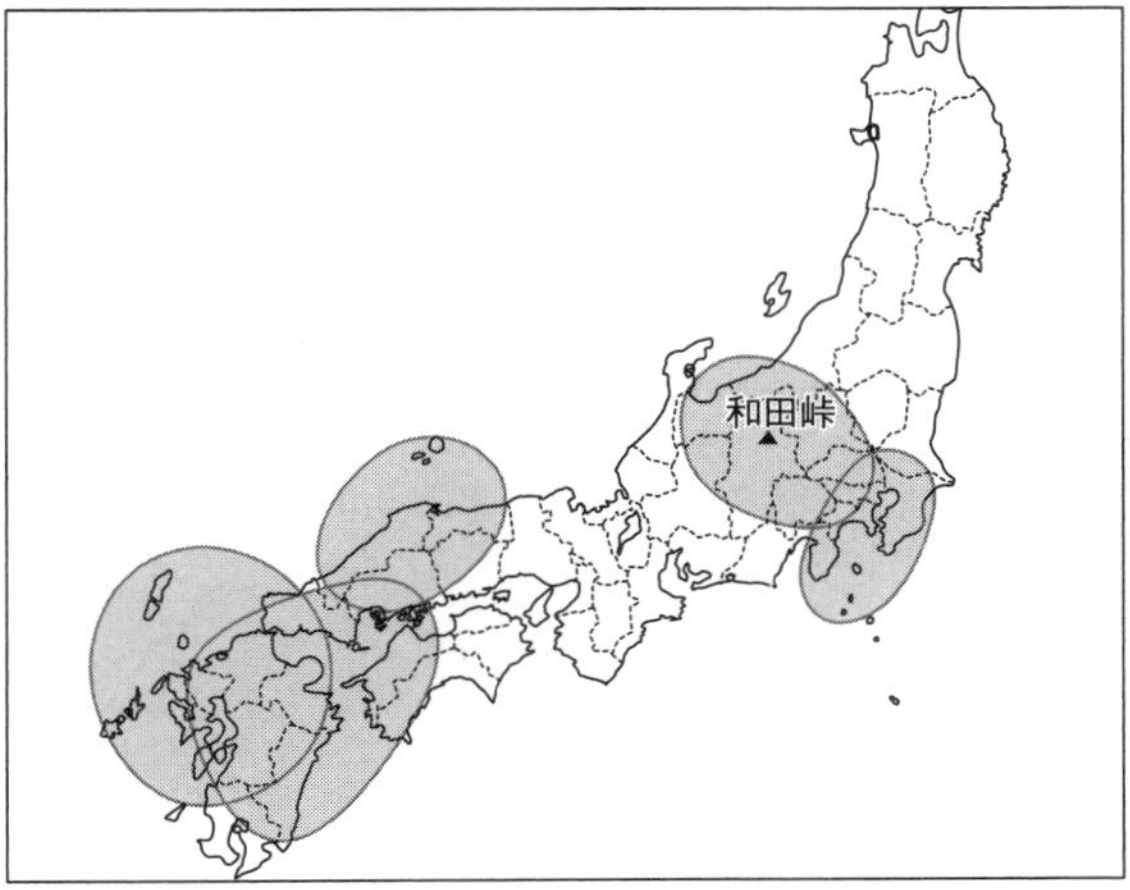

当然のことながら、なぜ必要以上のアワビを採ったのかということが謎として浮かび上がってくる。そこでひとつの説がたてられることになる。

加曽利貝塚のあたりの人たちは、アワビを干物にして、物々交換の品にしていたのではなかろうかという説である。

たとえば、千葉県にも長野県の和田峠から産出した黒曜石《こくようせき》が分布している。黒曜石は石器の材料として重要であるが、産出地が限定されるという特徴をもっている。関東近辺では、和田峠が代表的な出土地である。こうしたことを頭にいれて、一説では千葉県のアワビの干物と長野県の和田峠の黒曜石が互いに物々交換されていたのではともいわれている。

もちろん、こうしたことをいうのにはさらに多方面からの検証が必要であるが、ひとつの仮説として興味がひかれる。もし、こうしたことがいえるのなら、縄文人たちの活動範囲は、わたしたちがイメージしているよりもずっと広くて積極的であったかもしれないのである。

3 邪馬台国論争をめぐる現在地とは？

◆古代史上で最大の謎

邪馬台国《やまたいこく》の問題は、古くて新しい問題である。どこにあったのか、女王の卑弥呼《ひみこ》はどんな女性であったのか、邪馬台国の社会はどのようなものであったのか、など謎はつきない。特に所在地に関しては、畿内《きない》説、北部九州説をはじめとして日本列島各地にその場所が求められている。

しかし、それらの中でも有力なのは畿内説と北部九州説である。この二つの説のうちでも、近年は考古学の成果を基にして畿内説が優勢であり、もう畿内に決定という感じでものをいう研究者もいるようであるが、厳密にいうと、邪馬台国が畿内という確証はないのである。それこそ、卑弥呼が魏からもらったといわれる「親魏倭王」の金印がみつかるとかといった、確たる決め手がでない限り、決着がついたとはいえないであろう。

そもそも邪馬台国問題が、このようにさまざまなことがいわれ、しかも、謎が深まるばかりなのは、よるべき史料があまりにも少ない、ということがあげられる。『日本書紀』

の神功皇后《じんぐうこうごう》の条に、少しばかり卑弥呼の記述がみられるが、記・紀には邪馬台国についての記述はまったくといってよいくらい残されていない。つまり、邪馬台国について考えるとき、記・紀は有効な史料としては使えないのである。したがって、邪馬台国に関しては、中国側の史料であるいわゆる「魏志《ぎし》」倭人伝《わじんでん》が唯一の史料といえる。

このことからわかるように、邪馬台国について考えるさいの史料は、きわめて限定されてしまう。つまり、専門の研究者だけでなく歴史ファンにも容易に入りこめ、議論に加わることができるということである。邪馬台国が人気である最大の理由はここにあるといってもよいであろう。

◆「魏志」倭人伝について

それでは、あらためて「魏志」倭人伝とはどのような史料なのかというと、実はこの名称の史料は存在しない。これは、晋《しん》の時代の人である陳寿《ちんじゅ》が魏《ぎ》・呉《ご》・蜀《しょく》の三国の歴史をまとめた『三国志《さんごくし》』の中の「魏志」の一部の通称なのである。したがって、少し詳しくいうと、『三国志』魏志三〇、東夷伝、倭人条ということになる。

『三国志』というと、わたしたち日本人には劉備玄徳《りゅうびげんとく》がつくった蜀の人気が高く、魏はどちらかというと、悪役のイメージが強い。しかし、こと邪馬台国に関しては、「魏志」

が重要である。

この「魏志」倭人伝をまとめた陳寿は、魚豢《ぎょけん》の『魏略《ぎりゃく》』を参考にしたといわれている。「魏志」倭人伝は、全体でおよそ二〇〇〇字ほどであり、情報量としては、決して多いとはいえない。しかし、これが邪馬台国を知るほとんど唯一の史料なのである。

もちろん、書かれていることすべてが正確とはいえないが、内容的にはおよそ三つに分けられる。一つめは、当時、朝鮮半島に置かれていた魏の植民地である帯方郡《たいほうぐん》（現在のソウル付近）から邪馬台国までの距離と周辺の国々に関する情報、二つめは、邪馬台国の人々の風俗・生活・習慣に関する情報、三つめは、魏と邪馬台国の外交関係についての情報である。いずれにしても、「魏志」倭人伝は、邪馬台国を考えるさいの基本史料といえるのである。

◆邪馬台国は畿内か？

それでは、具体的に邪馬台国についてみてみよう。まず、興味をひかれるのは、何といってもその所在地の問題である。邪馬台国がどこにあったかは、単なる興味にとどまらず、古代史に大きな影響を与える重要問題なのである。

有力な考えのひとつである邪馬台国畿内説は、八世紀初めにまとめられた。『日本書紀』

の編纂者《へんさんしゃ》たちによってすでにもたれていたようである。すなわち、『日本書紀』の神功皇后摂政三九年条をみると、「魏志」倭人伝を引用して魏への遣使のことが記されている。また、四〇年条には魏から使節がやってきたことがのべられており、四三年条にも魏への遣使のことがみられる。ここから、卑弥呼を神功皇后と考えていたふしが見受けられるのである。

こうした考えは、江戸時代の松下見林《まつしたけんりん》の『異称日本伝《いしょうにほんでん》』にも受け継がれている。また、新井白石《あらいはくせき》も最初は邪馬台国の場所を大和としている。もっとも、白石はのちに九州説に変わった。本居宣長《もとおりのりなが》も大和に邪馬台国があったと考えており、卑弥呼を神功皇后にあてている。

近代に入ると、邪馬台国の所在地をめぐって論争が活発化する。その先駆《せんく》となったのが、白鳥庫吉《しらとりくらきち》の九州説に対する内藤湖南《ないとうこなん》の大和説である。内藤はさらに、卑弥呼については倭姫命《やまとひめのみこと》のこととしている。この大和説を受け継いだ笠井新也は卑弥呼を倭迹迹日百襲《やまとととひももそ》姫命《ひめのみこと》にあて、その墓を箸墓《はしはか》古墳と考えた。

考古学の面からは、梅原末治《うめはらすえじ》が三角縁神獣鏡《さんかくぶちしんじゅうきょう》の分布をもとに大和説を説き、三角縁神獣鏡の分布を分与論の立場でとらえた小林行雄《こばやしゆきお》も大和説を主張した。

ちなみに、卑弥呼が魏へ使いを出したとされる景初三年（二三九）の銘をもつ銅鏡が、

■大和か九州か

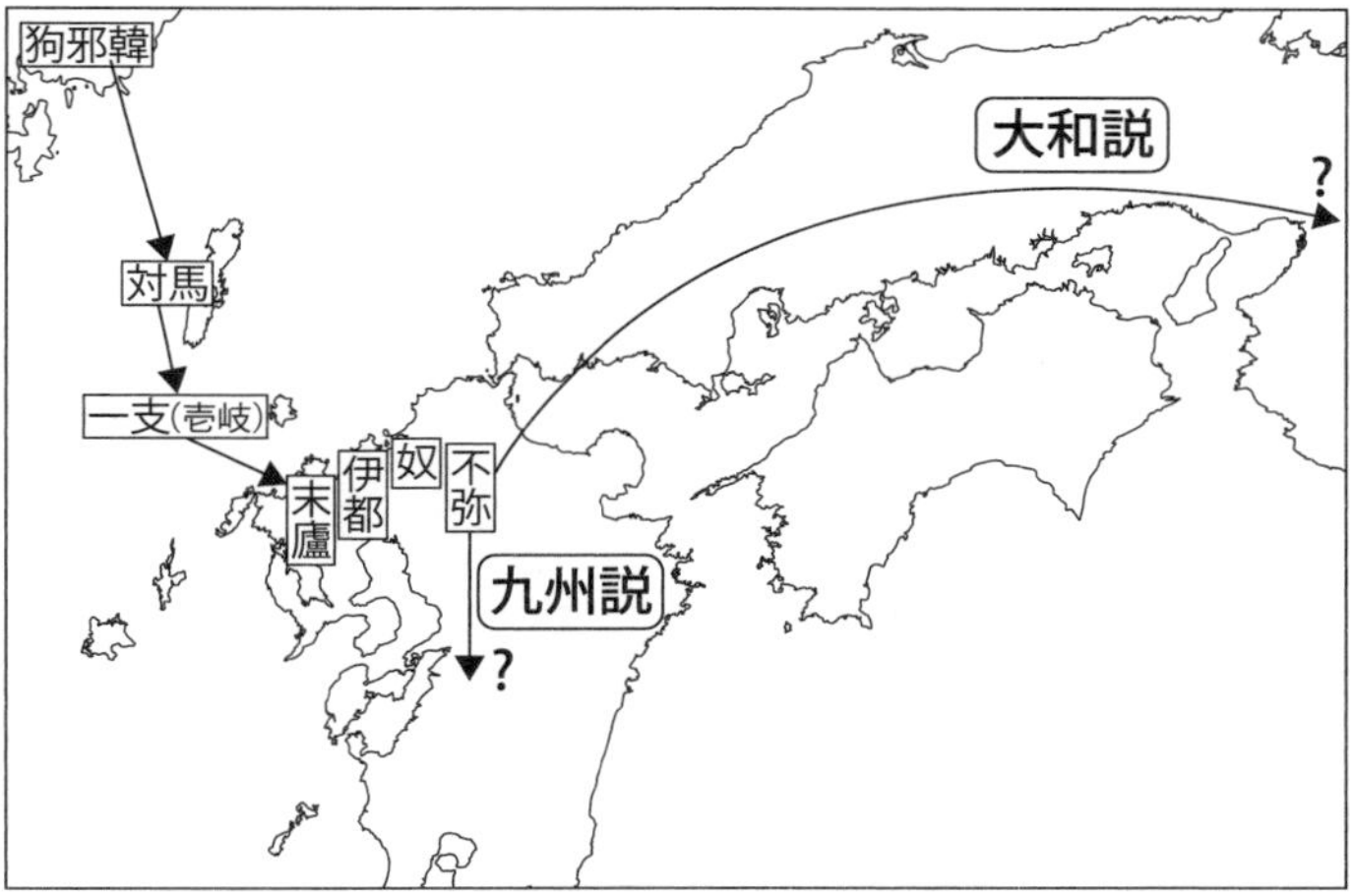

島根県の神原神社《かんばらじんじゃ》古墳と大阪府の和泉《いずみ》黄金塚《こがねづか》古墳からそれぞれ一面ずつ出土しており、これらと卑弥呼が魏から与えられたとする銅鏡一〇〇枚とを結びつけて考える説もある。考古学の立場からは、やはり鏡をはじめとする出土遺物や遺跡の数や規模の大きさなどから、畿内説支持ということになる傾向が強い。

そうした傾向は現代にも受け継がれており、大型建物跡が発見された纒向《まきむく》遺跡を卑弥呼の宮殿と関連づけてとらえようとする説が出されているし、鏡片ではあるが八一面もの鏡を副葬品としてもつ桜《さくら》井《い》茶臼山《ちゃうすやま》古墳の存在を邪馬台国と結びつけて考える説もみられる。

しかし、原点にたちもどって「魏志」倭人伝を読んで距離と方角を追うと、邪馬台国は九州を南下して、さらに九州を通り越し、南方海上にいきついてしまう。そこで、大和説は「魏志」倭人伝の距離は正しいが、方角に関して南とあるのは東の誤りと解釈するわけである。こうした根本問題についても考えなければならないであろう。

◆邪馬台国は北部九州か？

「魏志」倭人伝の方角を正しいとみなし、距離に誤りがあると考えるのが、邪馬台国北部九州説である。この北部九州説は、近代になるまではどちらかというと少数派だったといってよいであろう。江戸時代に『外國之事調書』の中で筑後《ちくご》国山門郡（現在の福岡県山門郡）説を説いた新井白石もはじめは大和説（『古史通或問』）であり、本居宣長も大和説であった。その中で、大隅《おおすみ》国囎唹《そお》郡（現在の鹿児島県曽於郡）説を主張した鶴峯戊申《つるみねしげのぶ》や肥後《ひご》国菊池郡（現在の熊本県菊池市）説を説いた近藤芳樹《こんどうよしき》は異色な存在といえる。

所在地論争は、明治時代の末に熱をおびることになる。東京帝国大学の白鳥庫吉と京都帝国大学の内藤湖南という二人の東洋史学者が論争をくりひろげたからである。大和説を展開した内藤に対して、白鳥は「魏志」倭人伝の中の距離や日程を分析して、邪馬台国を肥後に比定した。

その後、この距離・日程に画期的な解釈をほどこし、邪馬台国の位置を九州の筑紫平野としたのが榎一雄《えのきかずお》である。榎は、いままで邪馬台国への行程を直線的にとらえてきたのに対して、伊都《いと》国から先の奴《な》国・不弥《ふみ》国・投馬《とうま》国・邪馬台国については、伊都国からそれぞれの国までの里程と考えるべきであるとして、九州説の距離の面での弱点を克服したのである。

しかし、いまだに所在については決着がついたとはいい難く、のべたように、考古学の面からは畿内説に傾いているのが現状である。

◆卑弥呼とはどんな人物か？

邪馬台国が秘めている謎は、所在地の問題のみではない。そのひとつに女王とされた卑弥呼のことがあげられる。三〇あまりからなる邪馬台国連合の女王である卑弥呼の正体は、実はほとんどわかっていない。「魏志」倭人伝によると、国同士の争いが止まず、女王を立ててようやくおさまったとある。つまり、男王ではおさまらなかったわけであり、加えて卑弥呼には「鬼道」とよばれる特殊な能力があったとされる。

それでは、この鬼道とは一体、何かというと、正確にはよくわかっていないのである。道教的な呪術とか原始的呪術とかといわれているが、一方では、三輪山信仰に基づく呪術ともいわれている。いずれにしても、呪術にたけたシャーマン的な女性ということはできよう。また、女王になった卑弥呼は、かなりの年配であり、かつ独身であったという。そして、ふだんは人前に現れることはほとんどなく、千人もの婢《ひ》にかしづかれて生活していた。ただ、一人の男子のみが出入りをしていて飲食の世話などにあたっていたといわれる。これらから、卑弥呼は聖なる巫女であったことがうかがわれる。

また、卑弥呼が居住した宮殿は、客室のほか楼観や城柵からなっていて、兵士が守っていたとある。他の人々とは隔絶された生活をすごしていたわけであり、ここからも世俗とは一線を引いた生活をしている宗教王としてのイメージがわいてくる。

卑弥呼が死んだのち、男王が立ったが、やはり国が乱れ、結局、卑弥呼の一族の女性から壱与《いよ》という女性が選ばれて女王になったとされる。このとき壱与は十三歳。壱与にのぞまれたのは、政治力ではなく、卑弥呼と同様な聖的宗教性であったことはいうまでもないことであろう。

4 神話の国・出雲でいったい何が起きたのか

◆神庭荒神谷遺跡で見つかった青銅器の衝撃

島根県の東半分に位置する出雲国は、古代史の中でもとりわけ重要な地域のひとつである。たとえば、『古事記』にみられる神話の三分の一以上は、出雲に関係しているといわれている。また、近年では、旧国別にみると出雲が弥生時代における青銅器保有量の最も多い地域として注目が集まっている。

それは、四〇年近く前の一九八四年に神庭《かんば》荒神谷《こうじんだに》遺跡から、三五八本の中細型の銅剣《どうけん》ならびに銅鐸《どうたく》・銅矛《どうほこ》がみつかったことに始まる。

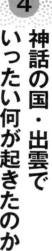

すでに、神庭荒神谷遺跡に近接する地域にある神原神社《かんばらじんじゃ》古墳から景初三年（二三九）銘のある銅鏡が発見されており、卑弥呼が魏からもらった一〇〇枚の銅鏡の中の一枚かと注目されてはいたが、神庭荒神谷遺跡から出土した青銅器の量は、日本中にインパクトを与えた。

まず、銅剣であるが、何しろそれまで日本全国で三〇〇本あまりしか出ていなかったのである。

つまり、神庭荒神谷遺跡から発見された銅剣の本数は、全国からの発見本数を軽く越えてしまったわけである。

さらに、銅剣・銅矛・銅鐸がセットで出土した意味も大きい。というのは、それまで一般的には、弥生時代の青銅器文化圏として、九州地域は細形銅剣（実践用）、銅矛、銅戈《どうか》、瀬戸内地区が平形銅剣（祭祀用）に対して、畿内は銅鐸といわれてきたからである。

神庭荒神谷遺跡から銅剣・銅矛・銅鐸が三点セットで出てきたことによって、こうした文化圏の存在を簡単にいうことができなくなったのである。

◆謎に包まれた出雲と他の地域の関係

さらに、一九九六年にみつかった加茂岩倉《かもいわくら》遺跡は、あらためて弥生時代における出雲のすごさを確認させることになった。一か所から三九個もの銅鐸がまとまって発見されたのである。

この数は一か所からの出土としては最高のものである。位置的にも加茂岩倉遺跡から南へ約一・六キロメートルのところには神原神社古墳があり、北側の山をはさんで約三、四キロメートルのところには神庭荒神谷遺跡がある。まさに、日本一の青銅器密集地域なの

■青銅器文化圏

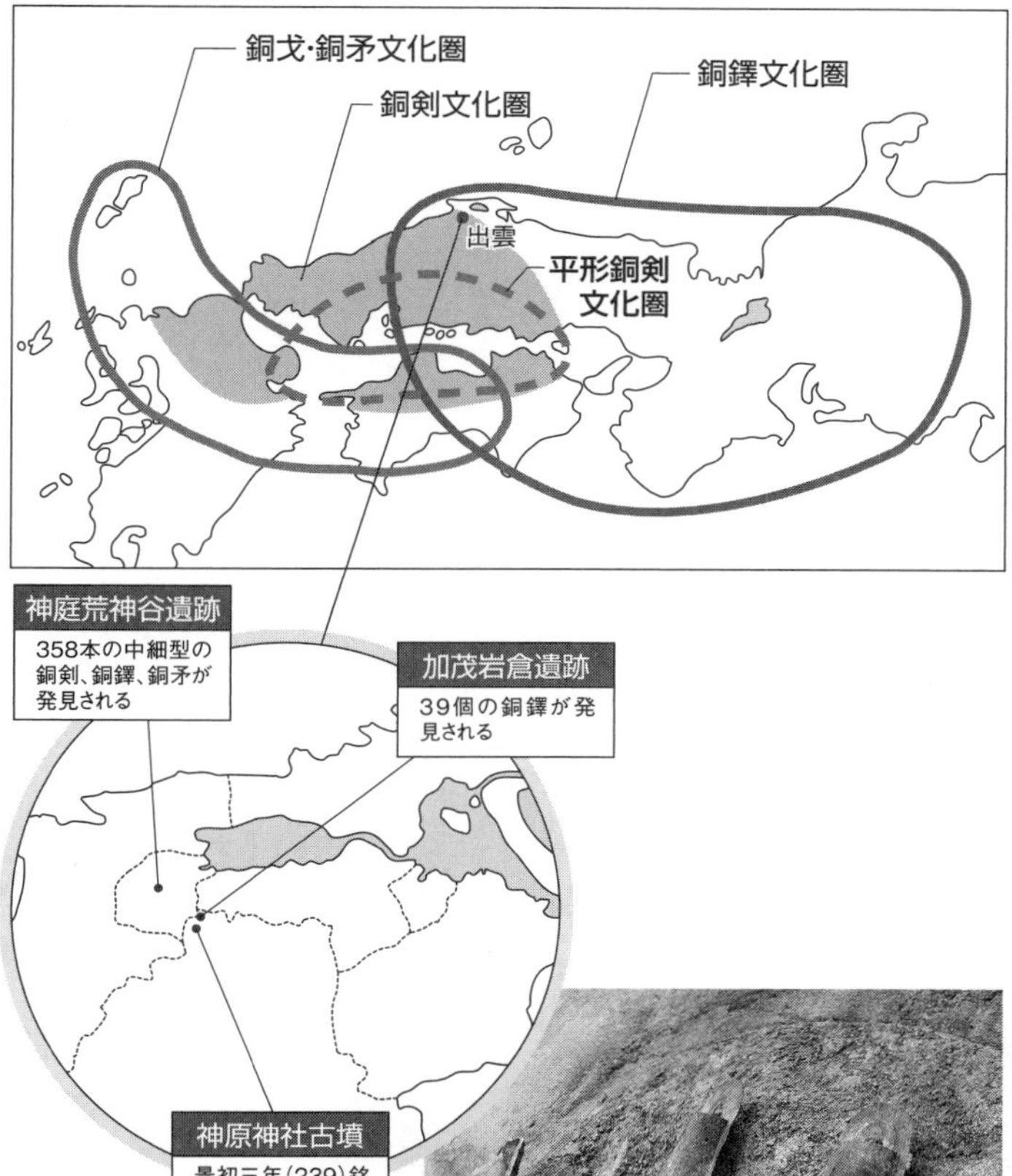

▲加茂岩倉遺跡

である。

加茂岩倉遺跡からみつかった銅鐸は古代史の常識に多くの問題提起をしたことでも重要である。たとえば、生産地の問題であるが、初めは畿内で造られたと考えられていたが、袈裟《けさ》襷文《だすきもん》のうち、縦帯と横帯の界線が切り合っているという独特のタイプのものがあることがわかり、これらは出雲産かといわれている。

また、三九個のうち、一五個に同笵《どうはん》関係（同じ鋳型でつくられること）がみられ、それも鳥取をはじめとして、兵庫・大阪・和歌山・奈良・徳島などから出土している銅鐸との同笵も指摘されていて広がりをもっている。

これらのことは、あるいは出雲で造られた銅鐸が他地域へ運ばれた可能性も考えることができ興味深い。

いずれにしても弥生期における出雲には、日本列島でも並々ならぬ勢力があったことが想定され、それが古墳時代にどう推移していったかを考えることは古代史研究の重要ポイントの一つといってよいであろう。

5 弥生時代の実像を現代に伝える吉野ヶ里遺跡の「痕跡」

◆なぜ「環濠」だったのか

一般に紀元前三世紀から紀元三世紀までの時期を弥生時代といい、前期・中期・後期の三つに区分する。

ところが近年、弥生時代を五〇〇年間さかのぼって考えるべきであるという見解が出され話題を呼んだ。

いずれにしても、弥生時代はその前の縄文時代とくらべると短いが、邪馬台国の問題をはじめとして、さまざまな謎がつめこまれている。

佐賀県神埼郡《かんざきぐん》の台地上に広がる吉野ヶ里《よしのがり》遺跡もいろいろなことを考えさせる遺跡である。まず、遺跡を囲む環濠《かんごう》に驚かされる。環濠とは集落の周囲を溝で囲んだものであり、敵からの防御を目的とする。

吉野ヶ里遺跡は、日本を代表する環濠集落でもある。こうした環濠集落は、吉野ヶ里遺跡の他にも、島根県の田和山《たわやま》遺跡や鳥取県の妻木晩田《むきばんだ》遺跡をはじめとして、大阪府の池上

■弥生時代の遺跡

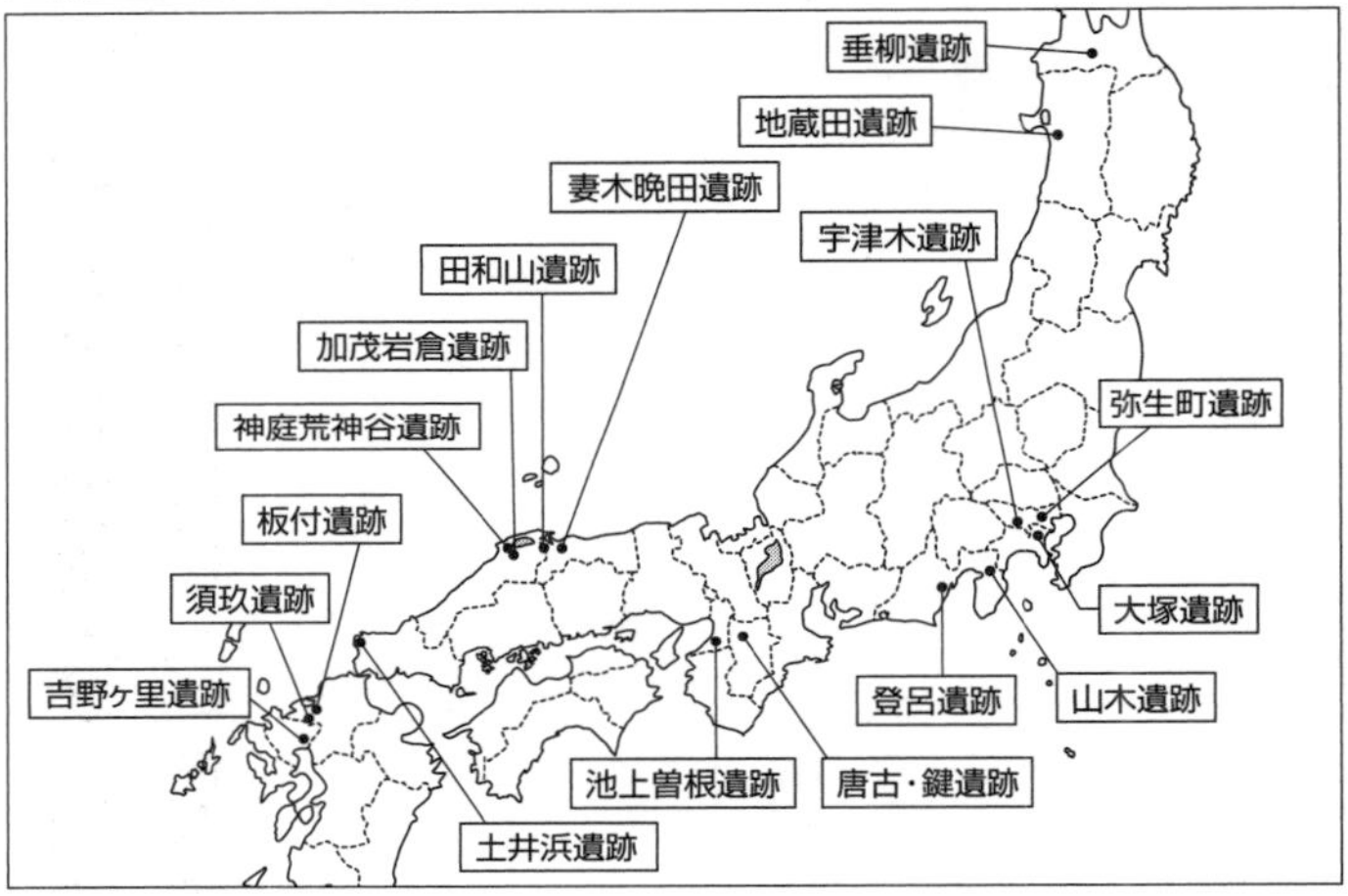

遺跡、神奈川県の大塚遺跡、秋田県の地蔵田《じぞうでん》遺跡というように、広範囲にみることができる。

　それらの中でも、吉野ヶ里遺跡は、弥生時代を代表する遺跡であり、前期に集落が形成されたのち、中期に墳丘墓が造られ、後期には、さらに望楼《ぼうろう》も設置されたと考えられている。

　現在、吉野ヶ里遺跡を訪ねると、多くの遺跡が復元され、一大テーマパークのような楽しさを感じるが、反面、敵からの攻撃に備え、濠を深くし、望楼からたえず彼方の敵を見張っていなければならなかった弥生人の厳しさも感じさせられる。

第2章

ヤマト政権の成立

6 「初期の天皇」をめぐる謎をどう読むか①

◆天皇の寿命

古代において、現人神とされた天皇といえども死はさけられない現実であった。そもそも神に死はあるのかという素朴な疑問がわいてくるが、火の神であるカグツチを生んだイザナミが死んだように神にも寿命があるのである。

天皇に寿命があることを記・紀神話はちゃんと説明している。すなわち、アマテラスの孫であるニニギが天孫降臨して一人の美女に出会う。大山祇神《おおやまつみのかみ》の娘である木花咲耶姫《このはなさくやひめ》である。ニニギが木花咲耶姫に求婚すると、父の大山祇神は喜んで、姉娘の磐長媛《いわながひめ》も添えてニニギにたてまつった。しかし、姉娘の方は醜《みにく》かったので、ニニギは木花咲耶姫だけをめとって、姉の方は返してしまった。父の大山祇神はこのことにいたく恥じてこういった。

「二人の娘をさし上げたのは、磐長媛をお側におくなら、天つ神の御子の命は雪がふり風が吹いても、磐のようにいつまでも変わらず安泰でしょう。また、木花咲耶姫をお側におくなら、木の花の栄えるようにお栄えになるでしょう。しかし、今、木花咲耶姫だけをお召しになって磐長媛をお返しになったので、天つ神の御子の寿命は限りあるはかないものになるでしょう」

と。天皇の寿命に限りがあるのはこのためだというのである。

というわけで、天皇にも寿命があることになったのであるが、実際に、『古事記』によって、歴代天皇の寿命についてみてみると、けっこう長命な天皇が多く、百歳をこえる天皇もかなりみられる。とりわけ初期の天皇にそのことがいえる。ちなみに、初代天皇とされる神武《じんむ》は、『古事記』では一三七歳、『日本書紀』では一二七歳で亡くなったことになっている。ついで、欠史八代といわれる二代綏《すい》靖《ぜい》天皇から九代開化《かいか》天皇までをみても、その

■初期の天皇の寿命

（歳）

天皇名	古事記	日本書紀
①神武	137	127
②綏靖	45	84
③安寧	49	57
④懿徳	45	77
⑤孝昭	93	113
⑥孝安	123	137
⑦孝霊	106	128
⑧孝元	57	116
⑨開化	63	115（111）

長命さは一目瞭然である。

こうしたことについては、七世紀初めの推古朝において初代天皇として神武が考え出され、その即位年を辛酉《しんゆう》革命思想などにのっとって紀元前六六〇年としたため、二代から九代までの天皇を創り出し、その多くは年代を調整するために長命となったとされている。つまり、初代の神武天皇、そして二代目から九代目までの天皇は架空の天皇の可能性がきわめて高いというのが、現在の定説になっているといってよいであろう。

◆初代天皇は誰か

そうすると、初代天皇は一体、誰なのかということが問題になってくる。この点については、一〇代目の崇神《すじん》天皇が実在した初代天皇といわれている。その証拠のひとつに、崇神天皇の名前があげられる。実は、崇神は「ハツクニシラス天皇」という名をもっているのである。この「ハツクニシラス天皇」というのは、初めて国を統治された天皇という意味をもっている。つまり、初代天皇ということになる。そして、この名称は、神武天皇にもつけられている。ということは、初代天皇が二人いるということになる。

この二人の天皇をどのようにとらえるかということは難問であるが、記・紀にみられる二人の天皇の記事をこまかくみていくと興味深いことに気がつく。まず、神武天皇の記事

■初期天皇の系図

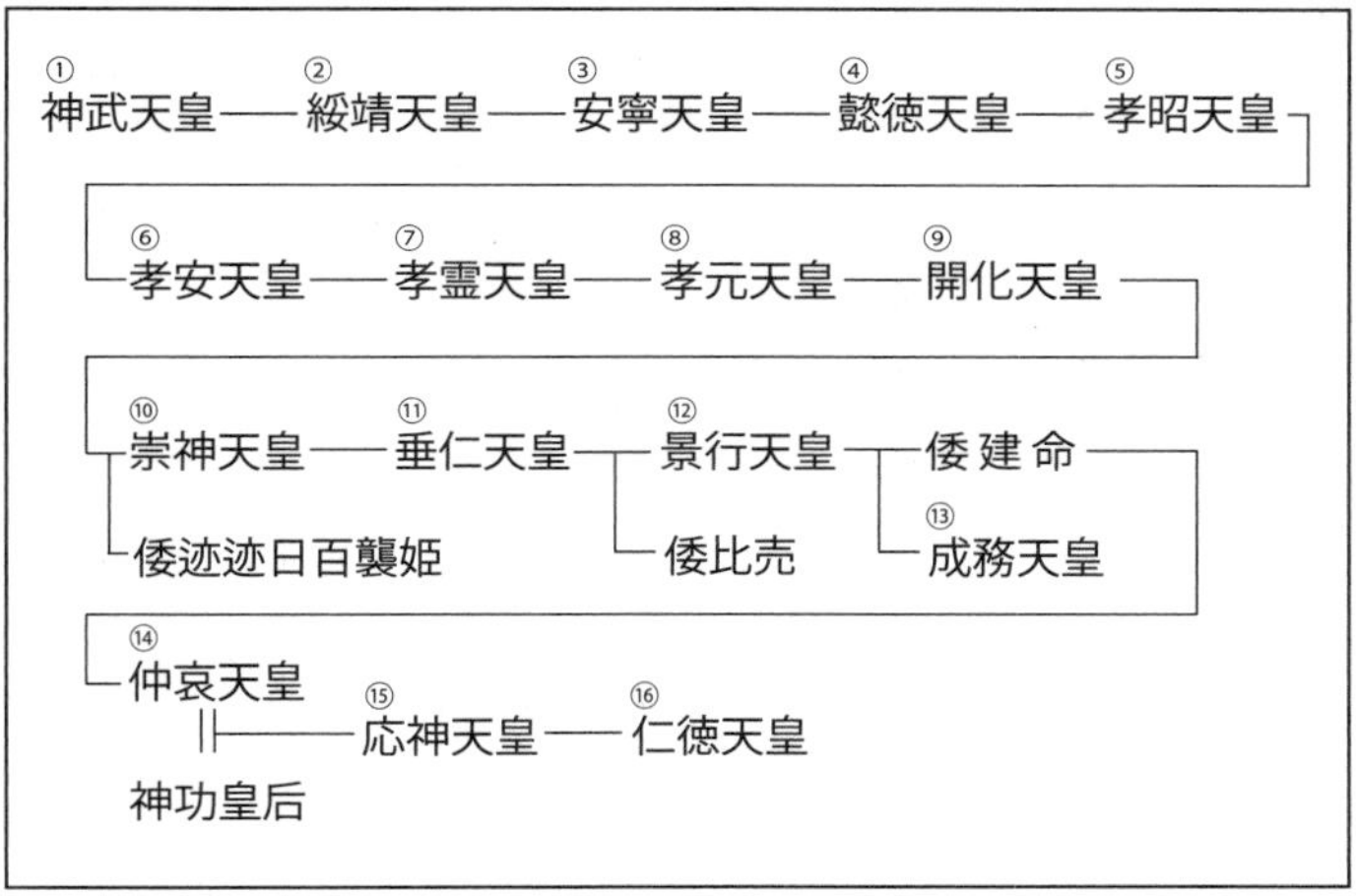

のほうは日向《ひむか》から大和《やまと》へ向かい、橿原宮《かしはらのみや》で初代天皇として即位するまでのいわゆる神武東征《とうせい》伝承と、即位して統治をおこない亡くなるまでの二つに分けられる。その年数は、前半の東征伝承よりも後半の天皇になってからの方が圧倒的に長い。しかし、記事の内容や分量は、東征伝承の方が多いのである。つまり、神武天皇の記事は、天皇になるまでの東征伝承がほとんどといってもよいくらいである。さらにいうと、東征伝承でも、日向から難波《なにわ》までの記事と、難波から紀伊《きい》へ回りこみ大和を目ざす部分とを比べると、後者の方が圧倒的に詳しい。これは、紀伊から大和入りを果たす部分については、六七二年に起きた壬申《じんしん》の乱のさいの大海人皇子《おおあまのおうじ》の足跡を参考にして作ったため、かなり詳しい記述ができた

のではないかという指摘もある。いずれにしても、神武天皇に関しては、天皇になるまでの記述がほとんどどということになる。

それに対して、崇神天皇に関してみると、たとえば『日本書紀』によって、その足跡を追うならば、即位した年に御間城姫《みまきひめ》を皇后とし、即位から三年目に磯城《しき》の瑞籬宮《みずがき》に遷都した。五年目には疫病《えきびょう》が流行し、六年目には民衆が多く流失したので神々を祀り、それまで宮廷に祀っていたアマテラスを倭の笠縫《かさぬい》村に移した。七年目には、大物主神《おおものぬしのかみ》をはじめ、八百万《やおよろず》の神々を祀り、ようやく疫病が消滅した。八年目には、大田田根子《おおたたねこ》に大物主神を祀らせた。一〇年目には、「四道将軍」を全国に派遣し、一一年目に夷賊《いぞく》を平定した。一二年目には戸口の調査を命じて調役を課したと続き、最後は六五年目に任那《みまな》が朝貢し、六八年目に亡くなったとしている。

これらが、崇神天皇の足跡である。同じ「ハツクニシラス天皇」と称されていても、崇神は神武と比較すると、統治者としてのイメージがより鮮明である。遷都はもちろんのこと、疫病の流行とそれを抑えるための神々への祭祀は統治者としての天皇の国内政策と受けとることができる。

また、戸口の調査や調役の賦課、諸国への造船命令、さらに、晩年の池の造作などの勧農政策といった点については、有能で寛容な統治者像がうかがわれる。その一方では、四

■神武東征のルート

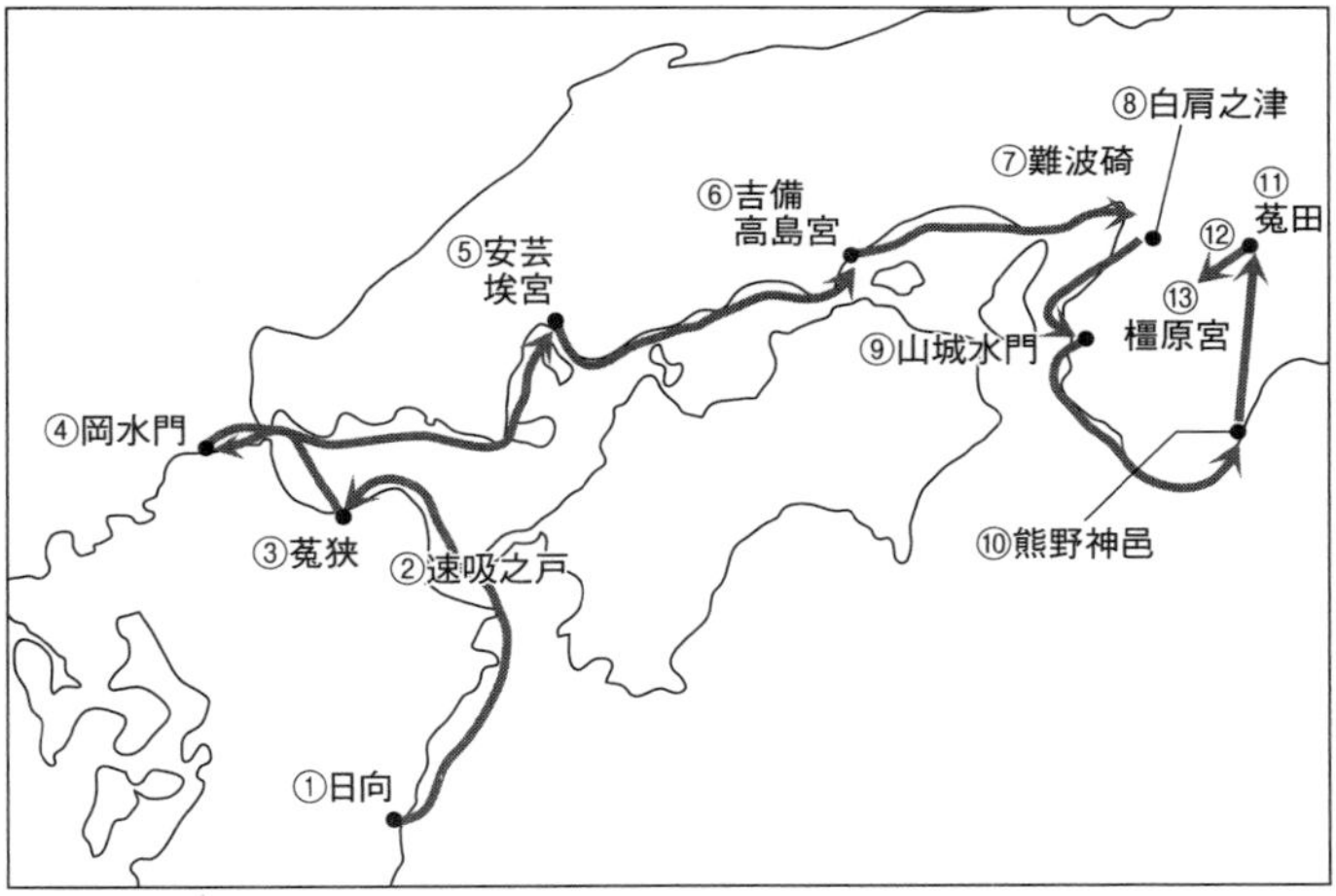

①45歳の10月に日向を出発　②珍彦を水先案内とする　③菟狭津彦、菟狭津媛のもてなしをうける　④筑紫国の岡水戸に留まる　⑤阿芸国の埃宮に到着　⑥高島宮を造り、3年間留まる　⑦難波碕に到着。上陸を開始　⑧孔舎衛坂で長髄彦に敗れる。五瀬命が負傷。⑨竈山で五瀬命が死去　⑩熊野の神邑にいたり、天磐盾に登る　⑪兄猾、弟猾を服属させる。八十梟を破る　⑫饒速日命が長髄彦を殺して帰順する　⑬橿原宮で即位する

道将軍の派遣記事や豊城命の東国統治の記事もみられ、これらには、国土の統治権を確立しようとする強い意志を読みとることもできる。晩年の任那からの朝貢は、国内の統治者としてのみならず、朝鮮半島にも権力が及んでいる偉大な天皇としての崇神像をイメージさせる。

もちろん、こうした崇神天皇の業績をすべてそのまま歴史的事実とみることはできない。しかし、偉大な国家の創始者の一代記という視点でみたとき崇神天皇に関する記事はなるほどと納得させられる。

しかし、崇神天皇にも問題がないわけではない。それは、初代天皇になったという所以がまったく説明されていないことである。この点については神武天皇の方は、東征して大和を平定して、橿原宮で即位したということが、『古事記』にも『日本書紀』にもはっきりと記されている。

つまり、神武天皇と崇神天皇の足跡を合わせれば、まさしく「ハックニシラス天皇」とよぶにふさわしいパーフェクトな天皇ができ上がるということになる。これをいいかえると、もともとは一人の天皇の記事であったものを、のちに二人分に分けたとも考えられる。

このように考えて、神武天皇と崇神天皇の足跡をあらためて比べてみると、崇神天皇の方がより実在感があることは、いなめない事実である。したがって、「ハックニシラス天皇」としてふさわしいのは、崇神天皇の方であり、神武天皇はやはり実在しない天皇と考えた方が良いであろう。

７ 「初期の天皇」をめぐる謎をどう読むか②

◆不思議な天皇の記事

『古事記』や『日本書紀』をつらぬく大きな思想のひとつに「万世一系《ばんせいいっけい》」という考えがある。これは皇祖神であるアマテラスの子孫である初代天皇の神武に始まって、天皇家は絶えることなく、子々孫々に皇位が譲られているというものである。

しかし、『古事記』や『日本書紀』、すなわち記・紀をこまかくみていくと、天皇の記事としては、意外な内容のものが散見される。このことをめぐって、さまざまなことがいわれているが、戦後いち早くそれらを王朝の交替ということで体系的に述べられたのが、いわゆる三王朝交替説といわれるものである。

これは水野祐《みずのゆう》博士が提唱した学説であり、第二次世界大戦に敗れるまで、天皇家は万世一系と教えこまれていた国民にとっては、大きな衝撃であった。

この三王朝交替説は、大化改新以前において、天皇家は三つの異なった王朝ができたとするものである。

すなわち、記・紀にみられる初代の神武《じんむ》天皇から九代の開化《かいか》天皇までは実在しない天皇とし、実際に存在が確認できる天皇は、一〇代目の崇神《すじん》天皇とする。そして、この崇神天皇に始まる王朝は仲哀《ちゅうあい》天皇で終わるとする。

次の応神《おうじん》天皇・仁徳《にんとく》天皇からは、それまでの王朝とはまったく別の王朝であり、この王朝は武烈《ぶれつ》天皇で終わりをつげる。そして、そのあと立った継体《けいたい》天皇からは、また異なった王朝であり、これが現在の天皇家につながっているというものである。時期的には、継体は六世紀初めの天皇ということになる。

◆仲哀天皇と応神天皇

記・紀では、仲哀天皇の皇后が神功皇后《じんぐうこうごう》であり、神功から生まれたのが応神天皇とされている。したがって、系譜的にはつながっているわけであるが、この三者についてはさまざまなことがいわれている。

まず、神功皇后についてであるが、敗戦までは、日本中で最も有名な女性の一人であった。それは、朝鮮半島に出兵して新羅《しらぎ》など三国を平定したことによる。明治時代になって紙幣が印刷されたとき、最初の紙幣の肖像画に神功皇后が選ばれたことでも、その重要性、人気の高さがうかがわれる。

しかし、現在では、神功皇后は実在した人物というよりも伝説上の人物とみなす説が有力である。もし、神功皇后が実在した女性でないとすれば、仲哀天皇と応神天皇をつなぐパイプがなくなってしまうことになる。

また、仲哀天皇にも不思議な言動がみられる。『日本書紀』をみるならば、仲哀天皇が即位した二年目に九州の熊襲《くまそ》がそむいた。天皇はこれを討つために出陣し、角鹿《つぬが》（敦賀）にいた神功皇后にも急ぎ合流することを求める。

『日本書紀』はここから時間が急にとんで、即位から八年目のこととして、群臣に熊襲征伐をはかったところ、神功皇后に神がかりがおこり、「熊襲は討っても何もない国である。それよりも金・銀などの財宝にあふれた新羅を討つべきである」と託宣した。

しかし仲哀天皇はその託宣を信じず、高い山に登ってはるかに海をみわたして、「国などみえぬのに神はどうしていつわりをいうのか」と逆に神に問いかける。

すると、神功皇后は、また神がかりするが、ついに天皇は神を信じず、熊襲平定をおこない失敗して、翌年二月に死んでしまうことになる。さらに、『日本書紀』では、別伝承として、天皇が戦死したとも記している。

つまり、仲哀天皇は、自らの業績をほとんど残していない。いわば神功皇后の新羅征討の前段階という印象が強い。事実、『古事記』では、仲哀天皇の系譜がのべられ、そのあとすぐに神功皇后の新羅征討のことが記されているのである。これは、仲哀天皇が実在した天皇ではなく、のちになってつくられた天皇であることを多分にうかがわせている。

詳しくは次項でも触れるが、神功皇后の新羅征討伝承は、伝承とはいえあまりにも抽象的である。具体性をまったくといってよいほど欠いているのは、この伝承が歴史的事実をふまえたものでない、ということをものがたっている。

これらのことをふまえて、三王朝交替説は仲哀と応神の間には、王朝の断絶があるのではと考えるのである。大和の王であった仲哀が九州の王である応神を攻めたが失敗したとするのである。

ちなみにその後、どうなったかというと、応神は自分の代には九州にとどまっていたが、子の仁徳の時代になって大和への東征をおこない、新しい王朝を打ち立てたとする。さらに、神武の東征伝承は、このときの仁徳の東征がもとになっているともしている。

したがって、三王朝交替説ではこの王朝を仁徳王朝と呼んでいる。応神を九州の王とすることについては、反対する研究者もいるが、応神のときに新しい王朝ができたとする考え自体は多くの賛成を得、研究者によっては応神王朝とか河内王朝とかと称されたりもしている。

◆武烈天皇と継体天皇

応神のあと、皇統譜では、仁徳→履中《りちゅう》→反正《はんぜい》→允恭《いんぎょう》→安康《あんこう》→雄略《ゆうりゃく》→清寧《せいねい》→顕宗《けんぞう》→仁賢《にんけん》→武烈《ぶれつ》と続くが、この武烈はふつうではとても信じられないくらいの悪行をおこなったことになっている。『日本書紀』をみると、

①妊婦の腹を割いて胎児をみた。
②人の生爪《なまづめ》をはいで、芋を掘らせた。
③人の頭髪をぬいて木の上に登らせ、その木を切り倒して死ぬのを楽しみとした。
④人を樋《とい》に入れて流し、出口で矛で刺殺して楽しんだ。
⑤人を木に登らせて、弓で射落として笑った。
⑥女性を裸にして板の上にすわらせ、馬をひき出して交接させ、その陰部が潤っている者は殺し、そうでないものは官婢とした。

といった行為をして楽しんだと記されている。この他にも政治をかえりみず、さまざまな非道をおこなっている。およそ天皇の行為とは思えないようなことを『日本書紀』は記しているわけであり、当然のことながらこうしたことをどのように解釈したらよいのかが問

題になってくる。

そこで考えられるのは、武烈のこうした行為が歴史的事実とは思えないということである。『古事記』には、こうした武烈の悪行はまったく記されていないことも、それを示唆している。

では、『日本書紀』の記述はどういうことなのかがますます気になってくる。この点について、中国の王朝観が反映されているのではなかろうかといわれている。つまり、王が善政をおこなえば天がそれを感じ、善いしるしをあらわすが、王が悪政をおこなえば天が怒り、その王朝を滅ぼしてしまうという考えである。

こうしたことをふまえるならば、『日本書紀』の編者は、武烈天皇で王朝が断絶することを示唆していることになる。武烈天皇のあとの継体天皇の名が、「継体」というのも何やら意味ありげである。それは、体制を継承するという意味にとれるからであり、とりもなおさず、武烈と継体との間には断絶があると読みとれるからである。

記・紀によると、武烈天皇には子がいなかったため、大伴金村《おおとものかなむら》が越《こし》から応神天皇の五世の孫である継体を後継天皇にむかえたことになっている。

越からむかえたこと、応神の五世の孫という血縁の遠さは、ふつうに考えると、やはり、違和感をおぼえる。継体は、河内《かわち》の樟葉宮《くすはのみや》で即位するが、その後、宮を転々とし、大和に落ちついたのは、即位二〇年目、もしくは七年目のこととされる。また、継体は即位する前に尾張氏の出身の目子媛《めのこひめ》をめとっていたが、即位後、手白香皇女《たしらかのひめみこ》をめとって皇后とした。この手白香皇女は武烈天皇の姉にあたる。

このように大和に入るまでに、年月を要していることや即位後、武烈の姉をわざわざ皇后に立てていることも、何やら武烈までとは違う王朝を感じさせる。これらの点から、継体天皇からは、異なる王朝ができたのではというのが三王朝交替説ということになる。

◆三王朝交替説の評価

三王朝交替説が戦後の天皇制研究に与えた影響は大きいものがある。その後、研究が深められた結果、この説を完全に否定する考えもあるが、応神天皇および継体天皇の段階でそれまでの系統とは変化があるということを支持する見解が有力になっているように思われる。

しかし、「王朝」という言葉には、反対の立場も多い。まったく、異なった王朝が立ったという考えをとらなくても良いということである。そうした立場からは、「王統」とか「政権」とかといった言葉が用いられ、王統交替・政権交替といったいわれ方がされるようになってきている。

8 神功皇后の三韓平定伝承が意味するものとは?

◆謎に包まれた伝承を読み解く

朝鮮半島は古代以来、今日にいたるまで日本の歴史に大きな影響を与え続けている地域である。そのことが原因となって、現代でも日本と韓国との間には両国の歴史認識の違いをめぐって対立が起きることもしばしばである。

前項でも触れた神功皇后《じんぐうこうごう》の三韓平定伝承は、実に謎の多い伝承である。まず、神功皇后自身が多くの謎につつまれている。

仲哀《ちゅうあい》天皇の皇后ということになっているが、具体性があまりなく架空の人物というのが一般的である。

記・紀では、仲哀天皇が熊襲《くまそ》平定をしようとしたとき、神功は神がかりして、熊襲より朝鮮半島を討つべきだと主張している。仲哀天皇がその言葉を信じず、神罰を受けて崩じたのち、神功は新羅征討を決定する。

■古代の朝鮮半島

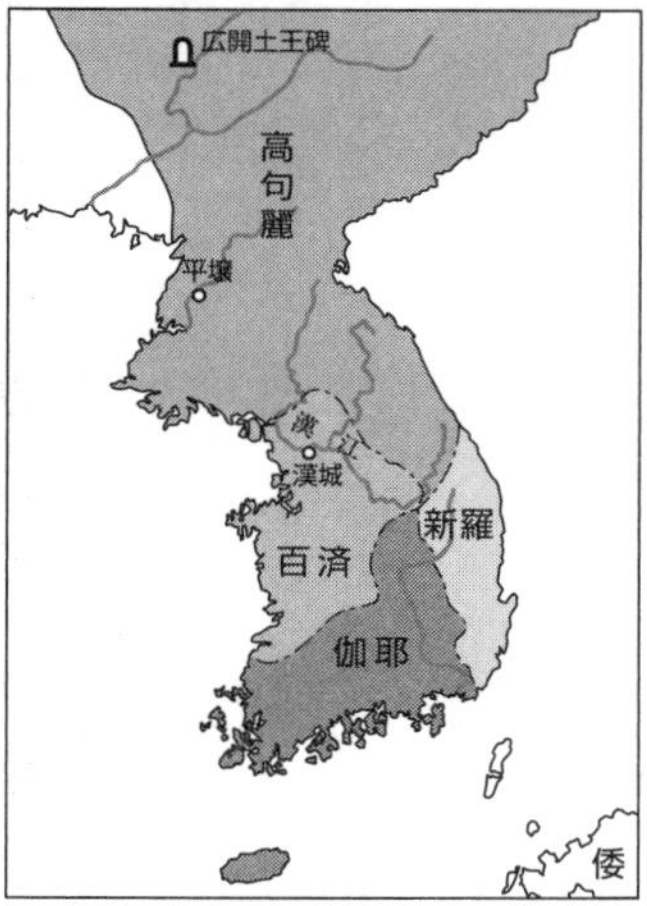

4世紀

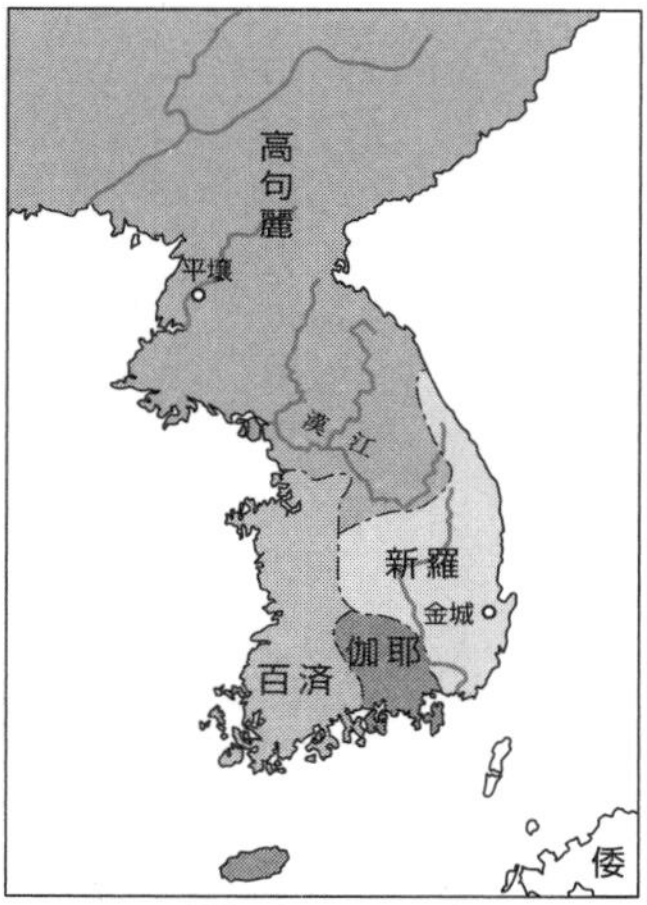

6世紀（532年頃）

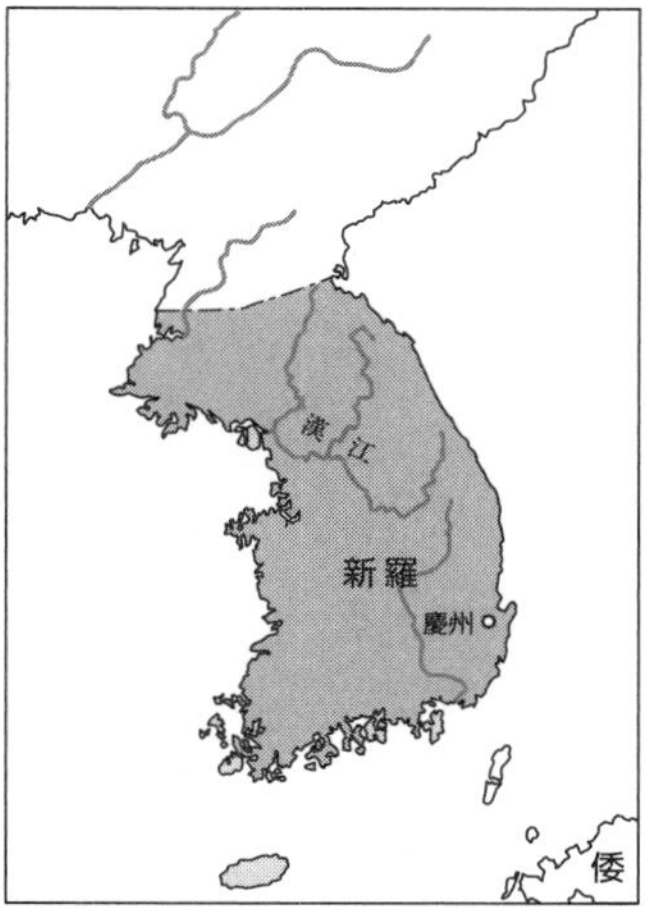

7世紀（676年～）

■古代朝鮮半島年表

313	高句麗が楽浪郡を滅ぼす
346	百済がおこる
356	新羅がおこる
369	倭軍が新羅を破って、朝鮮半島南部に進出
391	倭軍が百済、新羅を破る（広開土王碑文）
562	新羅が伽耶を滅ぼす
660	百済が滅びる
663	白村江の戦い
676	新羅による朝鮮半島統一
935	新羅が滅びる

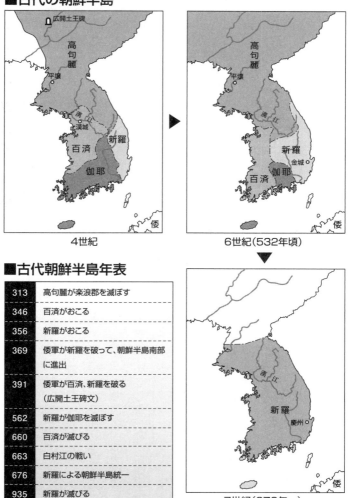

◆具体的な記述が残されていない理由

神功皇后の軍は対馬の和珥津《わにのつ》から出発するのであるが、その後の経緯は、あまりにも伝承性が強く、虚構性にみちあふれている。というのは、船団が出発すると飛廉《かぜのかみ》は風を起こし、波の神は波をまき起こして船の進行を助けたというのである。

おまけに海中にいた大魚がことごとく浮かび上がってきて船をかついで朝鮮半島をめざしたとされる。こうして軍船は水夫がこがなくても新羅に着いた。このとき、神功皇后の軍船が起こす波が大津波となって新羅に押しよせ、国の半分を沈めてしまった。新羅王は驚き恐れてなすすべもなく、人々を集めて天運が尽きたかといった。

そして、新羅王は、東方に日本という神の国があり、天皇という聖王が統治しているときく、といってとてもかなわないと「白旗」をかかげて降服してしまう。古代において降服のしるしとしてすでに白旗が使われているのは面白い。ついで、百済王、高句麗王も降参することになる。

これが神功皇后の三韓平定伝承であるが、あまりにも具体性に欠けているといわざるを得ない。こうしたことの原因は、とりもなおさず、この伝承が歴史的事実ではないということにある。

◆三韓平定伝承が生まれた背景

それでは、この伝承はいつごろ形成されたのであろうかというと、七世紀の中期ごろであるといわれている。この時期は、ヤマト政権が国内の安定を確保し、朝鮮半島へ出兵しようという発想が高まったときである。

こうした出兵を正当づけるために、前例として神功による三韓平定伝承がつくられたと考えられている。

しかし、ヤマト政権はかつて任那《みまな》に足がかりを得るために朝鮮半島に出兵した経験をもつものの、それは部分的な戦闘であって、神功皇后の遠征のような大規模なものではとうていなかった。さらに、七世紀の中期ごろには、そうした朝鮮半島への出兵経験もすでに色あせて記憶もうすらいでいたと思われる。

こうしたことが、神功皇后の三韓平定という有名な伝承であるにもかかわらず、内容的には実戦描写をはじめとしてリアリティがまったくないものになっている理由と考えられるのである。

9 雄略天皇にまつわる記述から何がわかるか

◆倭の五王の「武」にあたる

三世紀に邪馬台国《やまたいこく》の女王であった卑弥呼《ひみこ》や壱与《いよ》が中国へ遣使したのち、大陸との交渉はパタッと途絶えてしまう。つまり、四世紀の対外関係は謎につつまれており、かろうじて高句麗《こうくり》の好太王碑文《こうたいおうひぶん》によって、四世紀の末に倭（日本）が朝鮮半島に出兵して高句麗と戦ったことがわかるくらいである。

それが五世紀になると事情が変わってくる。少なくとも四二一年から五〇二年にかけて、日本から五人の天皇が中国の南宋などの南朝へ一三回にわたって遣使を派遣したことが、『宋書』などから確認することができる。いわゆる倭の五王である。中国側の史料で讃《さん》・珍《ちん》（彌）・済《せい》・興《こう》・武《ぶ》という名で記されている天皇を具体的にだれにあてはめたらよいのかという点については、いまだ問題が残されていて確定をみるまでにはいたっていない。それでも、倭の五王のうち済・興・武については、系譜の面などから、済は允恭《いんぎょう》・興は安康《あんこう》・武は雄略《ゆうりゃく》ということが、定説となっているといってよいであろう。

したがって、雄略は倭の五王の最後を飾る武ということになる。武は、四七八年に南宋の順帝《じゅんてい》に上表文を奉っており、その中で東はエミシの国を五五か国、西はクマソを六六国平定したとのべている。上表文にあげられた数字をそのまま受けとることはできないにしても、雄略が東へ西へと奮闘している様子がうかがえる。そのことは、考古学の成果からもいうことができる。

◆鉄剣の出土が持つ意味

一九六八年、埼玉県行田《ぎょうだ》市にある埼玉《さきたま》古墳群の中のひとつである稲荷山《いなりやま》古墳から世紀の大発見といってもよい鉄剣が出土した。埼玉古墳群は、古墳時代中期から後期にかけての古墳群であり、大型古墳九基と小円墳からなっている。その中で、稲荷山古墳は全長一二〇メートルにおよぶ大型の前方後円墳である。

稲荷山古墳から出土した鉄剣が、なぜ世紀の大発見かというと、一九七八年になってその鉄剣に金象嵌《きんぞうがん》で一一五字の銘文があることがわかったからである。一一五字の銘文はさまざまな

■倭の五王と天皇

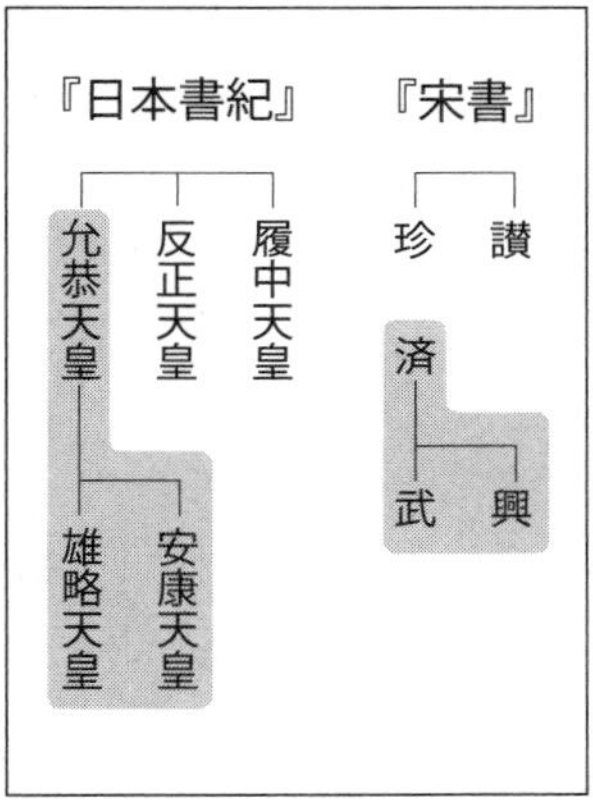

問題点を提起した。たとえば、ここでは二点についてみてみよう。

そのひとつは、「辛亥《しんがい》年」という干支があったことである。この辛亥年を西暦になおすと何年になるかをめぐっては、四七一年と五三一年との二説がみられたが、現在では四七一年であると考えられている。

また、「獲加多支鹵大王」という大王《おおきみ》（天皇）の名前が入っていたことも話題となった。この大王は、ワカタケル大王と読め、とりもなおさず雄略天皇のことをさすからである。

さらに、この発見は、西の江田船山《えたふなやま》古墳から出ていた鉄刀銘の読みにも影響をおよぼした。江田船山古墳は、熊本県玉名《たまな》郡にある前方後円墳であり、そこから出土していた鉄刀には銀象嵌で七五字の銘文が刻まれていることが以前からわかっていた。その中に大王名もみられたが、具体的に特定することは難しい状態であった。しかし、稲荷山古墳出土の鉄剣銘にみられた「獲加多支鹵大王」と比較してみた結果、江田船山古墳出土の鉄刀にみられる大王名もワカタケル、すなわち、雄略と考えられるようになった。

埼玉の稲荷山古墳から出た鉄剣と熊本の江田船山古墳から出土した鉄刀の双方に雄略の名が刻まれていたということは、重要な意味をもっている。それは、五世紀の後半の段階で、すでに関東から九州にかけてヤマト政権の支配が及んでいたとみることができるからである。

言葉を変えると、雄略の時代にはヤマト政権の支配力がかなり伸張しているということであり、さきにみた武の上表文を合わせて考えると、雄略のときにこうした日本列島各地の平定が進展したともいえるのである。

◆記・紀の中の雄略像

それでは、『古事記』や『日本書紀』は、雄略をどのように記しているのかというと、ひとことでいうとかなり武力的な天皇といえる。それは即位のときからみることができる。『古事記』をみると、雄略の兄の安康《あんこう》天皇が目弱《まよわ》王に暗殺されたとき、雄略はまだ少年であった。しかし、雄略はすばやく行動し、まず、兄の黒日子《くろひこ》に相談したが、黒日子の態度がにえきらなかったため刀を抜いて斬り殺したという。次いで、やはり兄の白日子《しらひこ》に相談したが、この兄もやはりにえきらなかった。すると雄略は、白日子を引きずり出し、穴を掘ってその中に埋めてしまう。白日子は腰まで埋められたとき、両の眼が飛び出して死んでしまった。

二人の兄が頼りにならないと知った雄略は、自ら軍を率いて目弱王を攻め、殺害してしまった。

さらに、いとこの市辺忍歯《いちのべのおしは》と狩をおこなったときのことである。市辺忍歯の何気ない言葉に怒り、狩にかこつけて弓で射って馬から落とし、その体を切り刻み、ついにはかいば桶に入れて土中に埋めてしまったという。

こうした武力的で暴力的な行為は即位後もみられる。たとえば、『日本書紀』では即位二年目のこととして、吉野の狩場での事件を記している。この日の狩は獲物に恵まれて終了した。そこで雄略が群臣に向かって、自分たちでなますを作ろうと提案したとき、即座に返答した者がいなかった。すると雄略は大変怒り、刀を抜いて大津馬飼《おおつのうまかい》を斬り殺したというのである。このことを聞いて民にいたるまで人々はみなふるえあがったと記している。

さらに、雄略は自分の判断を信じ、他人に相談することがなかったとか、誤って人を殺害することが多かったとかとも記されており、人々は「大悪天皇」といったとある。『日本書紀』のこうした雄略への評価はさんざんなものといえよう。しかし、同じ『日本書紀』の四年条には、これとまったく反対の評価が記されている。それは、葛城山で狩をおこなったときのことである。突然、背の高い人に出会った。みると雄略と顔や姿がそっくりであった。雄略は、この人物はきっと神にちがいないと思ったが、あえて素姓をきいたところ、相手は自分が神であることを告げ、最初に雄略から名乗れという。そこで、雄略が名乗ると、背の高い人物は一言主神《ひとことぬしのかみ》であるといった。そのあと、一言主神と雄略とは、共に日暮れまで狩を楽しんだ。狩を終えて帰る雄略を一言主神は来目河《くめがわ》まで送ってきたという。このとき、人々はみな雄略のことを「有徳天皇である」とたたえたと記されている。同じ『日本書紀』で、大悪天皇と有徳天皇というまったく逆の評価が雄略になされているわけである。これは一体、どういうことなのであろうか。「悪」と「徳」という一見、正反対の評価であるが、これは何でも自分の思ったことを遠慮なくおこなうというようにとらえるならば理解できるように思われる。

もちろん『日本書紀』や『古事記』の中にみられる雄略像をそのまま信じることはできないが、決断力にすぐれたというか、すぐれすぎた天皇が雄略だったのではなかろうか。善にも強いが悪にも強いといったところであろうか。すくなくとも『古事記』や『日本書紀』の編纂者は雄略をそのように理解していたように思われる。そして、それは決断力に富んだ力強いリーダー像ということに他ならない。まさに、雄略は大悪で有徳の天皇だったのであろう。

10 欽明朝と安閑・宣化朝は並立していたのか

◆記・紀の皇統譜

『古事記』や『日本書紀』をみると、六世紀初めの天皇である継体《けいたい》天皇のあとは、安閑《あんかん》天皇がつぎ、さらにそのあとは宣化《せんか》天皇、欽明《きんめい》天皇へと皇位が継承されている。そこには何ら問題になることはないように見受けられる。皇位はスムーズに受けつがれており、皇位は一日も空しくしてはならない、といういわゆる万世一系の思想がそこには貫かれているかにみえる。

『日本書紀』によって、具体的に歴代の天皇について追ってみることにしよう。

まず、継体天皇二五年（五三一）に天皇が八十二歳で崩御したことになっている。そこで、後継者ということになるが、継体天皇は、まだ即位する前に北陸にいたとき、結ばれた尾張目子媛との間に、勾大兄《まがりのおおえ》王と檜隈高田《ひのくまのたかだ》王をもうけている。

また、継体には、これとは別に正統な皇位継承者たらんとして入婿の形で政略結婚した手白香皇女との間に天国排開広庭《あめくにおしはらきひろにわ》（欽明天皇）がいた。勾大兄王と檜隈高田王は、継体が亡くなったときには、共に五〇歳近くになっていたと推測され、まず、彼らが大方の予想通り後継に指名されることになる。

すなわち、勾大兄王が即位して安閑天皇になるのであるが、安閑天皇はわずか二年で没してしまう。ついで、檜隈高田王が宣化天皇になる。しかし、この宣化天皇も四年で亡くなってしまい、その後、天国排開広庭が欽明天皇となり、三二年間にわたって統治することになる。

◆二朝並立という考え

このように、『日本書紀』の皇位の流れは、一見すると何の問題もないように見うけられる。しかし、そこにみられる記載をくわしく検討していくと、継体天皇が亡くなって安閑天皇となるまでに二年間の空白が生じることになってしまう。さらに、仏教の公伝の年をめぐっても問題が生じてくるのである。

知られているように、仏教の公伝については、大まかにいって二つの説がみられる。すなわち、ひとつは『日本書紀』にみられる説であり、欽明天皇十三年（五五二）といわれる年である。これは壬申《じんしん》年にあたっている。一方、『上宮聖徳法王帝説《じょうぐうしょうとくほうおうていせつ》』や『元興寺縁起《がんごうじえんぎ》』では、戊午《ぼご》年（五三八）となっている。つまり、古代においては、六〇年で一巡する干支を用いて年号表記のかわりとするため、壬申年とか戊午年とかといったいい方になるわけである。

それでは、仏教公伝の年は一体、どちらが正しいのであろうか。この問いに対して、ひとつの考え方としては、年号のかわりに干支を用いるのであるから、干支をより重視すべきであるということがいえると思われる。この立場からいえば、戊午年（五三八）が正しいということになる。しかし、他方では、仏教公伝という大事なことがらが起きたときの天皇を間違えるわけがないという考えもでてこよう。

そこで、ためしに『上宮聖徳法王帝説』などによって主張されている戊午年を『日本書紀』にあてはめてみると、宣化天皇三年ということになる。つまり、仏教公伝の年を手がかりにしてみていくと、宣化天皇三年と欽明天皇十三年とが重なることになってしまう。ま

■『日本書紀』でみる皇統

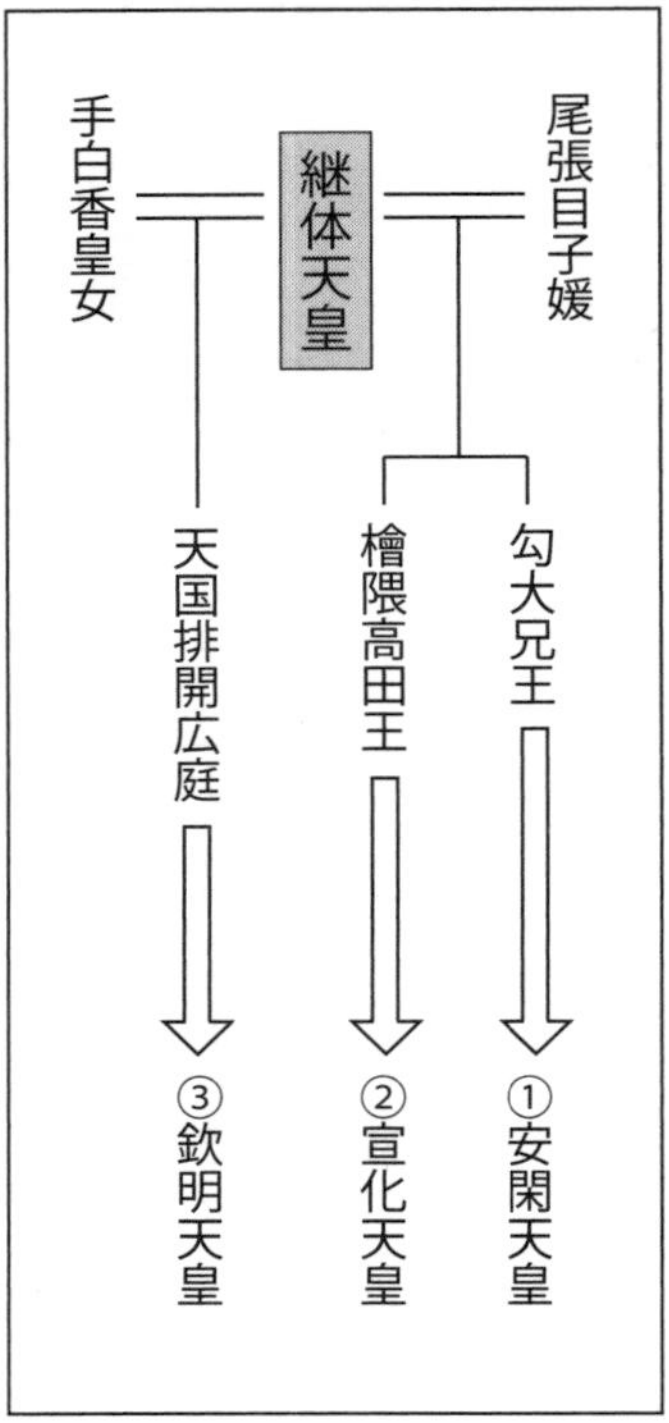

■二朝並立時代

531年	継体天皇崩御 欽明天皇の即位 ←→	勾大兄王の反発 ↓
533年	二朝並立 ⇔	安閑天皇として即位
535年		安閑天皇の崩御 宣化天皇の即位
538年	（戊午年…………仏教公伝）	
539年		宣化天皇崩御 〈二朝並立が解消〉

た、『上宮聖徳法王帝説』をみてみると、欽明天皇の在位期間は四一年間となっており、これを逆算すると、継体天皇が没した五三一年に即位したことになる。

こうした混乱がみられる紀年を背景として唱えられたのが、欽明朝と安閑・宣化朝の二朝並立説である。すなわち、継体天皇が亡くなったあと、保守派の豪族たちによって前王系の血統をうけつぐ手白香皇女の子である天国排開広庭が即位して欽明天皇が誕生した。しかし、欽明より年長である二人の皇子、すなわち、尾張目子媛の子である勾大兄王と檜隈高田王は、欽明天皇の即位を認めず対立した。そして、二年後についに勾大兄王が即位して安閑天皇となって、欽明天皇と対峙した。安閑天皇の没後は、宣化天皇があとをついで、欽明天皇に対抗した。

つまり、継体天皇の死後、八年間におよぶ二朝並立の時代があったということになる。結局は、宣化天皇の崩御によってこの内乱状態は解消されることになる。

このように考えれば、紀年の混乱を合理的に回避できることになり、非常に有力な仮説ということができよう。

しかし、この二朝並立説にも問題がないわけではない。それは、『日本書紀』にみられる継体天皇の治世下における国内記事の年月を事実とはみなしえないとする強い批判があるからである。

この立場からすると、天皇の本貫や世系に関しても、確かに信用できる史料によっていると思われるもの以外は、事実と認めることはできないということになる。

その一例として、継体朝における大事件である磐井《いわい》の乱にしても『日本書紀』に記されているような一年半にも及ぶ大規模なものであったかどうか疑問であり、むしろ、『古事記』にみられるような小規模なものではなかったかということもいわれている。

こうした批判は、とりもなおさず二朝並立説の基盤をゆるがすものであり、こうした批判をどう克服するかが二朝並立説には必要となっている。

11 磐井の乱は本当に反乱だったのか

◆ヤマト政権に大打撃

六世紀のはじめ、ヤマト政権に大きな打撃を与える事件が九州で起きた。磐井の乱である。時の天皇であった継体は、この事件によって、朝鮮半島の経営から後退を余儀なくされ、新羅におくれをとることになってしまう。

乱をひき起こした磐井は、新羅からの賄賂に目がくらみ、国を売った張本人のようにみられがちである。磐井は筑紫国造と称される。国造、すなわち「くにのみやつこ」とは、ヤマト政権から各々の地域の統治を命じられた地方官である。したがって、この点からいうと、地方官の磐井が天皇に対して挙兵したのであるから、反乱にほかならない。しかし、この事件の内容をみていくとそう簡単にはかたづけられないようである。

そもそもこの磐井の乱は、大事件として『日本書紀』にくわしくのべられているが、『古事記』をみると、実にあっさりとした記述しかみられない。『古事記』には、継体天皇の時代に磐井が天皇の命令に従わず無礼であったので物部麁鹿火《もののべのあらかび》と大伴金村《おおとものかなむら》をつかわして誅殺したとあるのみである。

そのため、磐井の乱は、『日本書紀』にみられるような大事件ではなく、むしろ、『古事記』に記されている程度のものではなかったかともいわれている。

また、記・紀と同じく八世紀の前半にまとめられた『筑後国風土記《ちくごのくにふどき》』にも磐井の乱のことが描写されている。それによると、磐井は威勢をたのんで兵をあげたが敗れ、官軍に追われる身となったが、ついには官軍をふり切って逃亡したことになっている。磐井をとり逃がした官軍は、腹いせに彼があらかじめ自分用に造っていた墓の上に並べられていた石人の腕などをたたき落としたという。

磐井の墓については、現在、八女《やめ》市にある岩戸山《いわとやま》古墳がそれであるといわれている。その上には、九州に特徴的な石人や石馬といった石造物が並べられている。『筑後国風土記』の逸文では、磐井は追手をふり切って逃亡に成功したことになっており、この点も興味深い。

記・紀では、誅殺されたことになっている磐井が、地元である大宰府で編纂された『筑後国風土記』では、まんまと逃げおおせているのである。地元びいきというか、判官びいきのようにも思われるが、『筑後国風土記』の逸文も律令政府の命によってまとめられた公的な史料であることを考えるならば、単に判官びいきのみでは片づけられない面もある。

それ以上に興味深いことは、磐井の乱は、本当に反乱といえるのであろうかということである。

◆乱の経過

まず何よりも、『日本書紀』によって、具体的に順を追って磐井の乱をみてみることにしよう。

継体天皇が即位して二一年目の六月（五二七）、天皇の命を受けて近江毛野《おうみのけぬ》が六万の兵を率いて九州へ向かった。目的地は、朝鮮半島南部の任那《みまな》（加羅《から》）であった。しかし、毛野は朝鮮半島へ渡ることができなかった。というのは、筑紫国造であった磐井が反乱を起こして抵抗したからであった。

この間の事情を『日本書紀』でうかがうと、磐井はヤマト政権に対して、以前からずっと反逆の気持ちをもっていたが、失敗したときのことを恐れて決起できずに数年が経過したという。

こうした磐井の心を知った新羅は、ひそかに賄賂《わいろ》をおくり、近江毛野軍の阻止をたのんだ。そこで磐井はついに意を決して火の国（肥前《ひぜん》・肥後《ひご》）、豊の国（豊前《ぶぜん》・豊後《ぶんご》）を勢力下において挙兵にいたった。磐井は筑紫（筑前《ちくぜん》・筑後《ちくご》）国造であるが、『日本書紀』の記述によるならば、単に筑紫だけではなく、九州の北半分を掌握していたことになる。

新羅が磐井に賄賂をおくった事情について、当時の朝鮮半島の状況もみておこう。半島の南部に位置する加羅諸国は、新羅の圧迫に苦しめられていた。近江毛野の任務は、新羅を破ってこれらの加羅諸国を救済することであった。

ヤマト政権と加羅諸国との関係についてはいまひとつ明らかでないが、日本列島でよくみられる勾玉《まがたま》や巴形銅器《ともえがたどうき》が大韓民国の金海市にある大成古墳からも出土しており、友好関係を保っていたと思われる。たとえ、それほど関係がないとしても、新羅が加羅諸国を制圧してしまうことは、朝鮮半島に足場を築こうとするヤマト政権にとっては、決して好ましい状勢とはいえなかった。

ヤマト政権としては、対新羅政策に関して従来からの盟友国である百済に期待するところが大きかったと考えられるが、六世紀前半の百済には、その余裕がなかった。というのは半島北部の高句麗の侵入に悩まされていて、むしろ、高句麗によって侵略された領土を南部の加羅諸国の土地によって補おうとしていたくらいであった。

そして、こうした百済の動きをヤマト政権も認めざるをえなかった。その具体的なものが任那四県の割譲である。これは、ヤマト政権が支配下においていた任那四県を百済の要請にしたがって譲り渡した事件で、背後にヤマト政権の実力者の一人であった大伴金村が

■磐井の乱の流れ

527年7月、朝鮮半島南部の伽耶（加羅）を新羅から守るため、ヤマト政権の命を受けた近江毛野が六万の兵を率いて出兵

↓

筑紫国造磐井が挙兵。ヤマト政権は反乱を抑えることが当面の課題となる

↓

ヤマト政権が鎮圧軍として物部麁鹿火を派遣

↓

磐井滅びる。その間に、新羅が伽耶を併合

岩戸山古墳

磐井の墓は岩戸山古墳といわれているが、この古墳については、奈良時代にまとめられた『筑後国風土記』にも記されている。それによると、墓の上には石人・石馬や石盾などが並べられていて、官軍がこれらを壊したという。

百済から賄賂を受けとっていたとされている。こうしたことは、当然のことながら、加羅諸国にヤマト政権に対する不信感を高まらせることになる。

近江毛野が朝鮮半島へ派遣されたのは、まさにこうしたタイミングにおいてであり、ヤマト政権にとっては背水の陣といったところでもあった。これに対して、新羅がとった戦略は、ヤマト政権との全面衝突ではなく、ヤマト政権の内部分裂を画策しようとするものであった。

そこで目をつけられたのが筑紫国造の磐井ということになる。磐井は、かねてからヤマト政権に不満をもっていたと『日本書紀』は記している。その理由は、朝鮮半島への対策のためにヤマト政権は、とかく九州の豪族たちに負担を強いていたからだとされる。

磐井をはじめとする九州の豪族たちにしてみれば、何で自分たちばかりが犠牲にならなければならないのかという思いがあったのであろう。『日本書紀』のいうように、磐井の勢力が筑紫のみならず九州の北半分にまで及んでいたとするならば、こうした豪族たちが磐井を支持していたのであろう。

いずれにしても新羅のねらいは的中し、磐井は兵をあげた。これによって、近江毛野の軍勢は行く手をはばまれてしまった。ヤマト政権は、加羅諸国への支援どころか、足もとの火を消すことに追われる始末となった。

結果的には、磐井は、ヤマト政権によって派遣された物部麁鹿火を中心とする追討軍によって鎮圧されてしまうことになるが、その間に新羅は加羅諸国を制圧することに成功する。

◆磐井の乱の性格

『日本書紀』によって磐井の動向をみると、たしかにそれは反乱である。その理由は磐井が国造という立場にあるからである。ヤマト政権下の地方官という立場にありながら新羅と通じ、ヤマト政権に弓をひいたのであるから、まぎれもない反乱といえよう。

しかし、近年の研究では、国造制の成立は七世紀前半ごろといわれるようになってきた。この立場からすると、磐井の乱の見方も大きく変わってくることになる。

つまり、磐井が兵をあげたとされる六世紀前半には、まだ国造制が施行されていなかったとされる。したがって、磐井は北部九州の有力豪族の一人ということになろう。すなわち、九州の北部に勢力をもち、おそらくは朝鮮半島とのパイプもあったことであろう。当然のことながらヤマト政権としては、友好関係を保ちたかったであろう。しかし、磐井はヤマト政権との関係よりも新羅との友好を選んだということになろう。

このように考えると、はたして磐井のとった行動は反乱といえるのであろうか。少なくとも従来のように、磐井はヤマト政権を裏切った極悪人というレッテルは、はずして考えなくてはならないであろう。

12 ヴェールに覆われた「任那日本府」の真相とは？

◆『日本書紀』からみた「任那日本府」

かつて「任那日本府《みまなにほんふ》」は、朝鮮半島の南部に日本が置いた植民地とされ、近代における朝鮮半島侵略のさいの拠り所のひとつにされたりもした。しかし、戦後の古代史研究のなかで、そうした説は否定されたが、それでは『日本書紀』にみえる「任那日本府」とは何であったのか、という疑問に対しては答えが出されたのかというとそう簡単にはいかないようである。

そもそも、「日本府」という言葉がみられるのは、『日本書紀』の雄略天皇八年（四六四）二月条である。それによると、高句麗に新羅が攻められたため、任那王に使いを送り、日本府の行軍元帥《いくさのきみ》たちに助けを求めたとある。その結果、救援軍が派遣されたというのである。もちろんのこの当時、「日本」という国号は、まだないことから、この記事はつくられたもので歴史的事実ではないと思われる。

「任那日本府」の記事は、この雄略天皇の時代とされる一例を除くと、あとは欽明天皇の時代に集中している。具体的にみると、まず、欽明天皇二年（五四一）四月条には、任那地域の中の国々の首脳と「任那日本府」の上級官僚と思われる吉備臣が百済の聖明王《せいめいおう》のもとに集まって、日本の天皇の詔《みことのり》をうけたことが記されている。その席上、新羅によって滅ぼされた南加羅《みなみから》・喙己呑《とくことん》・卓淳《たくじゅん》などの復興、いわゆる任那復興についても話し合いがなされた。

次に、同じく『日本書紀』の欽明天皇二年七月条には、百済が安羅《あら》の「日本府」と新羅が通じているということを聞き、安羅へ使いを派遣したことが記されている。ここから「日本府」は安羅にあったと思われる。

そして、任那の執事と任那復興策について協議させると共に、「日本府」の河内直《かわちのあたい》が新羅に内通していることをきびしく責めている。そして、聖明王は、「任那日本府」に対して、新羅の甘い言葉にまどわされないで任那の復興に力を注ぐように求めている。

さらに、欽明四年（五四三）十一月条には、また、日本側からの詔があり、それには、任那の下韓に駐在している百済の官人を「日本府」に属させることと任那復興を急ぐようにとある。次いで十二月条には、百済が任那の執事と「日本府」の執事を召集したところ、正月の一日以降にうかがうという返事があったことを記している。さらに、欽明天皇五年（五四四）正月条にも、任那と「日本府」の執事をよんだが、神を祀る時節がすんでからくるという返事を受け、三度《みたび》、召集している。

　こうした百済側からのよびかけに対して、任那と「日本府」は使者を派遣してきたものの、上級役人の執事ではなく、下級の官人であったため、目的であった任那復興のための協議はできなかった。この同じ年にも百済は任那に使いをおくって、「日本府」および任那に対して、任那復興の協議ができないことを責め、早々に百済にやってきて、日本の天皇の詔をきくようにいっている。さらに、「日本府」の執事という立場にありながら、親新羅派である河内直や任那の官人たちに向かって個別に百済の招集に応じないことを非難している。

　こうした百済の非難に対して、「日本府」は、任那の執事が百済へ来ないのは、「日本府」の命令によるものであり、それは天皇の勅命であると反論している。これに応じて、任那側も「日本府」が百済へ行くことを許さないため、おもむくことができないと弁明している。これらから、情報がさまざまに入り乱れている様子がうかがわれる。

　同年の三月条には、百済が日本へ上表して、「日本府」の卿の立場の的臣・臣の吉備臣弟君・執事の河内直らが、親新羅官人の阿賢移那斯《あけえなし》・佐魯麻都《さろまつ》のいいなりになっていることをのべている。

　すったもんだしたあげく、同年十一月条には、ようやく百済に「日本府」の吉備臣弟君や任那の執事らが召集され、聖明王との間に任那復興の協議がおこなわれている。さらにその翌年、すなわち欽明六年（五四五）九月条には、百済が任那に使いを送って、「日本府」の臣や任那の上級官人らに呉の財物を贈ったことが記されている。

その後、『日本書紀』の欽明天皇九年（五四八）四月条には、今度は百済が日本へ上表している。その内容は、安羅と「日本府」とが高句麗に通じている可能性があるというものので、天皇はこれを否定している。さらに、欽明天皇十三年（五五二）五月八日条には、百済王・安羅王・加羅王と「日本府」の臣たちが使いを日本へ送ってきて、高句麗と新羅が連合して攻めてくるとして、救援軍を求めている。

このように、六世紀中ごろの朝鮮半島の状勢は複雑なものがある。『日本書紀』の欽明天皇の条が、すべて歴史的事実とはいえないであろうが、それでもそのこみいった様子は理解できるであろう。そして、欽明天皇十五年（五五四）条には、百済の聖明王が戦死したことがのべられている。朝鮮半島情勢のキー・マンの一人である聖明王の死が与えた影響は大きく、これ以後、半島の状況は大きく動き、欽明天皇二十三年（五六二）条には、ついに任那の滅亡が記されるのである。

◆朝鮮半島側の史料でみるとどうなるか

「任那日本府」について、日本側の史料である『日本書紀』の記事をみてきた。「任那日本府」は、朝鮮半島の話であるから、半島側の史料からもみる必要があろう。

半島に残されている古代を叙述した史料としては、新羅・百済・高句麗の歴史を描いた『三国史記』と『三国遺事』とがあげられる。これらの史料を読み比べることによって、より客観性が得られると思われるのであるが、こと「任那日本府」に関しては、『三国史記』・『三国遺事』にまったく記述がみられない。さらにいうと、任那をめぐる情勢にしても、『日本書紀』の欽明天皇の条には、みたようにとても複雑でこみ入った内容の記事がみられたのに対して、『三国史記』や『三国遺事』には、それほどでもないのである。

たとえば、任那の滅亡についてみてみると、『日本書紀』の欽明天皇二十三年（五六二）正月条に、新羅が任那の宮家を滅ぼしたとある。そして、ある本では、それは欽明天皇二十一年のことであるとして、別伝承ものせている。そして、任那の宮家を総称して任那というとしており、それは具体的には、加羅《から》・安羅《あら》・斯二岐《しにき》・多羅《たら》・卒麻《そちま》・古嵯《こさ》・子他《した》・散《さん》半下《はんげ》・乞飡《こちさん》・稔礼《にむれ》の一〇か国のことであると記している。

こうした詳細な記事に対して、『三国史記』の「新羅本紀」をみると、五六二年は真興王二十三年にあたっている。その七月条の記事が、まず、注目される。その内容はというと、百済が侵入してきたので、一千余名を殺したり捕えたりしたというものである。さらに九月に伽耶が叛いたので、これを討ったとある。このとき副将として活躍した斯多含の功績が大きかったので、真興王は良田と捕虜二〇〇名を与えようとしたが斯多含は、再三これを辞退したとある。しかし、最後には、斯多含もこの恩賞をやむなく受けとったが、捕虜は解放し、良田は部下たちに分け与えたので、人々はこぞって斯多含をほめたたえたと記されている。この記事から、九月以前に任那が新羅に滅ぼされていることがうかがわれるが、その詳細についてはまったく記されていない。

また、同じく『三国史記』の「百済本紀」はどうかというと、該当する時期は、威徳王の九年にあたる。しかし、威徳王九年に関しては、「百済本紀」は何も記していない。わずかに、その前年の威徳王八年に、七月のこととして、新羅を侵略したが反撃にあって敗れ、一千余名の死者をだしたと記されている。この記事は、「新羅本紀」の真興王二十三年七月の記事と内容的に類似している。しかし、いずれにしても、任那の滅亡に関しては、どういうわけか『三国史記』はひとことも語らないのである。

このように、朝鮮半島に残された史料と比較検討することができない以上、「任那日本府」については、『日本書紀』の記事をどう理解するかということがポイントになるのである。

◆「任那日本府」をめぐる謎

「任那日本府」がもっている謎としては、まず、どうして朝鮮半島側の史料である『三国史記』や『三国遺事』に記載がみられないのであろうかという点があげられる。これについては、「日本府」の実体を完全に否定する立場からいうと、ないのが当たり前ということになろう。しかし、何らかの歴史的反映を「任那日本府」に認める側からみれば、何とも不思議といえるであろう。

この点に関して、『三国史記』『三国遺事』には、かなり史料的な脱落があるということがいわれているが、「任那日本府」の場合、単なる脱落だけでは説明できないように思われる。

「日本府」の中味についても謎が残されている。かつては、『日本書紀』の記事を全面的に信用して、四世紀以降、ヤマト政権が朝鮮半島に侵入して、任那に「日本府」という拠点を設け、そののち長期間にわたって、任那・百済・新羅を支配したということがいわれていた。『日本書紀』の内容を無批判に百パーセント信じ、その上に立って出されたこうした結論に対しては、戦後、痛烈な批判がおこり、その結果、分国論といった考えも提唱された。分国論とは、日本が朝鮮半島に拠点をつくったのではなく、事実は逆に朝鮮半島の三韓・三国が日本列島内に拠点をもったのであるという考えである。

こうした分国論については、現在では、支持者はほとんどいないと思われるが、「日本府」についても従来いわれてきたような日本の朝鮮半島支配のための出先機関といったような考えは否定されてきている。

それでは、「日本府」とは一体、どのような役割をもったものだったのであろうか。残念ながらこの点に関しては、いまだに結論がでていないといってよいであろう。いくつかみられる説の中で、主なものをあげると、

①倭から送りこまれた卿・臣・執事と任那から派遣された執事とによる倭・任那の協議体。
②任那での在地の倭人の連合体。
③倭からの卿・執事が在地の日系官人を支配下に組織した出先機関、もしくは軍事府・将軍府。

といった諸説があげられる。これらは、いってしまえば、「日本府」と倭との関わりを何らかの形で認めようとするものである。

しかし、これらとはまったく別の視点で、「日本府」の本質は、百済の直轄領の官人の官職名である任那執事からきたものであるとする説もみられる。

いずれにしても、「日本府」とは機関なのか、実体はあるのかないのか、いまだに残された謎は多いというのが実状である。

13 蘇我・物部戦争の原因はどこにあったのか

◆仏教の伝来

現在、わたしたちにとって、仏教はあまりにも身近になりすぎて、外来のものという意識がないほどである。しかし、いうまでもなく、仏教はインドの釈迦《しゃか》によって始められたものであり、中国・朝鮮半島を経て日本へ伝来した。

百済《くだら》の聖明王《せいめいおう》から欽明《きんめい》天皇に仏教が伝えられた。仏教公伝《ぶっきょうこうでん》といわれるものであるが、それがいつなのかということについては問題がある。それは、『日本書紀』が欽明天皇の時代の壬申年、すなわち五五二年のことと記しているのに対して、元興寺の由来をのべた『元興寺縁起《がんごうじえんぎ》』や聖徳太子について書かれた『上宮聖徳法王帝説《じょうぐうしょうとくほうおうていせつ》』には欽明天皇戊午年（五三八）としているのである。現在のところ、五三八年が有力とされている。

また、これより以前に、仏教私伝として司馬達等《しばたっと》が自分の家に仏像を安置していたともいわれる。『扶桑略記《ふそうりゃっき》』にみえる記事であり、六世紀の前半、継体天皇の時代のこととされている。

これは仏教の私伝であり、もしこのことが事実ならば、王から王への伝来である公伝よりも早く個人レベルでの私伝がみられることになる。

ちなみに司馬達等の一族は仏教信仰のあついことで知られ、娘は出家して尼になっているし、孫は法隆寺金堂の釈迦三尊像や飛鳥大仏の作者で有名な止利仏師である。

◆仏教伝来のときの社会情勢

いずれにしても、六世紀の中ごろまでには、仏教は伝来したといってもよいであろう。

『日本書紀』によると、公伝にさいして、百済から、

①金銅釈迦仏一軀《こんどうしゃかぶついっく》
②幡蓋《ばんがい》
③経論《きょうろん》

といった品々が贈られてきて、これらに加えて、仏教は大変すぐれているので広く普及させて礼拝するようにというメッセージがあったとされる。

これに対して、当時の天皇であった欽明はとても喜んで、

■仏教伝来図

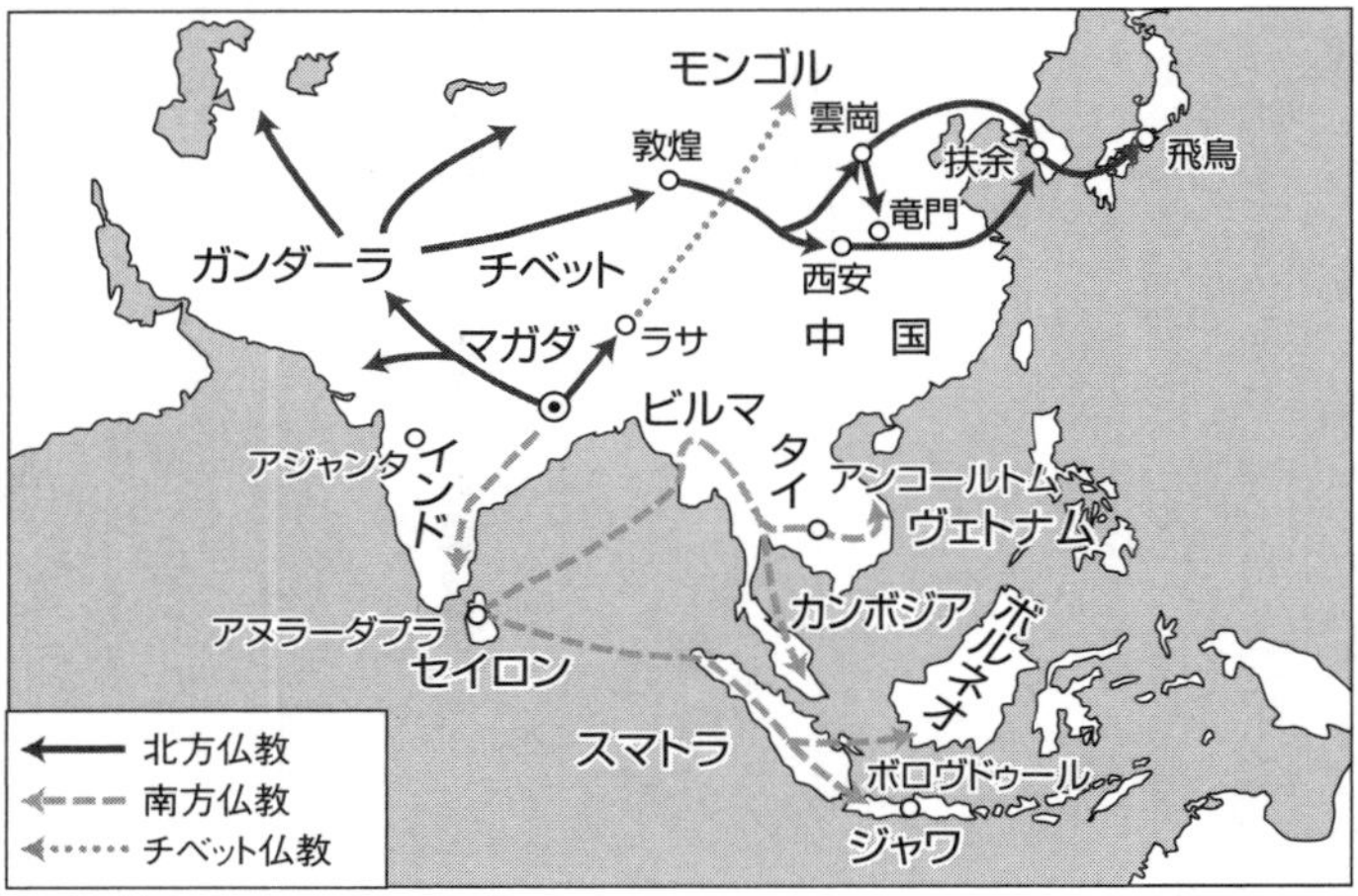

「私は昔より今まで、このようにすばらしい法を聞いたことがない」

といったという。しかし、そのようにすばらしい仏教を受け入れるか否かについては、自分では決められないという立場をとった。そこで、さっそく群臣たちを集めて、

「西蕃が献じてきた仏のお顔が大変おごそかでこのようなお顔をいままでみたことがない」

と語り、仏教を信仰したらよいかどうかを審議させた。

まず、大臣であった蘇我稲目《そがのいなめ》が、

「他の国々がみんな信仰している仏教をどうして日本だけが信じないでおられましょうか」

といって仏教を受け入れる姿勢を示した。すると、大連の物部尾輿《もののべのおこし》と連の中臣鎌子《なかとみのかまこ》の両名は、

「日本は神を信仰している国なのに今、仏教という『蕃神』を信じたら、従来の神、すなわち『国神』たちが怒るでしょう」

とのべて反対の意志を表明した。

その結果、欽明天皇は、

「それであるならば、百済から贈られた仏像などは蘇我稲目にさずけるから、試しに礼拝してみるように」

と命じられた。稲目はとても喜んで、自分の家を寺として仏像を安置して信仰した。しか

し、折しもその年に疫病が大流行するという事態が起きた。物部尾輿と中臣鎌子は、このような疫病が起こった原因は、稲目が仏教を信仰したためだとして、仏像を難波の堀に投げすて、寺に火を放った。

このことに端を発して、蘇我氏と物部氏との間に対立が深まった、とするのが現在の通説である。

◆蘇我氏と物部氏

崇仏《すうぶつ》・排仏《はいぶつ》論争が、蘇我氏と物部氏という当時の二大豪族の抗争の原因であるとする通説を紹介したわけであるが、果たして、これは真実なのであろうか。というのは、こうした通説に対して、仏教を受け入れるか否かについては、両氏にとってそれほど深刻な問題ではなかったのではなかろうかという意見もみられるからである。

蘇我氏は、いうまでもなく大豪族であるが、一方では出自の面なども含めて謎の多い氏族でもある。しかし、いずれにしても、ヤマト政権下において斎蔵《いみくら》・内蔵《うちつくら》・大蔵《おおくら》といういわゆる三蔵《みつくら》の管理にたずさわって権力を握った一族であることは間違いない。

斎蔵は神々のための財源を保管するための蔵であり、具体的には祭祀の経費などをまかなった。内蔵は天皇（大王）とその一族の生活を維持するための財源を収めた蔵であり、大蔵は政治をおこなうための財源をプールしてある蔵である。内蔵は内廷的な経費をまかない、大蔵は外廷的ともいわれる。

つまり、蘇我氏は財務官僚であり、ヤマト政権の「台所」を管理していたといってよいであろう。蘇我氏がこうした仕事をスムーズにこなしていくためには、読み・書き・計算といった技術が必要であったろうことは想像に難くない。

当時、こうした文筆や出納といった技術にたけていた人たちの多くは渡来人の人々であった。したがって、蘇我氏は東漢《やまとのあや》氏をはじめとする渡来系の氏族を支配下に組み入れ、彼らと積極的にコンタクトを重ねたであろうから、当然のことながらそこから仏教信仰の知識も得ていたと思われる。欽明天皇から仏教受容の是非について問われたさい、稲目が他の国々が信仰しているのに日本だけが仏教を拒むことができましょうか、と返答しているのは、単に『日本書紀』の編纂者たちの創作とばかりはいえないのではなかろうか。

■三蔵の成立

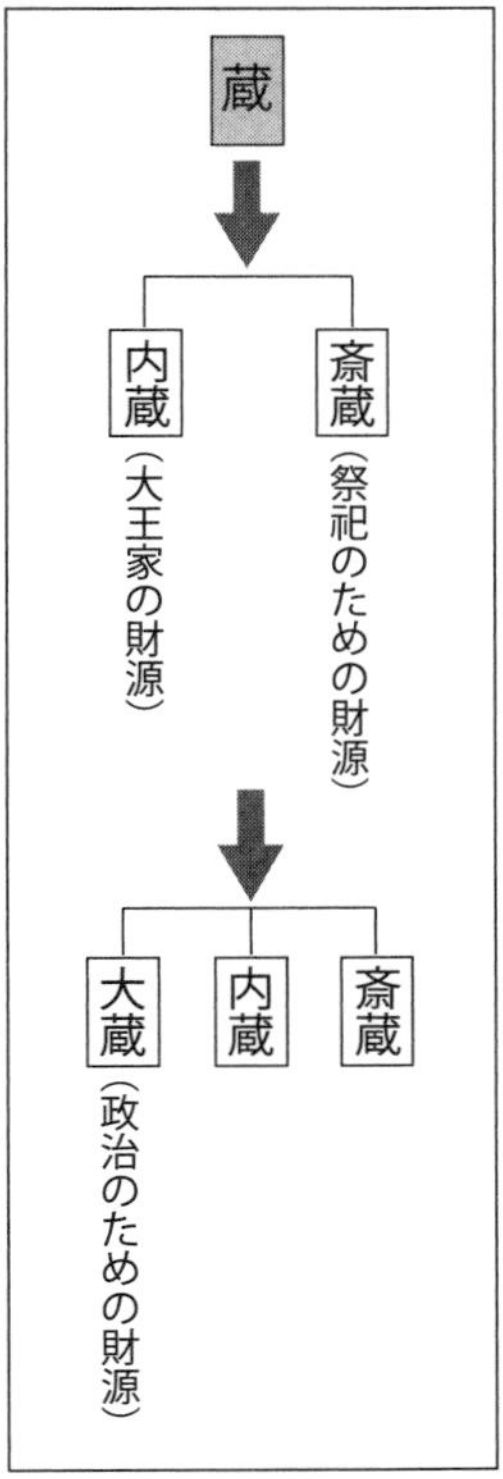

蘇我氏が渡来人た

ちを通して、国際情勢についての情報を得ていたということは、十分に考えられることである。

しかし、このことは蘇我氏が自らの信仰として仏教を崇拝して保護しようとしたということには、必ずしもつながらない。むしろ、仏教がもっている宗教としての新しさや医学的な知識などの実学的な要素に魅力があったと思われる。

そして、仏教を信仰していた渡来人たちとの関係をより友好的に保ち、彼らをとりこむためといった点も見逃せない。こうしたさまざまな要素が蘇我氏の仏教擁護の背景にはあったのである。

一方、物部氏の方へ目をやると、たしかに『日本書紀』をみると仏教に反対している。しかし、反対しているのは、物部氏だけではなく、中臣氏もいっしょに反対していることに注目しなくてはならない。中臣氏は、祭祀氏族とよばれる家柄であり、本来、神と人との間に立って神の声を聞き、それを人に伝えるのが役割である。より具体的にいうと、もろもろの神祭りをとりしきるのが仕事ということになる。

したがって、中臣氏にしてみれば、いままでの宗教体制の中に、新しく仏教が入ってくることは脅威であったろうし、場合によっては自分たちの存在価値がなくなってしまうのではないか、といった恐れもあったであろう。

■蘇我・物部抗争図

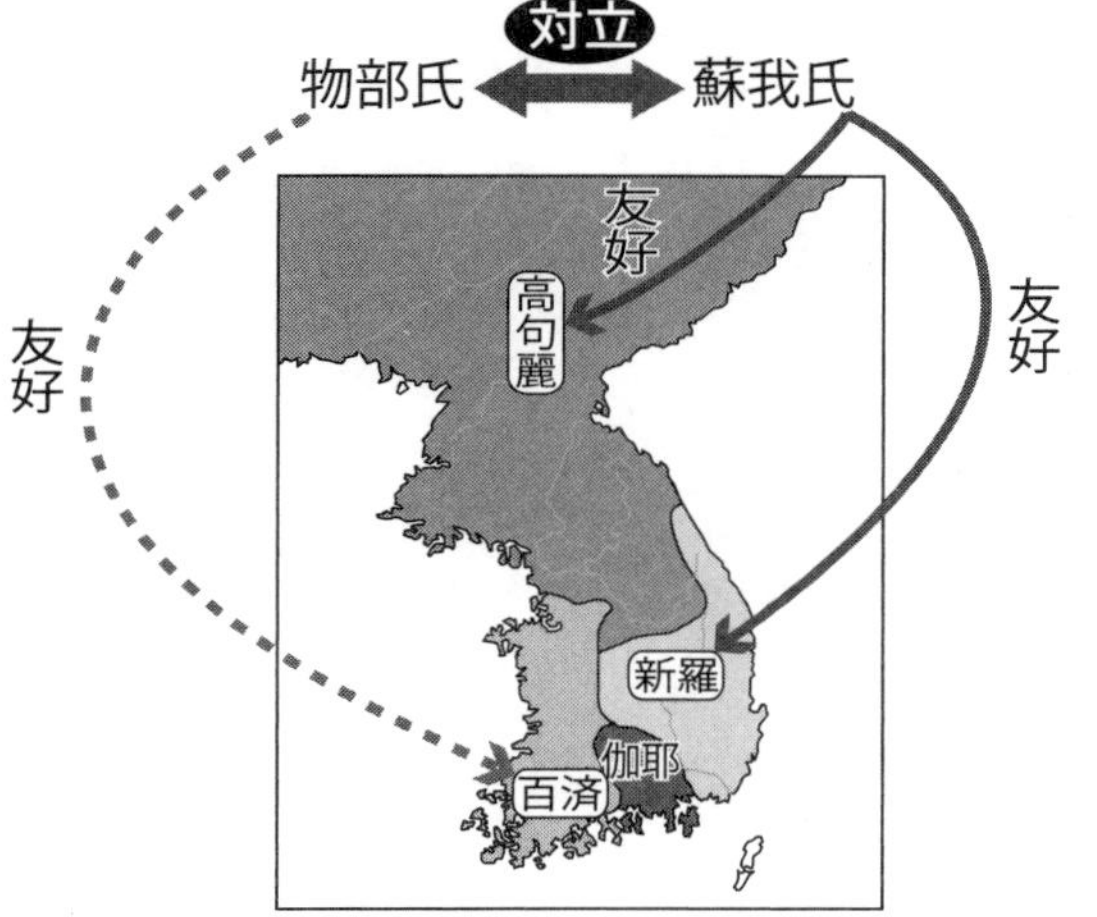

　それに対して、物部氏は軍事氏族の家柄であり、軍事関係や裁判にたずさわることを仕事とする一族である。同じ反対するにしても、中臣氏と比べると切実さという点ではとうてい及ばなかったといってよいであろう。

　つまり、崇仏か排仏かという論争は、当時の蘇我氏と物部氏にとって、一族の命運をかけてまで戦うといった重大事ではなかったと考えた方がよいように思われる。それでは、一体、何が両氏の対立点であり、結局は物部氏の崩壊へつながったのであろうか。

　この点に関しては、当時、すなわち、六世紀後半の朝鮮半島をめぐる外交政策の対立が有力視されている。具体的にいうと、新羅によって滅ぼされた伽耶を復興するためにどこと同盟したらよいかということである。

日本は、仏教の伝来からもいえるように、百済との交流が色こくみられる。しかし、蘇我氏は、こうした従来からの百済との提携をたち切って、高句麗もしくは新羅との関係を重視しようとしたのではないかという指摘がなされている。それに対して、物部氏は、いままでの百済との関係を維持しようとしたといわれる。

六世紀後半の朝鮮半島は、新羅・百済・高句麗の三国が激しく争い、まさに死闘をくり広げていた時代であった。日本に仏教を伝えた百済の聖明王も新羅との戦争によって戦死している。新羅が伽耶を併合して半島内において着実に力をつけてきているとはいえ、百済や高句麗も決してあなどれない力を保っていた。

こうした時期に、日本が朝鮮半島のどの国と同盟を結ぶのが良いかということは難しい選択であったが、それだけ重要な問題であった。そして、この外交問題でどの氏族がリーダー・シップをとるかということは、有力氏族にとっては最大の関心事であったであろう。とりわけ蘇我氏と物部氏にとっては、今後のヤマト政権内での地位に関わる問題であり、いわば一族の存亡に関わることであり、決して譲ることができなかったと思われる。こうした対立こそが、実は蘇我・物部戦争の真の原因であったと考えられる。

14 蘇我氏＝渡来人説をどう読むか

◆系譜からの謎

飛鳥時代を中心に絶大な権力を誇ったのが蘇我氏である。古代を代表する氏族のひとつといってよいであろう。しかし、それほどまでの大氏族である蘇我氏であるのにもかかわらず、一族がどのような系譜をもつのかという点についてはよくわかっていないのが実情である。

『古事記』の孝元《こうげん》天皇の段によると、蘇我氏の祖は、孝元天皇の皇子である比古布都押之信《ひこふつおしのまことのみこと》命の子の建内宿禰《たけのうちのすくね》の子にあたる蘇我石河宿禰《そがのいしかわのすくね》であるという。つまり、

孝元天皇―比古布都押之信命―建内宿禰―蘇我石河宿禰……蘇我氏

ということになる。これによると、蘇我氏は皇別《こうべつ》、すなわち天皇家から分かれた氏族ということになるが、建内宿禰の系譜がこのように、皇統譜と関連することは、きわめて珍し

いことといわれている。したがって、蘇我氏が皇別の氏族であるという点に関しても疑問が残されている。

蘇我氏の系譜は、石河宿禰のあと、

満智宿禰《まちのすくね》―韓子宿禰《からこのすくね》―高麗宿禰《こまのすくね》―稲目宿禰《いなめのすくね》

と続いていく。この系譜をみて気がつくことは、「韓」とか「高麗」とかというような朝鮮半島との関係が感じられるような名が目につくということである。

こうした点もふまえて、実際のところ蘇我氏を百済系の渡来氏族とする説がみられる。それは、『日本書紀』の応神天皇二十五年条に姿をみせる百済の将軍であった木羅斤資《もくらこんし》の子の木満致が、来朝してヤマト政権に仕えた姿が満智宿禰にほかならないというものである。

これは、満致と満智とが同音であることなどに注目した説であるが、満智の実在性についてもさほど説得力があるとは思われず、一般的にはあまり有力な説とはいいがたい。蘇我氏で実在したとされる人物としては、実は稲目のあたりからである。つまり、

■蘇我氏と皇室の関係

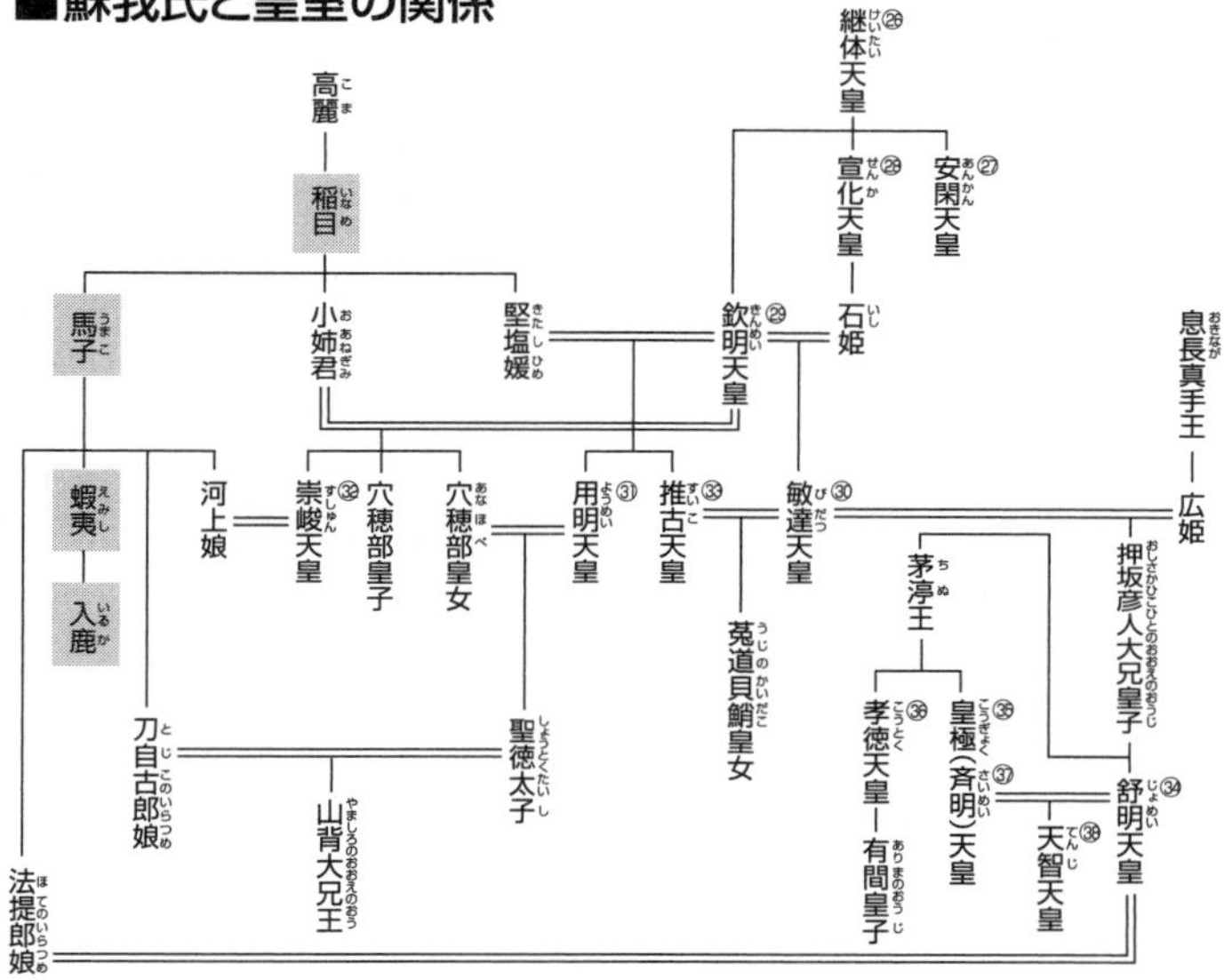

■ヤマトの豪族

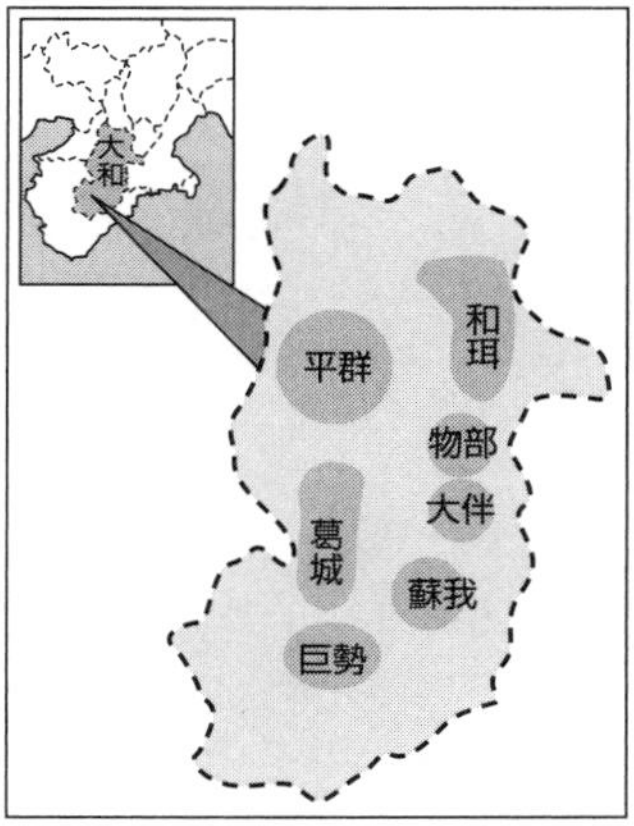

■ヤマト政権の機構

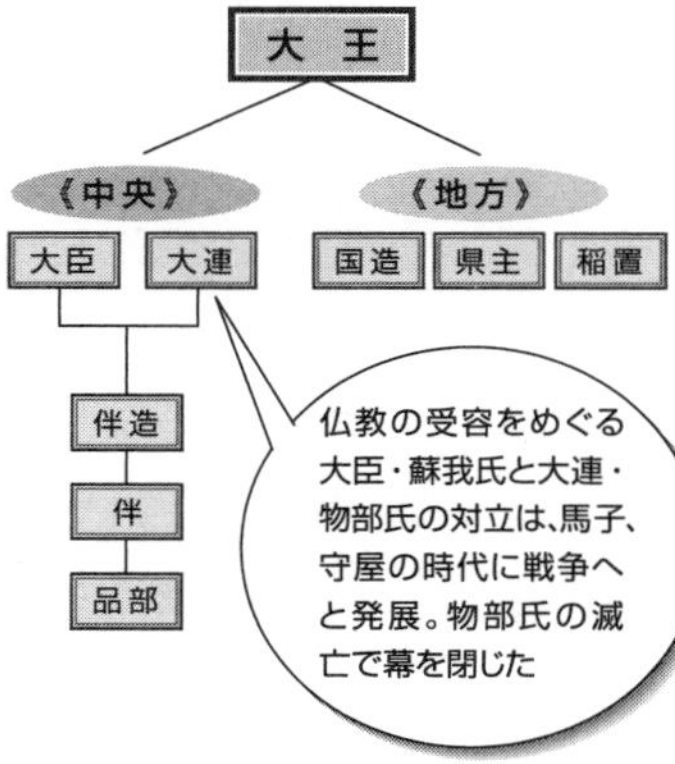

稲目《いなめ》―馬子《うまこ》―蝦夷《えみし》―入鹿《いるか》

と続く系譜は信じても良いというわけである。稲目のあとをついだ馬子は、物部氏を滅亡させ、ヤマト政権下で最大の勢力をふるった人物である。崇峻《すしゅん》天皇を暗殺したのち、初の女帝である推古《すいこ》を即位させ、聖徳太子と共に政治をおこなったとされる。蘇我氏の氏寺である飛鳥寺を建立したのも馬子である。馬子のあとを受けた蝦夷・入鹿の時代には、天皇家を公然としのぐ権力を誇ったとされる。

このように、ここにみえる人物は、蘇我氏の全盛を築いた人たちばかりで、蝦夷・入鹿が大化改新の発端となる乙巳《いっし》の変で倒れて蘇我本宗家《ほんそうけ》は滅亡することになる。つまり、古代を代表する大氏族である蘇我氏ではあるが、はっきり系譜が確認できるのは、飛鳥時代のあたりからということになる。

こうしたことをふまえて、蘇我氏の出自について再度、目をやると渡来氏族説は、少数意見であるが、とても魅力のある説であり、これを支持する研究者もみられる。蘇我氏が渡来系の氏族であると考える説は、蘇我氏の発祥地の問題にも当然のことながら関わってくる。

◆蘇我氏の発祥の地はどこ?

蘇我氏はそもそもどこから出たのかという点については、すでに江戸時代から研究がなされており、現在の奈良県橿原《かしはら》市にあたる大和国高市郡の曽我であるといわれてきた。

しかし、最近では研究がすすみ、諸説が展開されている。それらの中でも代表的なものとしては、

①大和国高市郡曽我説
②河内国石川説
③大和国葛城説
④百済からの渡来説

の四つがあげられる。

まず、①はすでにのべたように、古くからいわれているもので、六世紀中ごろから蘇我本宗家の邸宅がこの地にあり、宗我都比古《そがつひこ》神社などもある。しかし、この説に対しては、六世紀中ごろからの本拠地がこの地であったからといって、蘇我氏の発祥地がここであるとは必ずしもかぎらないという指摘がある。

では②はどうであろうか。この説は、六国史の最後を飾る『日本三代実録《にほんさんだいじつろく》』の元慶《がんぎょう》元年（八七七）十二月二十七日条にみられる石川朝臣木村らの宗我宿禰への改姓請願が主な根拠になっている。これによると、蘇我氏の祖である蘇我石川宿禰は河内の石川で生まれたが、のちに大和の宗我に土地を賜わって宗我臣と称したといっている。この説に対しては、蘇我氏のうち、もっぱら蔵の管理にあたり、のちに石川朝臣と改姓した系統によって創作された可能性があるといわれている。

ついで、③の説の根拠としては、『日本書紀』の推古天皇三十二年十月条にみえる蘇我馬子の奏言があげられる。この奏言は、馬子が葛城県は蘇我氏の本居であるので、この県をたまわりたいと願い出たものである。この馬子の願いに対して、推古天皇は拒否したのであるが、この奏言の中で馬子が自分たちの本居であるといっている点は見逃せない。葛城県を領有するための口実とも思われるが、この説に対しては、『日本書紀』の皇極天皇元年是歳条にも、蘇我蝦夷が自分の祖廟を葛城の高宮に立てて、八佾《やつら》の舞をした、という記事があり、こうした記事をふまえると、少なくとも七世紀の前半における蘇我氏は、葛城を自分たち一族の発祥の地と考えていたのではなかろうか。

最後の④は、蘇我氏が東漢氏をはじめとして、渡来系の氏族と深いつながりをもっていることや、すでにのべたように満智宿禰と木満致とが同音であることなどが根拠となっている。この説も他の説と比較すると、それほど有力な論拠に支えられているとはいいがたいのであるが、出自の問題と合わせて、ひとつの仮説が立てられている。

それは、百済の木満致が来朝してヤマト政権に仕え、大和の曽我に定着し、さらに入婿によって葛城氏と結びつくことに成功し、五世紀末から六世紀の初めころにいたって葛城地方へ進出したとするもので、六世紀前半には河内の石川地方へも勢力を伸ばしたというのである。

さらに、稲目のあとをついだ馬子の時代になって、一族はますます隆盛をみせ、高市地方の各地に拠点を占めるようになり、多くの臣姓の諸氏を生み出していったとしている。すなわち、ここで生み出された氏族としては、①小治田《おはりだ》、②桜井《さくらい》、③高向《たかむこ》、④田中《たなか》、⑤境部《さかいべ》、⑥田口《たぐち》、⑦岸田《きしだ》、⑧久米《くめ》、⑨箭口《やぐち》、⑩川辺《かわべ》などがあげられる。

このように、蘇我氏とは、大化前代を代表する大豪族であるにもかかわらず、一体、どのような一族なのかという問題については、いまだ結論が出ていないのである。渡来系の出身であるという説には、とかく批判が多いように思われるが、魅力的な説であり、まだまだ考える余地があると思われる。

15 聖徳太子の実像は、どこまで明らかになったのか

◆謎につつまれたヒーロー

聖徳太子といえば、古代史というより日本史を代表する人物であり、現代でも人気が高い。六世紀末から七世紀の初めの推古《すいこ》朝において、初の女性天皇である推古の摂政として、実力者の蘇我馬子と共同政治をおこなったとされる。遣隋使の派遣、冠位十二階、憲法十七条、これらは、聖徳太子の政治的業績とされる。

それに加えて、自らはあつく仏教を信じ、法隆寺をはじめとして、四天王寺、中宮寺といった寺々を建立し、また、『三経義疏《さんぎょうぎしょ》』をまとめたといわれる。まさに、理想的な人物として聖徳太子は、わたしたちの前に姿をみせている。

しかし、その一方で、普通の人間では考えられないような超人的なエピソードを数多く残しており、いわばそれは聖徳太子信仰とでもよぶべきものといえる。こうしたことから、近年は、聖徳太子の存在を疑問視する説が出されている。つまり、用明《ようめい》天皇と皇后の穴穂部間人后《あなほべのはしひと》との間の皇子である厩戸皇子《うまやどのおうじ》は実在したが、わたしたちがイメージする聖徳太

子は存在せず、作られた人物であるという考えである。高校の日本史の教科書などでも、以前は「聖徳太子（厩戸皇子）」という表記のされ方だったものが、最近は「厩戸皇子（聖徳太子）」とするものがでてきており、聖徳太子について再検討しなければならなくなっている。

◆聖徳太子伝説

聖徳太子は多くの超人的伝説をもっており、それは、誕生するときからみることができる。具体的には、母の穴穂部間人后が、夢に金色の僧侶をみたことに始まる。この僧は、実は救世観音の化身であり、后の口からとびこみ、これによって后は妊娠したというのである。

そして、正月一日に厩のそばで后が産気づいて太子を出産したと伝えられる。さらに、太子は生まれるとすぐに言葉を発し、二歳のときに釈迦の命日である二月十五日に、東方に向かって「南無仏」と称えて再拝したとされる。

また、五歳のときには、一日に数千字を習得し、六歳からは経典を読み始め、自分は衡山の慧思《えし》禅師の生まれ変わりであると語った。そして、七歳のときには、経論数百巻を読了し、十一歳のときに三六人もの人々が一斉にしゃべったのにもかかわらずまちがえずに聞きとったという。

十四歳のときに、蘇我・物部戦争が起こると、太子は蘇我側に加わった。戦いは苦戦をしいられたが、太子が白膠木《ぬりで》で四天王像を作り、これを頭にかざして戦いに勝利したら寺院を造ろうと誓ったところ、敵の物部守屋が敗死して戦いは蘇我側の勝利となった。これが縁で建立されたのが、現在の大阪市の四天王寺である。

五九五年には、淡路島へ流れついた木を天竺《てんじく》の梅檀香木《せんだんこうぼく》であるといって、それで観音像を造った。また、八人もしくは一〇人の訴えを同時に聞いて、少しの誤りもなく、適確に答えたと言われる。

五九七年には、百済の王子である阿佐が来朝し、太子を菩薩として礼拝した。翌五九八年には、甲斐から献上された「甲斐の黒駒」という馬に乗って空を飛び、富士山から信濃・美濃を回って帰ってきた。

六〇四年には、秦河勝《はたのかわかつ》に向かって、河勝の居住している太秦《うずまさ》に二五〇年後に寺院が建立され、三〇〇年後に都が造られると予言した。

六〇六年には、太子が勝鬘経《しょうまんぎょう》を講じたところ、天井から大きな蓮《はす》の花がふってきて地面をおおいつくしたという。

六一三年には、有名な片岡山の説話がみられる。それは、太子が片岡山で一人の飢人に出会い、自分の衣服や食物を与え、さらに、飢人の死後は墓を造り手厚く葬ったとされる。のちになって、墓所をあけてみたところ、飢人の遺体はなくなっており、異香が漂っていた。実は、飢人は聖人であり、同じく聖人である太子にはそのことがわかっていたのだという。

六二〇年には、天に赤気がみられ、太子はこれを凶兆と判断して、自分の死後に上宮王家が滅びるであろうと予言した。そして、その翌年の六二一年、太子は沐浴して自分の死を予言して妃と共に死ぬことをのぞんだという。死後、太子と妃の遺体は、生きているときのように、芳香が漂っていた。このとき、太子の師であった高句麗僧の恵慈は本国に帰っていたが、太子の死の知らせをきいて深く悲しみ、明年の太子の命日に死ぬことを予言してそのとおりに亡くなった。また、太子の愛馬の「甲斐の黒駒」は、葬列について墓までついていったが、墓がふさがれると大きくいなないて跳躍して死んだという。

これらは、『聖徳太子伝暦』をよりどころとしてみた聖徳太子のエピソードである。とても、歴史的事実としてみることのできないものばかりであるが、類似した説話は、『日本霊異記《にほんりょういき》』をはじめとして『今昔物語集《こんじゃくものがたりしゅう》』、『三宝絵詞《さんぼうえことば》』、『沙石集《しゃせきしゅう》』、『古今著聞集《ここんちょもんじゅう》』などにもみることができ、聖徳太子信仰の人気の高さがうかがわれる。

◆憲法十七条と『三経義疏』

みてきたような超人的なエピソードはともかくとして、その他の政治的な業績に対しても、聖徳太子のものではないということがいわれている。具体的にいうと、憲法十七条と『三経義疏』であり、いずれも聖徳太子の代表的業績とされるものである。

まず、憲法十七条からみてみよう。

実際のところ、憲法十七条が太子の制定ではないという説は早くも江戸時代からいわれている。

それは、狩谷掖斎《かりやえきさい》であり、憲法十七条は『日本書紀』の編纂者の手に成るものという論を展開した。こうした太子による制定を否定する考えは、そののちも続き、たとえば津田《つだ》左右吉《そうきち》は大化改新以後の朝廷において作られたとしている。

具体的に憲法十七条をみると、推古朝のものとするのにはふさわしくない字句がある。第四条・第八条の「群卿百寮《まえつきみたちつかさつかさ》」、第九条の「群臣」、第十四条の「群臣百寮」などであり、これらは大化改新以後の言葉である。

また、第十二条の「国司・国造」は以前からとりざたされている字句である。とりわけ「国司」は大宝令で初めて使われるようになったものであり、推古朝にはみられない表記である。これらのことは、聖徳太子が憲法十七条を制定したとする立場からすると、完全

■憲法十七条

一に曰《いわ》く、和を以《もっ》て貴《たっと》しとし、忤《さか》らふことなきを宗《むね》とせよ

二に曰く、篤く三宝《さんぼう》を敬へ。三宝とは仏・法・僧なり

三に曰く、詔《みことのり》を承りては必ず謹《つつし》め。君は天なり。臣は地なり

四に曰く、群卿百寮《まえつきみたちつかさつかさ》、礼をもって本《もと》とせよ。それ民を治むる本は、要《かなら》ず礼にあり

五に曰く、味《あじわ》ひのむさぼりを絶ち、財《たから》のほしみを棄《す》て、明らかに訴訟を弁《さだ》めよ

六に曰く、悪を懲《こ》らし善を勧むるは、古の良典なり

七に曰く、人おのおの任あり。掌《つかさど》ることよろしく濫《みだ》れざるべし

八に曰く、群卿百寮、早《と》く朝《まい》り、晏《おそ》く退《まか》でよ

九に曰く、信はこれ義の本なり。事ごとに信あるべし

十に曰く、心の怒りを絶ち、面《おもて》の怒りを棄て、人の違ふを怒らざれ

十一に曰く、功過を明らかに察《み》て、賞罰必ず当てよ

十二に曰く、国司・国造、百姓に斂《おさ》めとることなかれ。国に二君靡《な》く、民に両主無し

十三に曰く、諸々《もろもろ》の官に任ずる者、同じく職掌を知れ

十四に曰く、群臣百寮、嫉妬あることなかれ

十五に曰く、私に背きて公に向ふは、これ臣の道なり

十六に曰く、民を使ふに時をもってするは、古の良典なり

十七に曰く、夫《そ》れ事は独り断《さだ》むべからず。必ず衆《もろもろ》とともに論《あげつら》ふべし

否定とまではいかないものの、非常に不都合なことといえる。

次いで『三経義疏』をみると、これは、勝鬘経・法華経・維摩経の注釈書であり、太子の仏教面での業績の代表とされるものである。加えて、「法華経義疏」については、太子の自筆本が法隆寺に現存しているといわれている。

しかし、『三経義疏』に関しても、聖徳太子の撰ではないとする説が根強く、むしろ、こちらの方が有力なように見受けられる。その根拠も多様であるが、たとえば『三経義疏』は、法隆寺に撰者不明として伝わっていたものを天平十九年（七四七）に寺の資財帳を提出するさいに太子の撰とした、という説がある。また、天平末期の写経文書には、「勝鬘経義疏」や「法華経義疏」と同じ書名で撰者名が記されていないものがあることから、『三経義疏』は太子の撰とはいえないともいわれている。つまり、こうした撰者名のない「勝鬘経義疏」や「法華経義疏」があるということは、当時においてはまだこれらの義疏が太子の撰という認識が広まっていなかった証拠だというのである。しかし、この撰者名の欠如については、特に記す必要のない場合の処置であって、撰者名が不明ということではないともいわれている。

また、聖徳太子の自筆本とされる「法華経義疏」についても、全四巻のうちの巻一の内題の下に、

■『聖徳太子伝暦』などにみる太子の伝説

574	母である穴穂部間人妃が「金色の僧」の夢を見る。この僧は救世菩薩の化身で、妃の口に飛び込み妊娠。厩近くで産気づき、太子が生まれる
575	釈迦の命日、東方に向かい「南無仏」を唱えて再拝
579	経を読みはじめる。慧思禅師《えしぜんじ》の生まれ変わりであると語る
587	蘇我氏と物部氏との間に戦争が起きる。蘇我馬子の軍勢に加わり、物部守屋を倒す
593	推古天皇即位。皇太子となる。
595	淡路島に漂着した木を天竺の栴檀《せんだん》香木とし、観音像を造らせる
597	百済の王子が来朝。聖徳太子を礼拝する
598	「甲斐の黒駒」(馬)に乗り、空を飛ぶ
603	冠位十二階の制定
604	憲法十七条の制定 250年後、太秦に寺院が造られること、300年後に都が造られることを予言する
606	太子が『勝鬘経』を講じたところ、天井より巨大な蓮の花が降り、地面を埋める。
607	小野妹子を遣隋使に派遣
613	片岡山で飢人に衣服を与え、その死後、手厚く葬る。後に、墓を調べたところ遺体が消え、芳香が漂っていた
620	自分が死んだ後、上宮王家が滅びることを予言
621	自らの死を予言
622	斑鳩《いかるが》寺で没する

此はこれ大委国上宮王の私集にして、海波の本に非ず。

と記されている。つまり、「法華経義疏」は聖徳太子の撰であり、大陸から渡ってきた本ではないといっている。しかし、この文字は本文とは少し筆蹟《ひっせき》が異なっていて、本文より後の時代のものとされている。具体的には、奈良時代の書き入れとするのが有力である。本文については、太子の自筆ということを完全に否定することはできないようであるが、これについても異説があり、やはり問題が残されていると思われる。

これらのことを考え合わせると、従来いわれているような聖徳太子の業績が、実は確証のあるものではないということがわかってくる。このことは、とりもなおさず「聖徳太子」という人物が本当にいたのであろうかという問題にもかかわってくる。聖徳太子を実在とするか架空とするかについては、慎重に判断されなければならないが、いずれにしても、聖徳太子像については、再検討が必要な時期になっているといえるであろう。

16 遣隋使として大興に送られた倭の使者の本当の目的

◆倭王「阿毎多利思比孤」とは誰か

日本史は基本的には日本列島の歴史ということであるが、単に日本列島の中でのみ考えていても解決できない問題が多々ある。それは、日本列島の歴史も朝鮮半島や中国の状況およびそれらとの交流による影響を強く受けざるを得ないからである。

遣隋使の問題などは、その好例といえよう。五八九年、隋が中国を統一すると、日本もすばやくこれに反応した。『隋書』倭国伝によると、文帝の統治下の六〇〇年（推古八）、倭は隋の都である大興（西安）に使いを送ったとされる。

倭の五王による遣使が途絶えて以来、およそ一二〇年ぶりの使者ということになる。このときの使者は、倭国王の名を問われて「阿毎多利思比孤《あめたりしひこ》」と答えている。当時の倭国王、つまり天皇は初の女帝推古であるから、アメタリシヒコという名称は矛盾している。ヒコは彦であり、男性呼称であるからである。この点については、遣隋使を実行した聖徳太子を指しているとかさまざまな説がいわれているがいまだに確定していない。

この六〇〇年の遣隋使にはさらに大きな謎がある。『日本書紀』に使節の巡遣記事がみられないのである。遣隋使の派遣は国家的な大事業であり、当然、記されるべきことがらなのに一行も記載されていない。六〇〇年の遣隋使にはそうした疑問も残されている。

◆煬帝の逆鱗に触れた「国書」

それでは『日本書紀』『隋書』の双方に記載がみられる遣使はというと、推古十五年（六〇七）の小野妹子派遣があげられる。

このとき小野妹子が持参した国書には、

「日出《い》づる処《ところ》の天子、書を日没する処の天子に致す。恙《つつが》無きや云々」

という有名な文言が記されていた。

これは、倭の五王時代の朝貢外交とは違って、対等外交をめざしたものであった。

中国の皇帝が天子ならば倭国王も天子であるという対等姿勢は、当然のことながら中国側の怒りを買い、時の皇帝であった煬帝《ようだい》は、

■古代日本と中国の関係

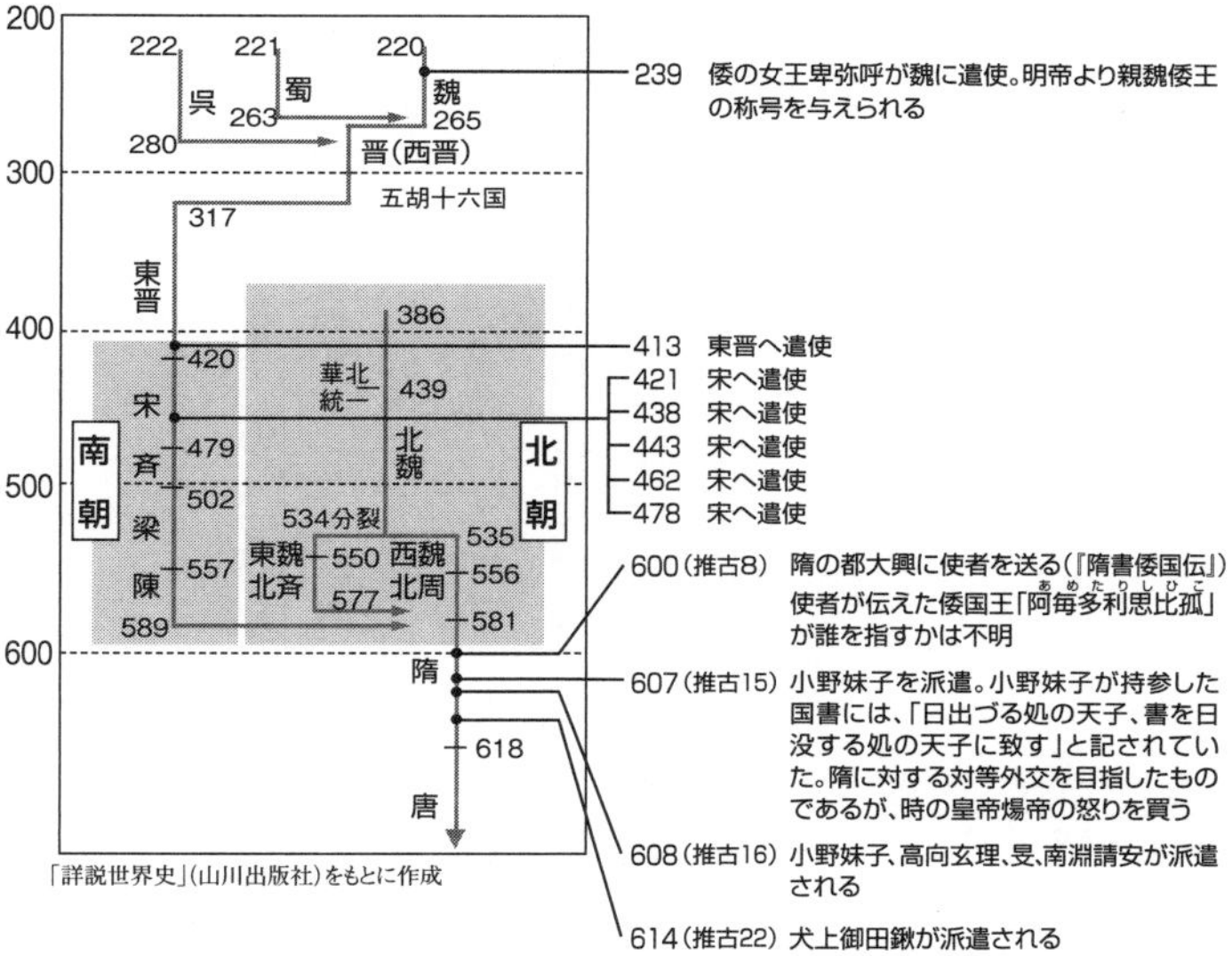

200
300
400
500
600
222
呉
280
221
蜀
263
220
魏
265
晋（西晋）
五胡十六国
317
東晋
420
宋
479
斉
502
梁
557
陳
589
南朝
386
華北統一
439
北魏
534分裂
東魏
北斉
550
577
西魏
北周
535
556
581
北朝
隋
618
唐
239　倭の女王卑弥呼が魏に遣使。明帝より親魏倭王の称号を与えられる
413　東晋へ遣使
421　宋へ遣使
438　宋へ遣使
443　宋へ遣使
462　宋へ遣使
478　宋へ遣使
600（推古8）　隋の都大興に使者を送る（『隋書倭国伝』）使者が伝えた倭国王「阿《あ》毎《め》多《た》利《り》思《し》比《ひ》孤《こ》」が誰を指すかは不明
607（推古15）　小野妹子を派遣。小野妹子が持参した国書には、「日出づる処の天子、書を日没する処の天子に致す」と記されていた。隋に対する対等外交を目指したものであるが、時の皇帝煬帝の怒りを買う
608（推古16）　小野妹子、高向玄理、旻、南淵請安が派遣される
614（推古22）　犬上御田鍬が派遣される

「詳説世界史」（山川出版社）をもとに作成

■7世紀初頭の東アジア

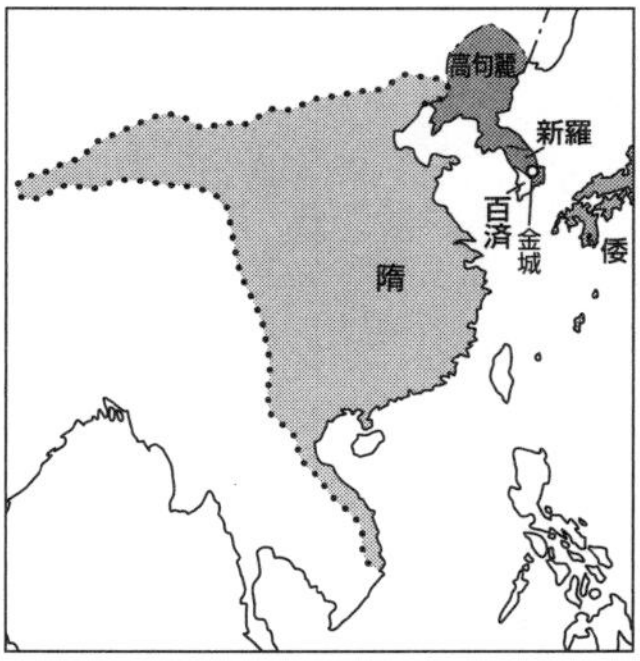

高句麗
新羅
百済
金城
倭
隋

■5世紀の東アジア

敦煌
北魏
〔北朝〕
高句麗
新羅
百済
伽耶
倭
宋
〔南朝〕

「蛮夷の書、無礼なる者有り。復た以て聞するなかれ」

と外交担当の役所である鴻臚寺《こうろじ》の長官に命じている。

しかし、隋は答礼使として、下級の役人の裴世清《はいせいせい》を派遣してきた。これは、当時、隋と高句麗との間に緊張が高まっており、隋としては倭との関係を保っていた方が良いと判断したためである。

この裴世清を送るため、六〇八年、再度、小野妹子が海を渡った。このとき高向玄理《たかむこのげんり》、旻《みん》、南淵請安《みなぶちのしょうあん》が留学生・留学僧として共に隋へ向かった。隋の進んだ文物を学ぶためであり、事実、高向玄理と旻は帰国後、大化改新にさいして、政府の国博士として活躍している。

さらに、このあと推古二十二年（六一四）にも犬上御田鍬《いぬがみのみたすき》が遣隋使として派遣されている。

しかし、隋は高句麗遠征の失敗がたたって六一八年に滅亡し、かわって唐が成立した。

こうした中国の状況にも倭はすばやく対応し、六三〇年には、犬上御田鍬に命じて、第一回遣唐使を送っている。

17 出雲大社は本当に古代の高層建築だったのか

◆古代の高層建築

縁結びの神として知られ、一年を通じて参詣客が絶えない出雲大社、その参詣客の数は年間八〇〇万人を超すといわれている。

そもそも出雲大社の起源は、神話の時代にまでさかのぼる。すなわち、『古事記』や『日本書紀』の国譲り神話において、国を譲ることに同意したオオクニヌシ神のために壮大な神殿を造ったのが出雲大社のはじまりである、というのである。

もっとも、同じ神話でも、『出雲国風土記』をみると、また違った神話がみられる。それは、出雲郡杵築《きづき》郷にみられるものであり、ヤツカミズオミヅヌ命による国引きがなされたあと、オオクニヌシ神のための宮殿を造ろうとして諸々の神たちが建設予定地に集まってみんなで宮殿を造った、というのである。記・紀神話にみられるものとは、まったく異なった由来がのべられているのである。

『出雲国風土記』にみえる出雲大社の由来は、あまりなじみのないものであるが、ある意味では記・紀の国譲り神話にみられる由来よりも重要ということができる。それは、少なくとも古代においては、出雲大社は「杵築大社」というよび方をされていたという点である。この杵築大社という呼称に注目するならば、『出雲国風土記』に語られている神話がよりクローズ・アップされてくるであろう。

しかし、いずれにしても、これらは神話レベルでの創建由来であって、すぐに歴史的事実とすることはできない。結局のところ、出雲大社がいつできたのかは謎なのであるが、神話からも、通常の大きさではなくかなりの規模をもった建築物であったであろうことは想像に難くない。

現在の出雲大社は、高さが八丈、すなわち約二四メートルある。様式的には大社造とよばれ、地面から社殿の床までが高いのが大きな特徴である。現在の社殿が造られたのは延享元年（一七四四）のことであるが、規模的には、一七世紀後半にあたる寛文期に造営されたものと同じとされている。それ以前については、どのくらいの規模があったのか知ることはできないのであるが、伝えられているところによれば、中古には一六丈（約四八メートル）あり、さらに上古には三二丈（約九六メートル）もあったといわれている。これらはあくまでも伝承であるが、一六丈説については間接的ながらも可能性があるのではないかという史料もあげられている。

その史料は何かというと、『口遊《くちずさみ》』であり、その中にみられる高層建築の記述である。『口遊』は、源為憲によって、天禄元年（九七〇）にまとめられたもので、貴族が教養として知っておくべきさまざまな知識をわかりやすく記した、いわば貴族のための教養書である。その中で、寺院の塔を除いた高層建築を、

雲太《うんた》・和二《わに》・京三《きょうさん》

と記している。「雲太」とは、出雲が太郎ということであり、出雲大社が一番ということに他ならない。ちなみに、「和二」とは大和国の東大寺大仏殿が二番、「京三」とは平安京の太極殿が三番ということである。当時の東大寺大仏殿は、まだ焼き討ちにあう前で建立時の大きさを残しており、高さが一五丈とされているから、それより高いとされる出雲大社が一六丈あったと仮定してもおかしくないということになる。

それでは、一六丈あったと仮定して、そんな高い社殿をどのようにして造ったのかというと、三本の柱を鉄の太い輪でたばねて一本の柱として使用したというのである。これは出雲大社の宮司である千家国造家に伝わる「金輪御造営差図《かなわのごぞうえいさしず》」に描かれている工法である。この「金輪御造営差図」は、従来からよく知られたものであり、本居宣長の『玉勝間』に

も掲載されているが、いつごろ描かれた図なのかについてはわかっていない。したがって、この「金輪御造営差図」をいつごろの出雲大社の設計図とするかについては明確にできないところがあった。

◆浮かび上がってきた空中神殿

こうした社殿の規模についての話題をいっそう盛んにしたのが、二〇〇〇年の出雲大社境内遺跡の発見である。地下室を建設するために、本殿と拝殿の間の部分を事前調査したところ、巨大な柱根三本がたばねられて一本にされていたと思われる状態でみつかったのである。

まず、最初に出土したのは、宇豆柱《うづばしら》とよばれる棟持柱《むなもちばしら》である。直径およそ一・三五メートルという太さの杉材を三本まとめて一本の巨大な柱に仕立ててある。その直径は約三メートルにも及ぶ。こうした巨大な柱をどのようにして立てたかについては、三本を鉄の輪でしばって一本にしてから立てたとする説と、一本ずつ別々に立てたあと鉄の輪で一本にしめあげたとする説がみられるが、後者の方が妥当である。というのは、柱のなかに底面が斜めに削りとられているものがあり、これは先に立てた柱にあたらないように配慮された結果と考えられるからである。

したがって、一本ずつ立てた柱を金輪でしめたと考えられ、しめるために用いられた金輪や巨大な釘も出土している。さらに、この巨大柱を支えるために、大量の石が根固めとして突き固められている。石は、人間のこぶし大のものから頭くらいの大きさであり、その推定総重量は、およそ二〇トンといわれている。

宇豆柱の発見は、まず何よりもその巨大さが人びとを驚かせたが、「金輪御造営差図」にみられる柱の構造、および規模とほぼ一致したことも見逃せない点である。この宇豆柱に続いてさらに、大社造の九本柱のうち、南東に配置されている側柱と中心に位置する心御柱も確認され、本殿の底面プランがほぼ明らかになった。それによると、宇豆柱と心御柱は、心々距離でも七・三メートル、宇豆柱と南東側柱が六・七メートルとなることから、南東側柱と南西側柱の心々距離、すなわち梁間が一三・四メートル、南東側柱と北東側柱の心々距離、すなわち桁行きが一一・六メートルとなり、東西に長い長方形となる。「金輪御造営差図」や現在の本殿が正方形であることを考えると、若干の問題がみられるものの、ほぼ同じということができるであろう。

◆古代の出雲大社と周辺の景観

出雲大社境内遺跡の巨大柱の出現は、かつて出雲大社が、かなりの高層であった可能性を推測させるのに十分な証拠といえよう。しかし、この巨大柱、そして、これらの柱によって支えられていた本殿が一体、いつのころのものなのかという点については問題が残されている。

発見当初は、古代にまでさかのぼるのではと期待されていたが、その後、炭素同位体による年代測定をおこなった結果、一二一五〜一二四〇年に伐採された木材であることが判明した。そして、文献史料との対応関係から、宝治二年（一二四八）に造営された本殿の遺構である可能性が高いということになった。つまり、出土した巨大柱は、一三世紀半ばの本殿の一部ということになる。

このように、現在のところ、古代の出雲大社にまではさかのぼれないものの、中世初頭の出雲大社の様子をかいまみることができたわけであり、さまざまな点において大きな影響を与えることになった。いうまでもなく、その中でも出雲大社の高さの問題は最も注目される点である。

厳密にいうと、巨大柱の発見と中古における出雲大社は一六丈あったという伝承は、ストレートには結びつかない。しかしながら、出雲大社がかなり高層の社殿をもっていたということは肯定されてもよいであろう。

また、出土した巨大柱には、赤色顔料（ベンガラ）が塗布されていたことから、朱塗りの柱であったことがわかり、そこから推測して社殿も朱塗りであったと思われる。これは、中世の出雲大社およびその周辺の景観を描いた「出雲大社《いずもおおやしろ》并《ならびに》神郷図《しんごうず》」の中で、出雲大社が朱塗りになっていることとも合致する。高層で朱塗りということを想像すると、出雲大社は、他の建築物とは比較にならないくらい目立った存在であったといえよう。そして、こうした出雲大社の姿は、古代にもあてはまる可能性が十分にでてきたといってよいであろう。

それでは、なぜ出雲大社は、このように高くて朱塗りという目立った建築物であったのだろうか。こうした疑問は当然、わいてくるわけであるが、これに答えることは容易ではない。おそらくは、いくつかの要素が複合的にからみあっているものと思われる。しかし、そのひとつの大きな要素として、他者から視られるため、と考えることができるのではなかろうか。人目をひく高屋、そして、朱塗りといった要素は、何よりも視られることを意識していると考えてよいのではなかろうか。というのは、出雲大社の立地の問題である。現在の社地は、三方を山に囲まれた奥まった場所であり、周囲から見上げられるという条件には適っていない。みつかった巨大柱も境内地の中であり、このことから推測すると、古代の社地も現在地とさほど変わらぬ位置にあったのではないかと思われる。そうであるならば、奥まった場所に人目をひく建物という、一見すると矛盾する要素が出雲大社にはみられることになる。このことをどう考えたらよいのであろうか。

そこで注目したいのが、古代の地形の問題である。古代の地形とひとくちにいっても、いつの時代を想定するかによって相違がでてくるのはもちろんのことである。『出雲国風土記』が完成した天平五年（七三三）のあたり、すなわち八世紀の前半のころを例としても、現在とは明らかに様子が違っている。

その好例として、神門水海《かんどのみずうみ》をみてみよう。現在、神門水海の名残を留めているのは神西《じんざい》湖《こ》であるが、その大きさは『出雲国風土記』にみられる神門水海と比較すると、ほぼ四分の一にすぎない。八世紀初めの神門水海を地図上に復元することは、なかなか困難であるが、少なくとも神西湖の比でないことは明らかであり、日本海に口をあけた大きなラグーン（潟湖）であったと考えられる。その北辺は、出雲大社の社殿の手前にまで及んでいた可能性が考えられる。

もうひとつは、『出雲国風土記』に「入海《いりうみ》」と記されている宍道湖の存在である。現在の宍道湖は、四方が埋め立てられてしまって、かなり縮小されている。それは、近世まで神門水海に流れ込んでいた斐伊川が流路を変えて宍道湖に注ぐようになったため、大量の土砂がもたらされたりしたことによる。

したがって、『出雲国風土記』ができた八世紀初めのころの宍道湖は、現在よりも西方にまで水域をもっており、出雲大社に近接していた可能性が大きいのである。そして、こうした地理的環境を考えるならば、そこを舞台とした海人たちの活動を想定することは十分に可能である。

　とするならば、これらの海人たちの信仰の対象として、出雲大社の存在を考えることはさほどおかしなことではないであろうし、また、海人たちの航海のさいの灯台的な目印として、高層で朱塗りの出雲大社の存在を想定することもあながち的はずれとはいえないであろう。

18 古代日本で六人八代の女性天皇が登場した理由

◆初の女帝推古

現在の日本においては、皇室のことについてとりきめた『皇室典範』によって、女性は天皇になれないことになっている。しかし、古代には、推古《すいこ》・皇極《こうぎょく》（斉明《さいめい》）・持統《じとう》・元明《げんめい》・元正《げんしょう》・孝謙《こうけん》（称徳《しょうとく》）というように、六人八代の女性天皇が誕生している。しかし、古代の天皇全体からみると、女性の天皇は、決して多いとはいえない。こうしたことから、女性が即位するさいには、何らかの理由もしくは事情があるのではないかと考えられている。

日本で初めての女帝は、推古天皇である。もっとも、推古天皇以前においても、女帝的な人物は何人かみうけられる。たとえば、邪馬台国の女王であった卑弥呼などはそのよい例といえよう。卑弥呼の宗女（一族の女性）で、やはり邪馬台国の女王となった壱与もあてはまるであろう。また、『日本書紀』の編纂者が卑弥呼とダブらせて記述している神功皇后も女帝的である。神功皇后は、仲哀天皇の皇后であり、朝鮮半島を服属させたという伝承で知られる伝説的な人物である。

しかし、これらの人たちは、もちろん即位はしてはいない。こうした中で、皇位（大王位）についたであろうと考えられるのは飯豊皇女《いいとよのひめみこ》である。平安時代に天台宗の僧であった皇円によってまとめられ、仏教色の強い歴史書である『扶桑略記《ふそうりゃっき》』は、彼女のことを「飯豊天皇」と表記している。

こうした女性たちのあとをうけて登場したのが推古天皇ということになる。推古は、欽明天皇を父とし、異母兄にあたる敏達天皇の皇后となった。そして、崇峻天皇が暗殺されたのち、初の女帝として即位することになったのである。では、推古が即位することになった背景には、一体、どのようなことがあったのであろうか。当時、皇位継承者の決定権をもっていたのは、群臣とよばれる有力豪族たちであったとされる。といっても、実際には蘇我馬子が権力を掌握しており、群臣の要請といっても馬子の要請ということにほかならなかった。

崇峻が暗殺されたあと、馬子は当然のことながら、蘇我系の皇子の即位を画策したであろう。そこで、クローズ・アップされたのが他でもない厩戸皇子、すなわち聖徳太子である。しかし、当時の政界には、太子の強力なライバルとなり得る人物がいた。それは推古の子である竹田皇子である。しかし、竹田皇子は、血筋的に非蘇我系であり、馬子としては天皇に好ましい人物とはいえなかった。そこで、厩戸皇子と竹田皇子の二人の皇位継承者の対立を回避するためにとりあえず即位したのが推古といわれている。つまり、有力な皇位継承者が複数いるときに、争いを避ける手段として女帝が立てられたということになる。

◆〝中継ぎ〟という共通点

こうしたことは、斉明天皇の場合にもいわれている。すなわち、孝徳天皇が死去したのち、皇位継承者としては、中大兄皇子が圧倒的に有利な状況だったと思われるが、ライバルとして、孝徳の子である有間皇子《ありまのみこ》の存在もあなどれないものであったといわれている。そこで、皇極が重祚《ちょうそ》（二度、天皇を譲位したのち再び、皇位につくこと）して斉明天皇となることにより、二人の間の皇位継承争いを回避しようとしたとされている。

持統の即位に関しては、皇位継承をめぐる対立の回避ということではないが、やはり、中継ぎという要素はうかがえる。天武天皇が崩御したとき、天武と持統の子である草壁《くさかべの》皇子は、すでに皇太子の立場にあったが、強力なライバルとして大津《おおつの》皇子がいた。

大津は、持統の姉である大田皇女が生んだ皇子である。文武に秀で、天武朝においてすでに朝政にも参加が許されている。生前の天武天皇の寵愛もひとしおであったし、群臣からの評判もよい。皇太子はなるほど草壁であるが、人物的には大津の方が上と誰しもが認めるようなところがあったと思われる。当然のことながら、母である持統の心配は察する

■天武天皇の后と皇子たち

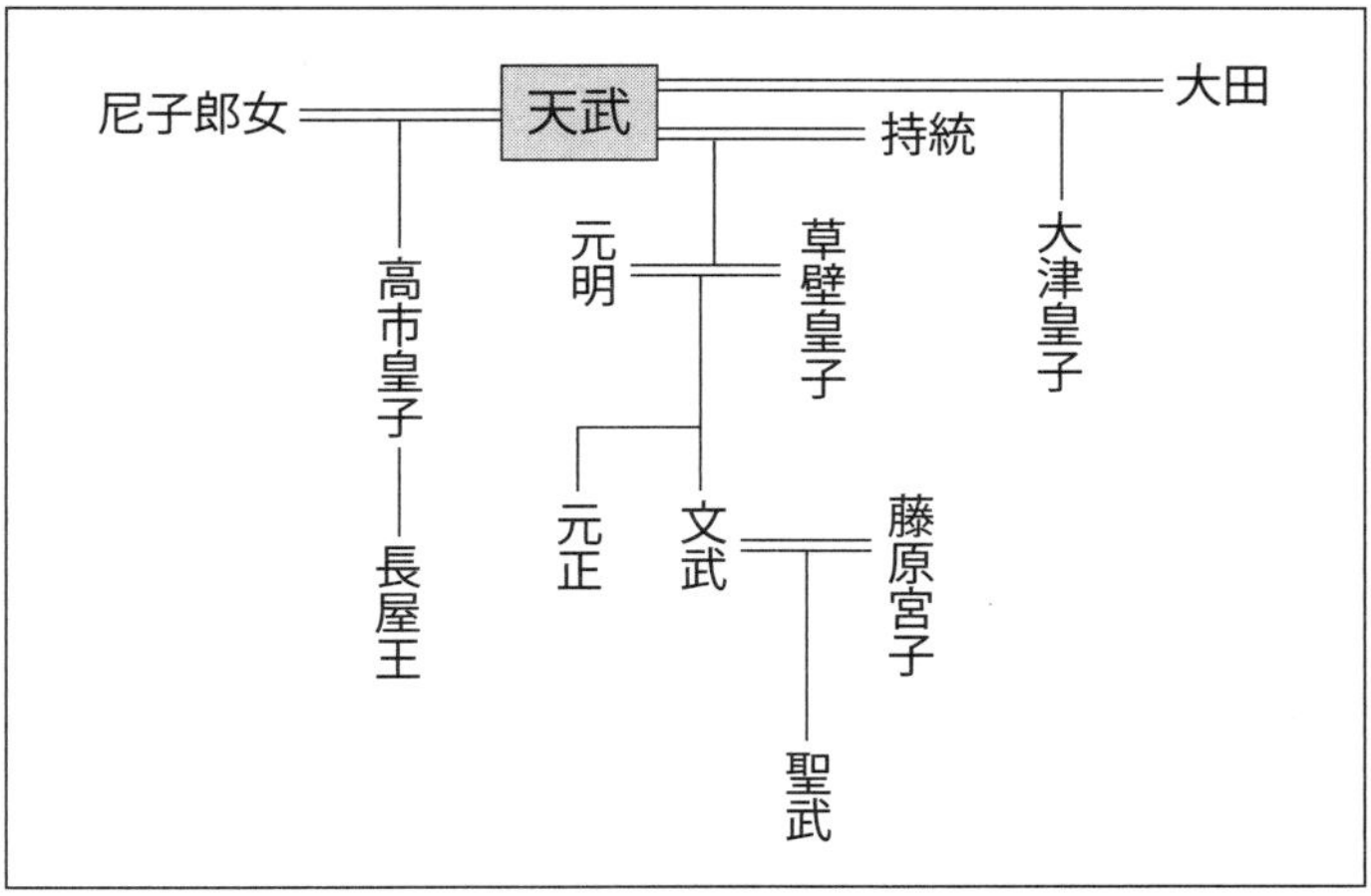

に余りがある。

そこで、まず、持統がとった戦略は、大津の排除である。天武が崩御してすぐに大津は反逆の疑いで捕えられる。そして、自害に追いやられるのである。

この事件は、どうやら持統の陰謀のようである。ことの真相はひとまず置くとして、持統はほっとしたことであろう。

しかし、悲劇は再び襲いかかる。草壁の死である。天皇位につけようとしていたわが子の死は持統をどれだけ悲しませたかはかりしれない。しかし、持統は強い心をもった女性であったようだ。草壁の子である文武の即位を画策した。持統にとって孫にあたる文武を天皇にしようとし、それまでの中継ぎとして、自身が即位したというのである。

奈良時代は、「奈良七代七十年」といわれるように、七代の天皇が登場する。

元明《げんめい》→元正《げんしょう》→聖武《しょうむ》→孝謙《こうけん》→淳仁《じゅんにん》→称徳《しょうとく》→光仁《こうにん》

これら七代のうち、元明・元正・孝謙・称徳（孝謙が重祚）の三人四代が女帝である。奈良時代が女帝の時代などともよばれるのはこのためである。

具体的にみると、元明天皇は平城京遷都（七一〇年）の三年前（七〇七年）、子の文武天皇の死をうけて即位した。文武には、のちに聖武天皇となる首皇子《おびとのおうじ》がいたが、このとき首皇子はわずかに七歳であり、しかも病弱であった。文武にしても元明にしても、できることならば首皇子に天皇位を譲りたかったであろうが、何よりも年齢的に早すぎるといわざるを得ない。そこで、元明が即位したわけであり、こうしたことから、元明は首皇子への皇位継承のための中継ぎと考えてよいであろう。

元明のあとをうけた元正にも同じく中継ぎとしての要素がうかがわれる。元正は平城京遷都後の七一五年に即位した。このとき、首皇子は十四歳であり、若すぎるということはないであろうが、結局、首皇子は七二四年に元正から譲位されて聖武になっている。

元明・元正がみたように中継ぎ的要素が強いのに対して、孝謙の場合には、まったく違

■孝謙天皇とその周辺

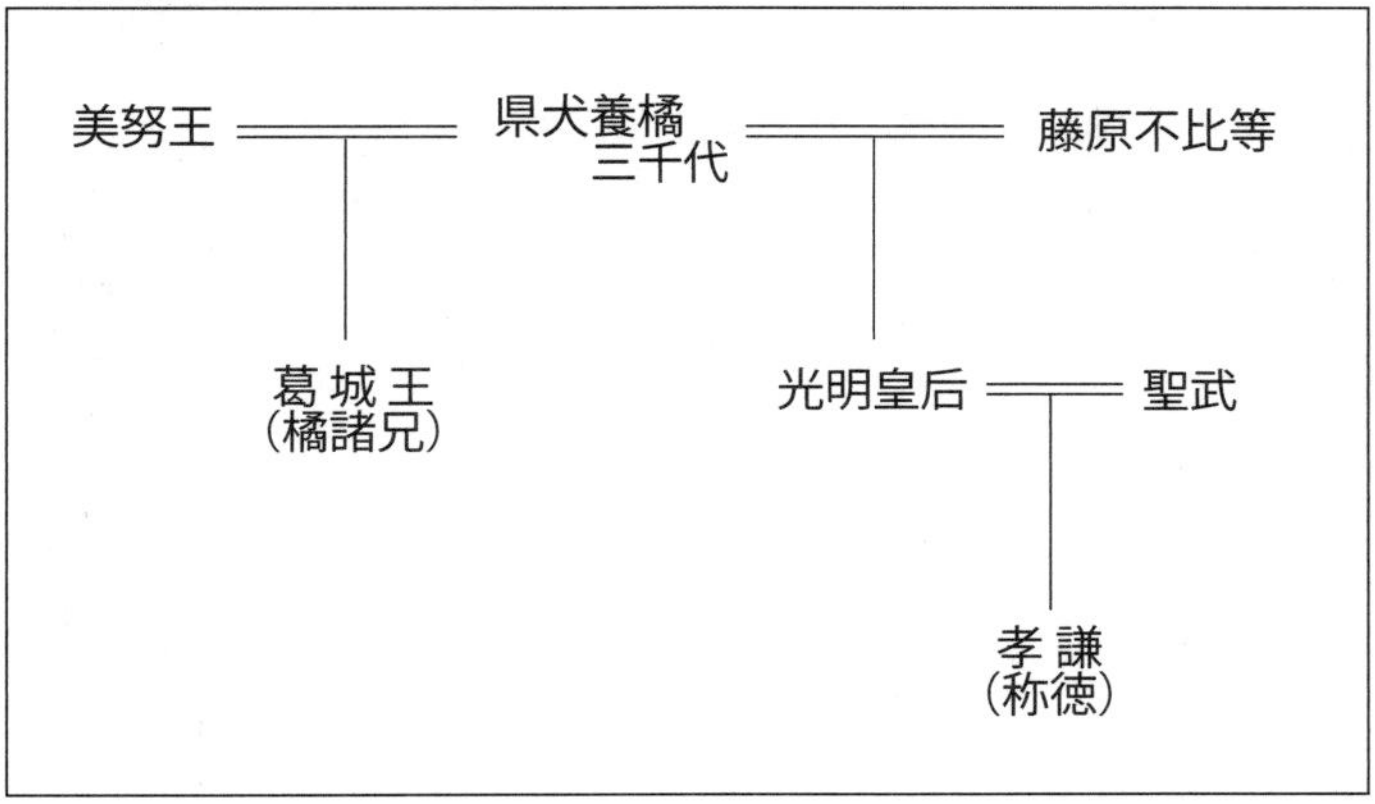

う要素がみられる。

孝謙の父は聖武天皇であり、母は光明皇后である。聖武は光明皇后との間にできた藤原系の皇子を後継者にしようとしていたとされる。

ところが、光明皇后との間にできた「某王」は死没してしまい、その後、二人の間には皇子は生まれなかった。そこで、娘の阿倍内親王が皇太子に立てられたのである。そして、天平二十一年（七四九）に阿倍内親王は即位して孝謙天皇となった。時に三十二歳であった。

したがって、孝謙は皇太子を経て天皇になったわけであり、女帝では唯一の例といえる。このことは、藤原系の天皇を擁立しようという聖武と光明皇后の強い意志を示しているものといってよいであろう。

19 「部民制」とはどういう仕組みなのか

◆部の起源

大化改新以前において、朝廷もしくは天皇家（大王家）・中央豪族に隷属して、物資や労働力を提供したのが伴《とも》・部《べ》とよばれる集団であり、これらの集団に関する制度が部民制とよばれるものである。

部民制の成立時期については、四世紀前半から七世紀後半までという諸説が入り乱れている。それでも、現在では、五世紀の末から六世紀の初めの間に成立したとする説が有力とされるが、いまだに定説というところまでにはいたっていない。

しかし、六世紀後半に築造されたといわれる島根県松江市岡田山一号墳から、「額田部臣《ぬかたべのおみ》」という銘のある大刀が出土したことは、部民制の下限をおさえる意味で注目される。というのは、額田部臣は、額田部という部の統括者と考えられる。このことから、この銘文が入った大刀が造られた時期には、部の存在を確認することができるのである。このことから、少なくとも六世紀後半には、部民制が成立していたことが証明されたわけである。

　また、部民制の組織については、朝鮮半島との関係がいわれている。すなわち、百済にみられる王都を五部、地方を五方に分ける制度や政府の部司である内官・外官の諸部制に近似した面があるとされている。さらには、北魏の部曲制の影響がみられるという指摘もある。

◆部の内容

　部は大きくいって職業部、名代・子代、部曲《かきべ》の三つに分けられる。まず一つめは、ヤマト政権の経済的基盤となる職業部である。そもそも、ヤマト政権は、伴・伴緒とよばれる奉仕集団をもっていたが、五世紀から六世紀の時期にかけて、多数の渡来人たちをとりこんで職掌《しょくしょう》の分化がいっそうすすみ、その結果として部が形成された。

■ヤマト政権に従属する部

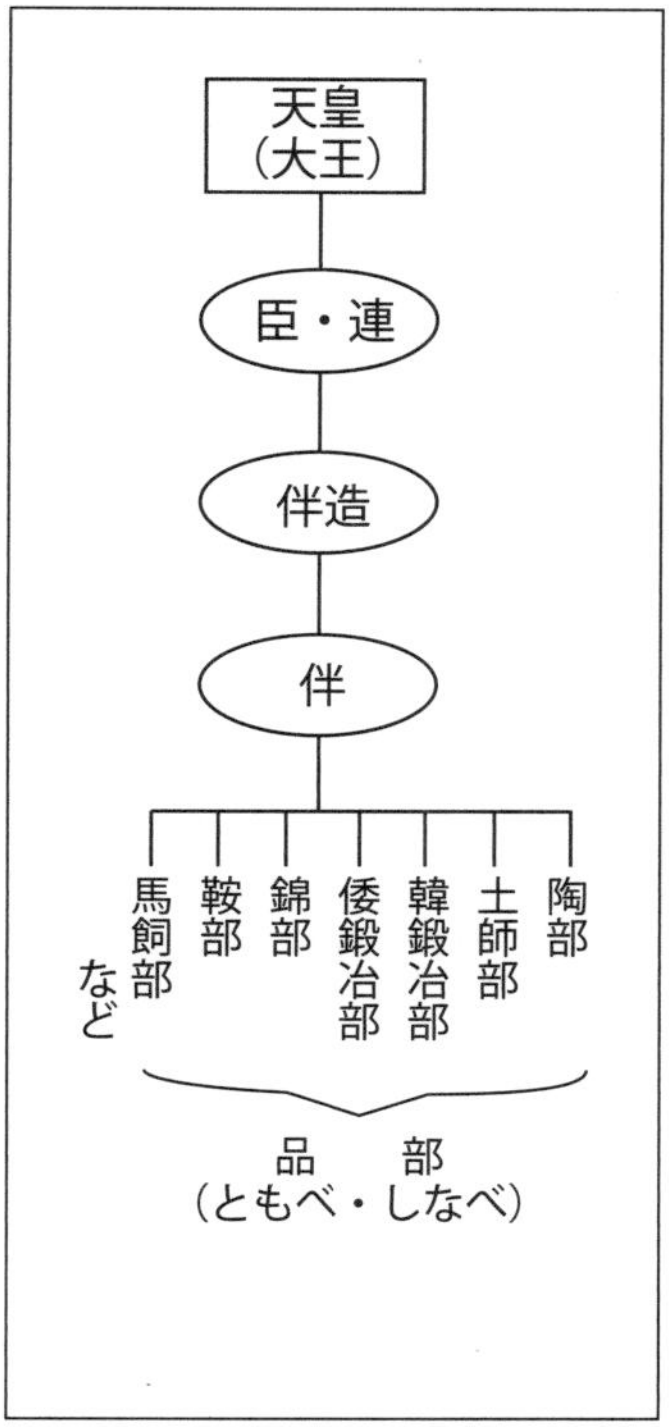

たとえば、伴であったモイトリは水部になった。また、トノモリは殿部に、カドモリは門部に、カニモリは掃部にといったように、拡大的再編成がなされた。こうした部の形成にともなって、新たな部も多く生みだされていった。陶部《すえ》・土師部《はじ》・韓鍛冶部《からかぬち》・倭鍛冶部《やまとのかぬち》・錦部《にしき》・鞍部《くらつくり》・馬飼部《うまかい》など技術の奉仕や生産物の奉仕にあたる部がそれであり、多くは渡来系の人々がこれを担ったのである。

これらのうち、陶部は古墳時代中期に朝鮮半島から伝来した須恵器の製作にたずさわる人々であり、これに対して、土師部は弥生土器の系統をひく土師器の製作にあたる人々である。

また、韓鍛冶部は、鉄器や銅器の加工を職業とする集団であり、『古事記』の応神天皇の段に百済の国王が技術者の韓鍛を貢上したという記事がみられるように、渡来系の技術者集団である。一方、同じ鉄・銅製品の製作をおこなう集団でも、在来の技術を継承する一団もあり、こちらは倭鍛冶部とよばれる。

錦部は、錦織部とも表記され、渡来系の織物の技術者集団であり、倭錦とはまた異なった高級な錦織を職掌とした。

鞍部は、鞍作部とも書かれ、馬具の製作にあたった集団である。

馬飼部は大和・河内に主として設置された部であり、馬の調教や飼育にあたった。

■大王家と豪族の部

	私有民（部）	私有地
大王家	名代・子代 ｝物資の貢納 田部―屯倉の耕作	屯倉
豪族	部曲 ※蘇我部・大伴部・中臣部などと称す	田荘

こうした部は、一八〇部といわれるほどたくさんあったが、これらを個部に支配したのが伴造であり、それらを上部で全体的に管理したのが臣・連といった有力豪族たちである。

また、部には天皇（大王）やその一族の経済を支えるための名代《なしろ》・子代《こしろ》といわれるものもある。名代も子代も、その実態は同じであるが、名代は天皇（大王）やその后妃のための部であり、子代は皇子のための部である。それぞれ、大王宮もしくは皇子宮へ出仕する伴と、その伴の管理下にあって、大王宮や皇子宮へ生産物などの物資を貢納する在地集団の部とから構成される。名代の場合には、さらに、国造の一族から舎人《とねり》・靫負《ゆげい》・采女《うねめ》などが大王宮へ出仕することになっていた。具体的にいうと、たとえば『日本書紀』の雄略天皇の条に設置されたと記されている穴穂部は安康天皇の名代とされる。さらに、養老五年（七二一）の下総国葛飾郡大島郷の戸籍をみると、そのほとんどは孔王部《あなほべ》の姓であり、これは穴穂部の名残りを残しているといわれている。また、大王家の直轄地である屯倉《みやけ》にあたる部としては田部もいた。

臣や連といった姓をもつ有力豪族たちも自分たちの氏の経済基盤をささえるために部曲《かきべ》と称する部を所有していた。たとえば、蘇我氏が所有する部曲は蘇我部ということになり、他にも大伴部とか中臣部とかと称された。これらの部は、地方の農民集団で国造が統括にあたり、それぞれの豪族に貢納および力役の義務を負っていた。

これらの部をすべて「王民」ととらえて、品部と称したとする説もみられたが、こうした考えは現在ではあまり有力とはされていない。また、部曲を「私有民」であるという点を重視して、部からはずす説もあるが、これも否定されているといってよいであろう。

すなわち、部は、まず、朝廷内の経済的基盤をささえるための組織として成立し、それがしだいに名代・子代・田部や部曲といったものをも含みこんだ国家の組織として制度化されていったとみられている。

20 大化改新以前の地方制度はどうなっていたか

◆古代の行政区画

一般に古代の地方行政制度としては、

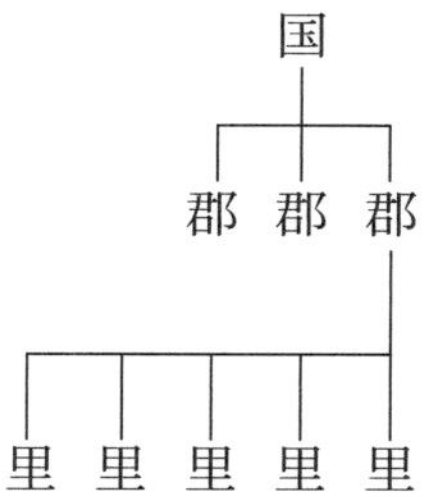

という制度が知られる。そして、これらの国・郡・里それぞれのエリアの政治をおこなうのが、国司・郡司・里長ということになる。これらのうち、国と郡は面積の広さがある程度の基準になって区画されるが、里は五〇戸を一里とするのが原則である。また、里の場

合の五〇戸にみられる戸は、現在の戸とは違うものである。古代の戸というのは、郷戸といわれる。一つの郷戸はおおよそ二五人程度で構成される。そして、国家はこの郷戸を対象にして口分田を班給したり、兵士を徴発したりした。一郷戸は、大体、三つないし四つの房戸からなっていた。したがって、一つの房戸はおおむね七~八人くらいで構成されていた。つまり、現代の戸に近いのは、この房戸ということになる。これに対して、郷戸は行政上の戸であり、一族の集合体ということができよう。

　しかし、こうした制度は律令制下におけるものであり、それ以前は、

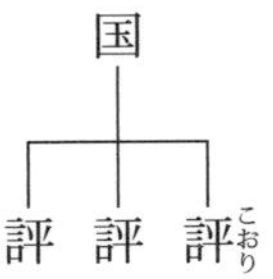

という制度、つまり、国評制であったとされている。そして、国評制の契機は、大化改新にあったといわれている。それでは、それ以前、すなわち大化改新の前は地方の行政制度はどのようなものであったかというと、国《くに》と県《あがた》という区別であったという指摘がなされている。しかし、この国と県というものがどのようなものであったかについては、明らかで

ない点が多いのである。

大化改新以前の地方支配の様子についてのべている史料としては、中国の『隋書』倭国伝があげられる。それによると、

軍尼《くに》一百二十人有り、猶、中国の牧宰《ぼくさい》の如し。八十戸ごとに一伊尼冀《いなき》を置く。今の里長の如きなり。

とある。ここにみられる「軍尼」とは国のことであり、具体的には国造《くにのみやつこ》のことをいっている。『隋書』倭国伝では、この国造は中国の地方長官である牧宰のようなものである、といっている。

また、「伊尼冀」といっているのは、稲置《いなぎ》のことであり、こちらは、中国の里長のようなものであるといっている。この里長という

■古代の戸

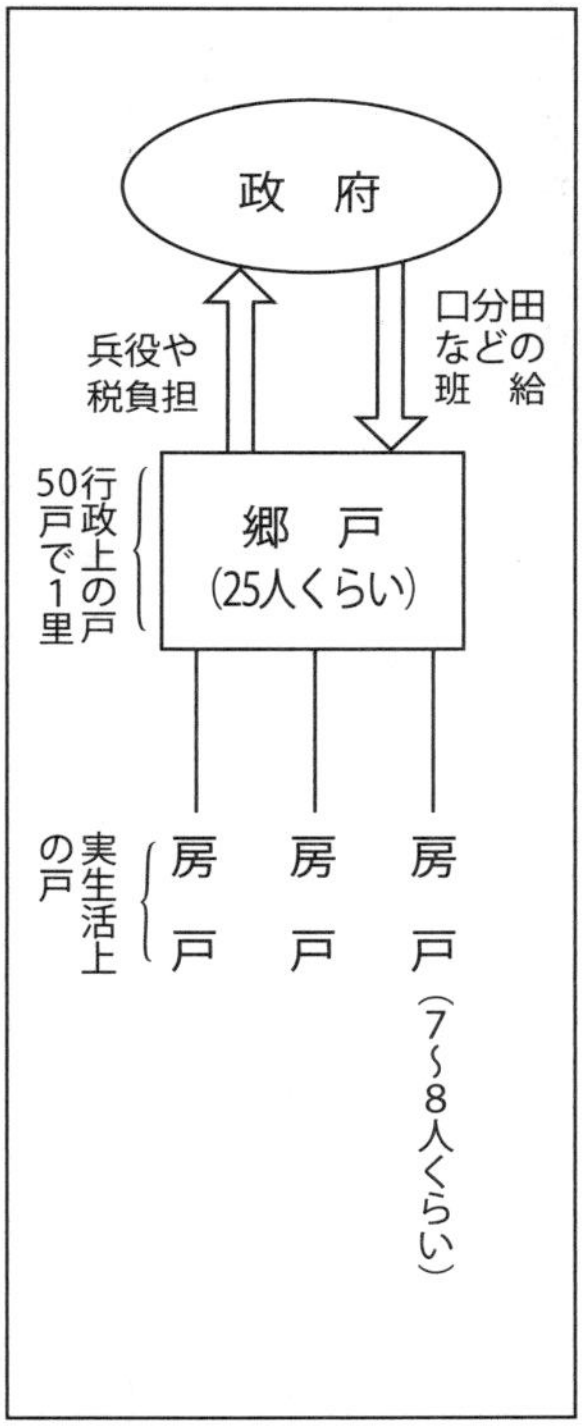

名称は日本にみられるが、日本の場合は五〇戸で一里をなすが、中国の場合は一〇〇戸で一里を構成することになっており、単純に日本の里の感覚で中国のそれを理解することはできない。

しかし、いずれにしてもこの『隋書』倭国伝の記載は貴重であり、これをどのように理解するかで国と県の解釈に違いが生じることになる。

◆国県論争とその内容

『隋書』倭国伝にみられる軍尼（国）と伊尼冀（稲置）について、先駆的業績を残したのは井上光貞氏である。井上氏は、国と県の関係を軍尼と伊尼冀の関係に対応させてとらえた。つまり、国という行政区画の下に県があるとして、国には国造、県には県主が置かれたとし、稲置というのは県主の姓《かばね》と考えたわけである。そして、こうした地方行政制度は、七世紀初めに畿内や東国に実施されたとした。七世紀初めという時期は、推古朝に相当している。

しかし、『日本書紀』の推古天皇の条をみると、こうした国—県という関係を示す記事は見あたらない。このことから上田正昭氏は、七世紀初めに国—県といった上下関係があったとはいえないとして、井上説を批判したのである。国県論争といわれる論争がこれで

■二つの県

①ヤマト政権の直轄領＝県《あがた》（県主が支配）

- 倭
  - 高市
  - 葛城
  - 十市
  - 志貴
  - 山辺
  - 添
  - （以上）六御県《むつのみのあがた》
- 河内
  - 茅渟
  - 河内
  - 志幾
  - 紺口《こんく》
  - など
- 吉備
  - 上道
  - 波区芸《はくぎ》
  - 川島
  - 三野
  - 苑
  - など
- 筑紫
  - 儺
  - 伊都
  - 岡
  - 八女
  - 山門
  - 水沼
  - 上妻
  - など

②国の下の行政区画＝県《こおり》（稲置が支配）

国（国造が支配）
｜
県（稲置が支配）

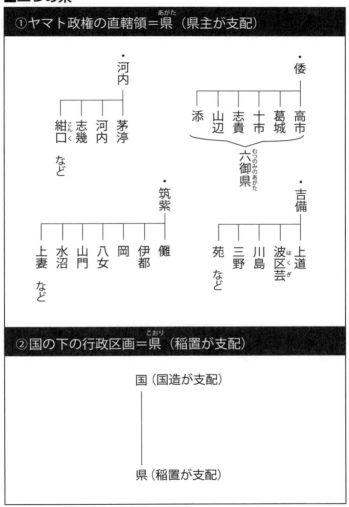

ある。

上田氏は、県を三世紀後半から五世紀にかけての地方行政組織ととらえた。つまり、国という行政区画ができる以前にあったものが県であるというのである。言葉をかえていうならば、国制の前段階として県制があったというのである。この県制は、西日本を中心として実施され、ヤマト政権の権力が全国化するとともに国制に変わっていったとしている。

こうした上田氏の批判をうけた井上氏は、その後、稲置を県主の姓であるとする考えを訂正し、県には二種類あることを主張した。そして、県主はヤマト政権の直轄地である県《あがた》の首長であり、稲置は国の下の行政組織である県《こおり》の首長であるという二本立ての構造を提示した。

現在も県の理解については、議論の余地があると思われるが、井上氏によって示された二本立ての構造が通説となっているように思われる。すなわち、県《あがた》とは、ヤマト政権下における地方行政上の単位であり、倭の六御県をはじめとして、河内・吉備・筑紫といった西日本に多くみられる。これらは、『隋書』倭国伝にみられる伊尼翼（稲置）が支配する県《こおり》とは別のものといえる。

これによるならば、県主は国造に従属する存在ではなく、逆に稲置は国造に従う立場ということになる。

しかし、こうした通説的な理解に対して、『隋書』倭国伝は、畿内にみられる制度を記したもので、これをもってただちに全体的な制度とみることはできない、という批判もだされている。

また、国造と稲置の関係について、一般的な理解を認めながらも例外もあったであろうとする説もみられる。それは、国造と稲置とを比較した場合、政治的にも国造の方が強く、支配領域も広いことから、国が県《こおり》より上位の組織である点については疑う余地がないとしながらも、一方では、県《こおり》がすべて国造の支配下として下部組織化されて設置されたとは限らないというものである。つまり、ヤマト政権と直接的に関係を結んだ県《こおり》もあったのではないかとする考えで、この場合は、県《こおり》の首長が稲置ではなくて県主になるという、複雑なことになってしまう。

いずれにしても、国県制は地方行政制度としては、問題を含んだ制度であったことは事実であったと思われる。そのために大化改新を契機として、国評制へと移行していったのである。

21 「氏姓制度」によって日本の政治はどこが変わったか

◆古代の「氏《うじ》」と現代の「氏《し》」

ヤマト政権における政治制度が氏姓《しせい》制度である。ヤマト政権は、氏《うじ》とよばれる集団を基盤とし、姓《かばね》によって氏の序列化をおこなった。

「氏」という言葉は、現代社会でも家族の単位として使われる。しかし、古代の氏《うじ》と現代の氏《し》とではまったく中味がちがっている。そもそも古今東西の歴史の中で、社会集団がまとまりをみせる原理は二つある。ひとつは血縁であり、もうひとつは地縁である。そして、これらのうち、時代が古くなればなるほど血縁によるまとまりが強く、母系による血縁集団が形成されるといわれている。

しかし、古代の日本の「氏」は、そうした母系による血縁集団とはまったく異なったものであった。すなわち、氏は父系の血縁集団を原則とするまとまりなのである。しかも、ヤマト政権下における支配者集団のみに通用する集団原理といえる。したがって、古代の一般民衆の血縁集団を氏とはいわないのである。

◆氏の語源

しかし、ここで注意しなくてはならないのは、氏は必ずしも祖先を同じくする父系の集団ではないということである。あくまでも、祖先が同じであるという建て前があればよく、それを前提とした擬制的血縁集団なのである。

氏の内部の構成を具体的にみてみよう。氏の首長は氏上《うじのかみ》とよばれる。氏上は氏の代表者・統率者である。つまり、一族のリーダーであり、ヤマト政権に仕え、地位に応じて姓をもらう。この姓は、同じ氏の一定範囲の血縁者も名乗ることができた。そうした人びとが氏《うじ》人《びと》とよばれる階層であり、その下に部民や奴婢が従属していた。これらの従属民のうち、

■古代の氏

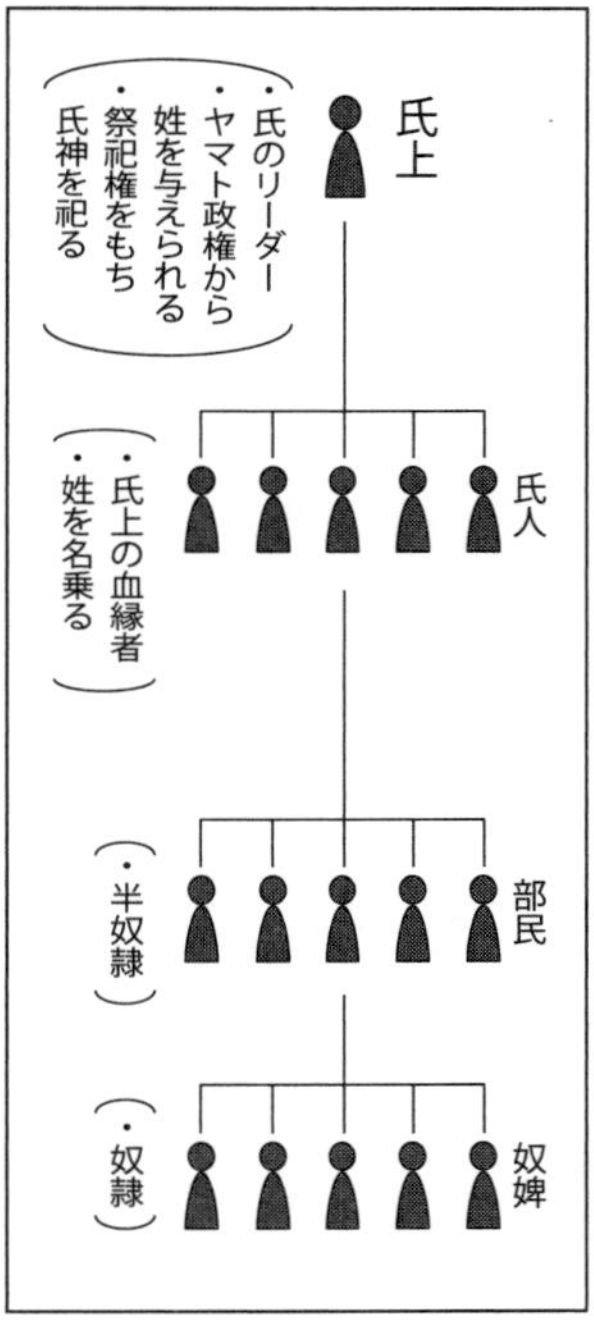

部民とは自営的な経済生活を営む農民や漁民たちであり、奴婢は売買や贈与の対象とされる人びとであり家内奴隷のことである。

古代の氏の名につい

■氏名の由来

①職掌が氏名の由来

・物部（姓は連、大連と称す）
・大伴（姓は連、大連と称す）　｝軍事を職掌

・中臣（姓は連）
・忌部《いんべ》（姓は連）　｝祭祀を職掌

②地名が氏名の由来

・蘇我（姓は臣、大臣と称す）
・巨勢《こせ》（　〃　）
・平群《へぐり》（　〃　）

てみてみると、二つの系統に分けることができる。ひとつは、氏の名が職掌をあらわすものであり、物部・大伴・中臣・忌部などが例としてあげられる。もうひとつは、居住地の地名を氏の名にしたもので、蘇我・巨勢・平群などがあげられる。

◆姓の役割

氏に対して、政治的地位の序列化を目的としてヤマト政権が与えたものが姓《かばね》である。姓の語源については、骨《かばね》や崇名《あがめな》などからきているともいわれるが、一方では朝鮮語で族の意味をもっている骨という字を日本読みしたものともいわれている。

いずれにしても、姓は尊称の要素を含んでおり、古くは、

①彦《ひこ》、②媛《ひめ》、③根子《ねこ》、④梟師《たける》、⑤君《きみ》、⑥別《わけ》、⑦守《もり》、⑧玉《たま》、⑨主《ぬし》、⑩耳《みみ》、⑪祝《はふり》

といったものがあり、研究者によっては、これらを原始的カバネとよんだりしている。しかし、ふつうこれらは、ヤマト政権下における姓をはじめとする古代のカバネとは異質のものと考えられる。古代のカバネは全部でおよそ三〇種類ほどあるといわれている。これらの姓は大きくいって二つに分けることが可能である。ひとつは氏の出自によって与えられたものであり、臣・連・公・別などがその例としてあげられる。さらに、各々の姓についてみてみると、臣は神武天皇から孝元天皇までの皇裔氏族に与えられており、遠い皇親に対して与えられた姓といういい方をされたりしている。それに対して、連は神武天皇以前の神々の子孫に与えられた姓であり、天神・天孫の後裔に与えられた姓といわれている。しかし、こうした臣・連の性

■臣と連とは

- 臣
  - 初代神武天皇～八代孝元天皇までの時代に出自をもつ皇裔氏族
  - 畿内の有力豪族
- 連
  - 天神・天孫に出自をもつ氏族
  - 皇室の有力伴造

格の分類については、畿内の有力豪族に与えられたのが臣で、皇室の有力伴造に与えられたのが連であるという分け方もみられる。

臣や連といった氏の出自に対して与えられた姓の他には、ヤマト政権の官職に関係する姓があげられる。直・造・首・史・吉士・村主などがこのタイプに属する。これらのうち、直はヤマト政権の力が浸透した地域の国造に与えられたものとされる。また、造はヤマト政権の職業部や名代・子代の伴造に与えられたものと考えられる。

氏姓制度の成立時期については、厳密な意味での限定はなされていないように見受けられる。しかし、大まかなところでは、五世紀から六世紀のあたりとする点は大方の共通認識になっているといってよいように思われる。また、氏姓制度には表記の面などにおいて朝鮮半島、とくに百済や新羅の影響がみられるということも指摘されている。

22 大化改新は本当にあった出来事なのか

◆大化改新が持つ意味

『日本書紀』の皇極天皇四年（六四五）六月、中大兄皇子や中臣鎌足らによって、時の権力者であった蘇我入鹿が殺害された。その父である蝦夷も自邸に火をかけ自殺してはてた。天皇家をもしのぐ勢力を誇った蘇我本宗家のあまりにもあっけない滅亡であった。

これが、乙巳《いっし》の変とよばれる事件であり、大化改新のスタートということになる。そして、翌大化二年（六四六）正月には四か条からなる改新の詔《みことのり》が発せられ、改新政府が本格的に始動することになる。

『日本書紀』にみられる改新の詔の概要をみるならば、第一条は、公地公民制の実施、第二条は、地方の行政区画の決定、第三条は、班田収授の励行、第四条は、新しい税制の導入ということになろう。こうしたことは、定説として、高等学校の日本史の教科書などでも教えられてきたことである。

しかし、この定説といってもよい大化改新について、太平洋戦争後から学界では多くのことが論議されてきた。

たとえば、一九六〇年代には、改新の詔それ自体を疑う説がだされ、さらには、大化改新全体を虚構とする大化改新否定論が提唱された。

たしかに、改新の詔に目をやると、第二条で設置するとした「国司《くにのみやつこ》」・「郡司《こおりのみやつこ》」といった用語は、律令時代になって使われるようになった言葉で、当時には使用されていなかったと思われることから、その信頼性に関しては疑問がもたれるのである。

さらに、大きな視点ということでは、改新の詔のセールス・ポイントともいうべき第一条の公地公民制についても問題がみられる。まず、従来の理解ではどういうことになるかというと、この第一条によって公地公民制がスタートしたことになる。ところが、天智天皇二年（六六三）に朝鮮半島で起きた白村江《はくそんこう》の戦いに敗れたため、豪族たちの不満解消策として、私有民（民部《かきべ》・家部《やかべ》）を認めざるを得なくなった。

これは、甲子《かっし》の宣とよばれている。それが、六七二年に起きた壬申の乱ののち、天武天皇四年（六七五）の詔で甲子の宣が撤回されて公地公民制は軌道にのったというように理解されてきた。

しかし、これを大化改新はなかったという立場から考えると、また違った歴史展開になる。それは、公地公民制のスタートは、改新の詔ではなく、天智天皇三年（六六四）の冠

■改新政府

改新の詔とは?

其の一に曰く、昔在の天皇等の立てたまへる子代《こしろ》の民、処々の屯倉《みやけ》、及び、別には、臣・連・伴造・国造・村首の所有《たもて》る部曲《かきべ》の民、処々の田荘《たどころ》を罷めよ。仍て食封《じきふ》を大夫より以上に賜ふこと、各差あらむ

豪族が支配していた土地と人民を取り上げ、そのかわりに大夫以上の豪族には、食封を与える(公地公民制)

其の二に曰く、初めて京師を修め、畿内・国司・郡司・関塞《せきそこ》・斥候《うかみ》・防人《さきもり》・駅馬・伝馬を置き、及び鈴契を作り、山河を定めよ

都をつくり、畿内・国司・郡司・関塞・斥候・防人・駅馬・伝馬を設置。また鈴契(通行手形)を作り、国境・郡境を確定(行政区画の整理)

其の三に曰く、初めて戸籍・計帳・班田収授の法を造れ

公地を民に貸すため台帳(戸籍)と、税をとるための台帳(計帳)をつくることが定められた(経済基盤の整備)

其の四に曰く、旧の賦役《えつき》を罷めて、田の調を行へ

旧来の税は廃止し、田地を対象にした税である田調、家を対象にした税である戸調を導入(経済基盤の整備)

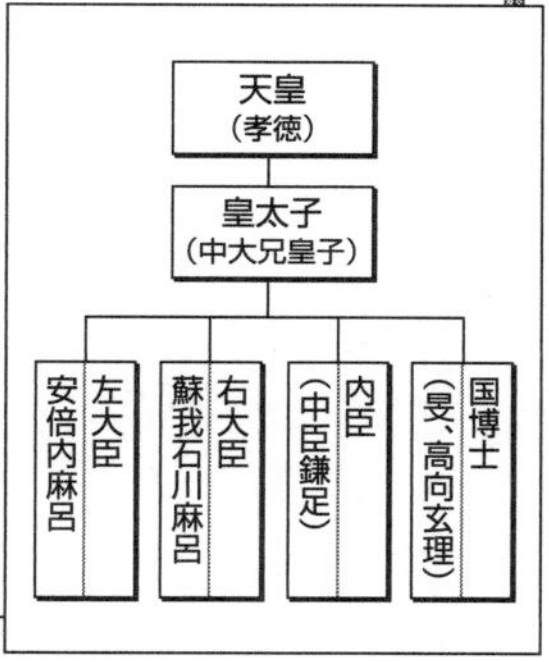

改新の詔は本物か

646年に出された改新の詔をめぐっては以前から真偽をめぐって論争がみられる。それは、詔の中に「国司」(第二条) などのように、のちの律令制下の言葉が入っているからである。中には改新の詔は創作されたものであるという説もある。しかし、現在は、改新の詔が出されたことは事実であり、それが後に一部修正されたと考えられている。

位二六階制ということになる。

この段階で豪族たちの序列化がはかられ、私有民を民部と家部とに分けさせた。そして、天武天皇四年の詔で部曲、すなわち民部が廃止されたと考えるべきであるということになる。

つまり、大化改新を想定しなくても、公地公民制は、十分に説明がつくというのである。

◆大化改新と難波宮

それでは、現在、大化改新はどのように理解されているのであろうか。この点が一番、興味のあるところだと思うが、それに対しては、大化改新を完全に否定するというような極端な考えはあまりみられないように思われる。それは、難波宮の発掘が進んできたことが大きな原因のひとつにあげられる。

難波宮、すなわち難波長柄豊碕宮《なにわのながらとよさきのみや》は、乙巳の変ののち、即位した孝徳天皇の宮である。改新の詔が出されたのもここであり、いわば改新政府の心臓部といってよいであろう。もし、大化改新などなかったとすると、難波宮のウェイトも軽く、したがってその規模も小さかったであろう。ところが、みつかった難波宮址は、意外なほど大規模な構造をもったものであった。

難波宮址は、大阪市中央区馬場町、法円坂一丁目にあり、宮址自体は、上下二層からなっている。このうち、下層の遺構が孝徳天皇の時代のものであり、前期難波宮と称されている。

内裏をはじめとして、朝堂院《ちょうどういん》や八角堂《はっかくどう》、および複廊《ふくろう》、倉庫群などが検出されている。それぞれの規模が大きいのみならず、建設プランの点からも注目されている。

まず、第一には、天皇の私的な空間である内裏と公的な政治の場である朝堂院とが明確に分けられている点である。第二には、難波宮の中軸線上に、左右対称の建物群が整然と配置されていて、プラン的には、のちの宮の原点といってもよい。

これらの点から難波宮は、それまでの宮とは異なり、中国の都城の要素をとり入れ、恒久的な都城をめざしたものであるという指摘もなされている。

こうした造都に象徴される政治姿勢、そして、造都のための大規模な動員の背景には、大化改新のような大国内改革の存在が考えられるというわけである。

◆大化改新の主人公は誰か

また、近年、いわれて話題になったものに、大化改新の主人公は誰かということがあげられる。この点については、中大兄皇子と中臣鎌足が中心人物であり、改新政府をつくるにあたっては、中大兄皇子が自ら天皇になったのでは、改新が私欲によるものという批判を受けるとして、孝徳を立ててロボット化しようとしたとするのが通説である。これに対して、乙巳の変から大化改新へといたる本当の主人公は孝徳ではなかったかという説が出されている。

蘇我蝦夷・入鹿親子を倒して政権を奪取するためには、まず、天皇になる必要があるはずであり、乙巳の変ののち、実際に天皇についたのは孝徳である点を考え合わせると、孝徳を主人公に考えるのが自然であろうというのである。それでは、中大兄皇子は、いかなる立場であったのかというと、この段階ではまだ、天皇位につくまでの実力を備えていなかったのではということになる。

このように、大化改新をリードした人物についても、いまだ再考の余地がのこされているといってよい状況なのである。

23 白村江での敗北がヤマト政権にもたらしたもの

◆消え去った百済再興の夢

倭（日本）の水軍と唐の水軍とが朝鮮半島の白村江《はくそんこう》（錦江《きんこう》）の河口で戦い、倭軍が大敗したのが白村江の戦いである。

六六〇年に百済が新羅・唐連合軍によって滅ぼされると、倭は百済の再興を積極的に支援した。それまで人質としていた豊璋《ほうしょう》を帰国させ、百済王としたのもそのひとつである。朝鮮半島では、鬼室福信《きしつふくしん》らが百済再興のために戦っていた。豊璋と福信は、錦江をさかのぼった要害《ようがい》の地である州柔《つぬ》を都として抵抗を続けていたが、両者の間には次第に溝が生まれてきたようである。

その理由は明らかではないが、倭で人質とはいえ平穏な日々を送っていた豊璋と戦いにあけくれていた福信では当然のことながら考えを異にすることが多かったのではなかろうか。具体的には両者の対立は、豊璋が福信を謀反の疑いありとして捕え、斬殺するという結果を招いた。

こうした百済側の分裂をみて新羅は軍勢をすかさず州柔へむけた。一方、唐は劉仁軌《りゅうじんき》らに命じて一七〇艘の軍船で錦江の河口を封鎖した。州柔を救援するために錦江をさかのぼろうとする倭の水軍に対抗するためである。

ここで不可解なことが起こる。というのは、州柔の指揮官である豊璋が、守備を部下にまかせて自ら倭を迎えるために白村江にまで出向いてしまうのである。この時点で百済の命運は尽きたといってよいであろう。

六六三年八月二十七日、白村江に先着した倭の水軍が唐軍に攻めかかって敗退した。しかし、唐軍は陣形を固めて深追いはしなかった。翌二十八日、全軍がそろった倭は再び唐軍に会戦をいどんだ。

この中にはもちろん豊璋の姿もあった。しかし、倭の水軍は全体的な指揮系統が明らかでなく、軍船の多さや戦闘能力を過信して力攻めに走ってしまった。それに対して唐軍は船隊を整え、左右から軍船を出して倭軍をはさみ撃ちしたため、倭の水軍は総くずれになり、多くの将兵が水に落ちて溺死した。このとき焼かれた倭の軍船は四〇〇艘にも達した。

この戦いによって倭軍は壊滅的な打撃を受け、豊璋もわずかな部下とともに高句麗へと逃げ去った。陸でも百済軍が新羅軍にけちらされ、ここに百済再興の夢は完全に消え去った。

■白村江の戦い

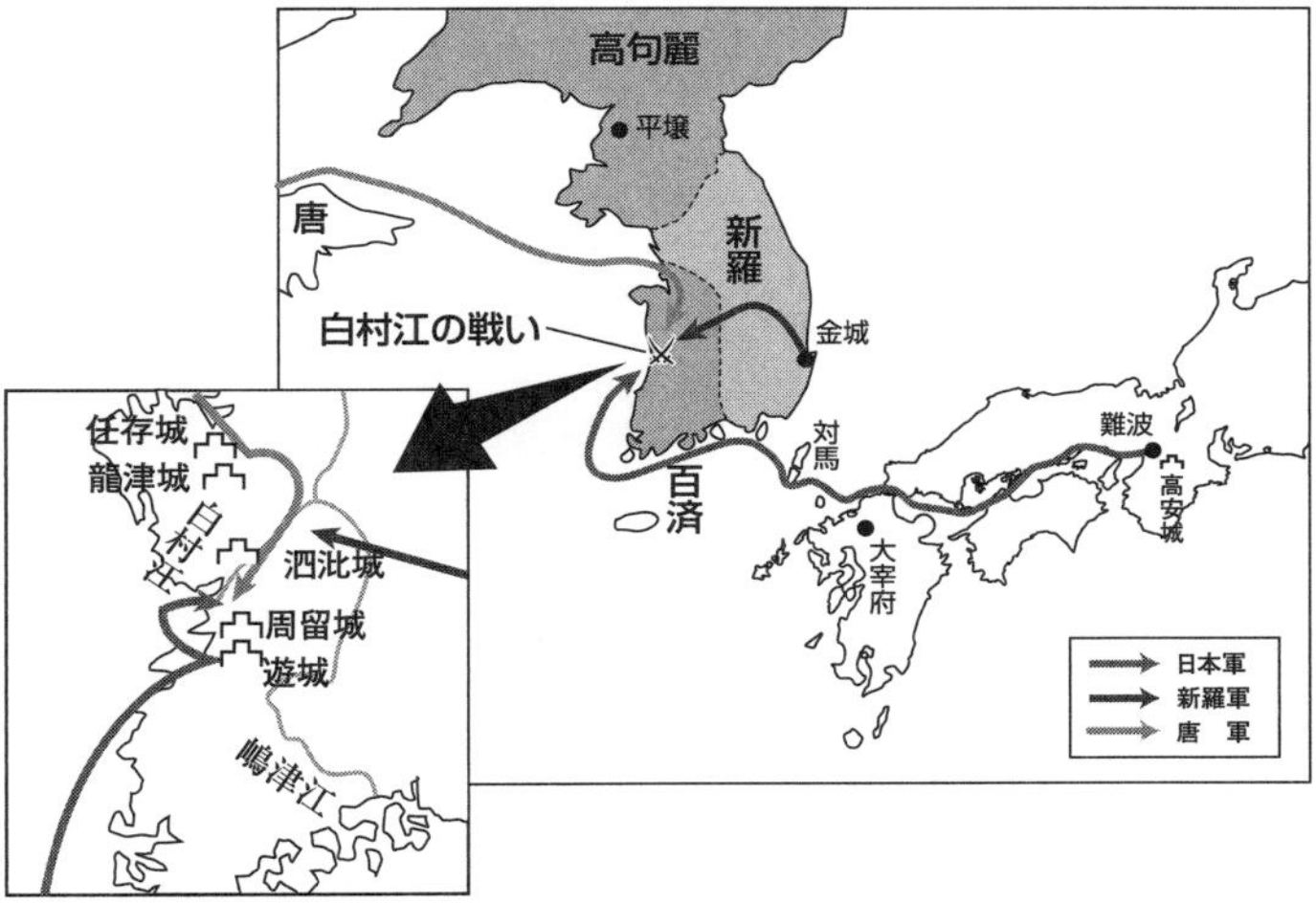

■白村江の戦い前後の動き

660年	百済が新羅・唐連合軍によって滅ぼされる 再興をめざす百済は日本に支援を求め、新羅・唐に抵抗
663年	百済の要請に応じた中大兄皇子は朝鮮半島に出兵。 白村江で大敗する
664年	朝鮮半島での足場を失った日本は、対馬、壱岐、筑紫に烽と防人を置く。また、大宰府に水城をつくる
665年	大野城、基肄城などをつくる。
667年	高安城、屋島城などをつくる。この年、 大津宮に遷都
668年	新羅・唐連合軍が高句麗を滅ぼす 中大兄皇子、天智天皇として即位
676年	新羅による朝鮮半島統一

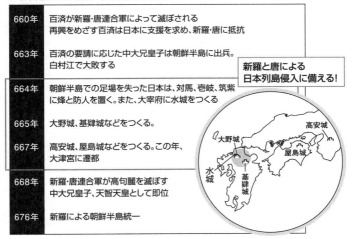

◆大陸への足場を失うという代償

白村江の戦いは、従来、唐の大軍の前に倭の水軍が屈したようにいわれることが多かった。しかし、軍船数のみても唐の一七〇艘に対して倭は四〇〇艘以上であったことがうかがわれる。

もっともこの数は、唐軍の一七〇艘は『日本書紀』の記述であり、倭の失った軍船四〇〇艘というのは『旧唐書《くとうじょ》』劉仁軌伝によるものであり、そのまま信用してよいかどうか問題もある。しかし、白村江には倭側もかなりの兵力を集結させていたと思われ、この点はまだ検討の余地があるといえそうである。

いずれにしても、この白村江の戦いによって倭は朝鮮半島での足場を完全に失ってしまい、逆に新羅・唐による日本列島侵入に備えなければならなくなる。時の政権担当者であった中大兄皇子にとって、それは大きな決断のいることでもあった。

24 古代史最大の激闘「壬申の乱」の裏側で何が起きていたのか

◆二人の皇子の対立の原点

畿内を舞台に皇位をかけた古代史上最大の内乱が壬申の乱である。天智の死後、弟で皇太子であった大海人皇子と、天智の子で太政大臣であった大友皇子が互いに争ったのである。

ことの発端は、重病におちいった天智天皇が大海人皇子をよび皇位を譲るといったところから始まる。

大海人は天智が息子の大友を愛していることを知っていたので、即位を固辞して吉野へ入って仏道修行したいと天智に願い許されることになる。

こうして吉野で息をひそめていた大海人皇子は、天智が近江の大津宮で亡くなるといよいよ行動を開始する。

まず、村国連《むらくにのむらじ》男依《おより》らを美濃国へやって東国の兵の確保と不破《ふわ》道の閉鎖を命じる。六七二年六月二十二日のことである。

そして、大海人皇子自身も鸕野皇后（のちの持統天皇）らと共に東国へと出発したが、このとき従った者はわずかに草壁《くさかべ》皇子、忍壁《おさかべ》皇子や舎人《とねり》たち二〇人あまりと女官一〇人ほどであったという。大海人もはじめは馬がなかったので徒歩であったという。

その後、高市《たけち》皇子がかけつけ、兵力も次第に集まり出し、六月二十六日には伊勢の迹太《とお》川《がわ》のほとりで天照大神を遥拝《ようはい》した。天皇家の祖先神である天照大神を大海人側にとりこもうとしたのである。このとき大津皇子も到着した。

こうした大海人側の動きに対して、大友皇子側はどうしていたかというと、騎兵で大海人皇子を追撃すべしという意見がでたが、大友皇子はこれを採らず、東国、飛鳥、筑紫、吉備などへ兵の徴発を命じた。しかし、これは失敗に終わり、結果的には後手をひくことになってしまった。

◆大海人皇子、天武天皇として即位する

六月二十七日、大海人皇子は不破に入った。そこへ尾張国守の小子部連鉏鉤《ちいさこべのむらじさいち》が二万の兵をひきいて大海人皇子側に加わった。さらに、二十九日には大伴吹負が大海人側について挙兵した。

兵力の確保に成功した大海人側は、七月二日に大和と近江の二方面に向かって進撃を開

■壬申の乱

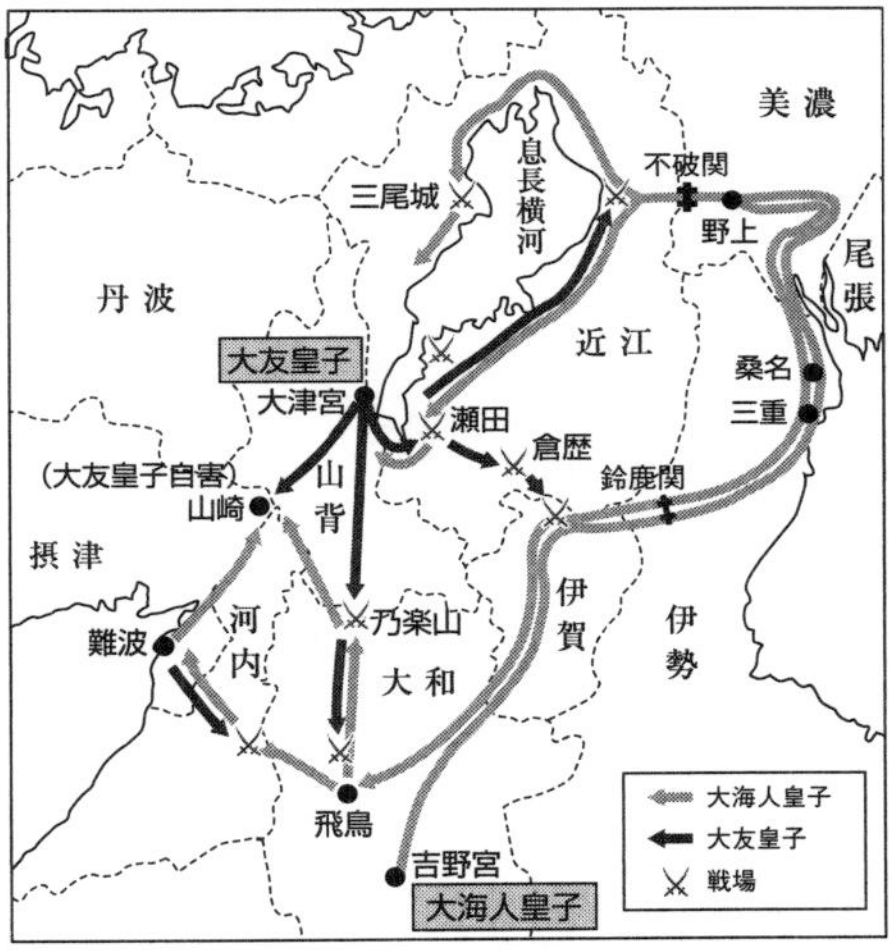

■壬申の乱前後の動き

671年
天智天皇が亡くなる

↓

672年
壬申の乱が勃発

↓

673年
天武天皇が即位

↓

681年
飛鳥浄御原令編纂

↓

684年
八色の姓制定

↓

686年
天武天皇が亡くなる

■大海人皇子と大友皇子の関係

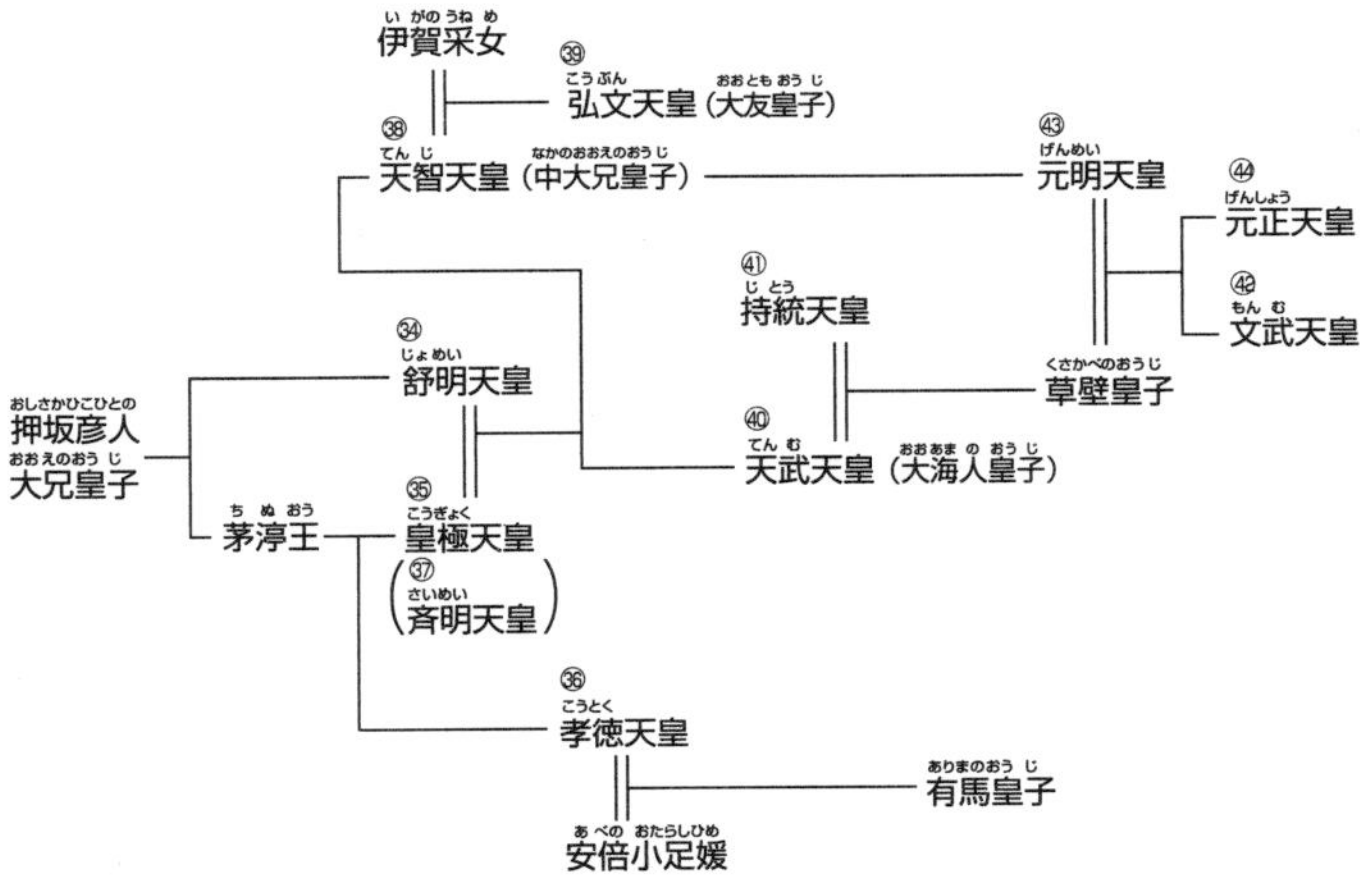

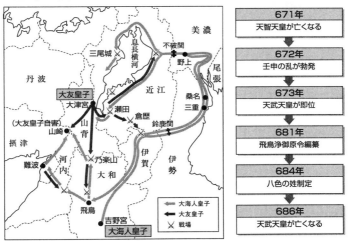

始した。

一方、大海人皇子の命を受けた村国連男依らは激戦を制して、二十二日に近江の瀬田橋《せたばし》に到着した。このとき、橋の向こう岸には大友皇子が群臣らを率いて陣をかまえており、軍勢は後方がどこまであるのか見えないほど大軍であったといわれる。

ここに、瀬田橋をめぐって壬申の乱の中でも最大といえる激闘がくりひろげられることになる。

瀬田橋をはさんだ攻防は、壬申の乱の勝敗を左右する激しい戦いとなったが、戦況は次第に大海人皇子軍が有利となり、翌二十三日には、ついに大友皇子が戦場を離脱し、大友軍は総くずれとなってしまう。

大友皇子は、戦場を逃れたものの、ほどこすすべもなく山崎で自殺してはててしまう。

こうして、壬申の乱は大海人皇子の勝利に終わり、大海人は飛鳥浄御原宮《あすかきよみはらのみや》で即位して天武天皇となるのである。

大友側についた大豪族たちを倒して天皇となった天武のもとで、以後、天皇の明神化が急速にすすみ、「大君は神にしませば」という言葉が示すように、天皇は神であるとする思想が定着していくことになる。

25 悲運の皇子・大津皇子が二上山に葬られるまで

◆皇位をめぐる確執の真相

奈良県と大阪府との境でもある二上山《にじょうざん》の優雅な山なみは、いかにも古代の風情《ふぜい》を思わせる。二上山から奈良側に下れば當麻寺《たいまでら》があり、大阪側へは初の国道ともいうべき竹内街道が難波へむかい、途中には聖徳太子の墓をはじめとする〝飛鳥の王家の谷〟と称される墳墓群がある。

しかし、二上山には悲しい話ものこされている。大津皇子の謀反に関する話である。大津皇子は天武天皇の第三子であり、母は天智天皇の長女の大田皇女という最高の血筋をもっており、自身も文武両道にすぐれていたといわれる。

天武の長男は高市皇子であるが、母が地方豪族の宗像《むなかた》氏の出身であるため皇位につくことはまずできない立場にあった。次男は草壁皇子であり、母は天智の次女の鸕野《うの》皇女であった。したがって、順当であれば、天武の後継者は大津が一番で次が草壁ということになる。

しかし、大津にとって悲運であったのは、母の大田皇女が早逝《そうせい》したことである。そのため、天武の皇后には鸕野皇女がつき、ここで大津と草壁の立場が逆転してしまう。年齢的には草壁の方が大津より一歳上であったが人物的には大津の方が数段まさっていたようである。

それを裏づけるものとして、天武は即位してから八年たった六七九年になっても、まだ皇太子を決めかねている。当然、草壁が立てられるはずであるのにそれがなされなかったのは、草壁と大津との間には明らかに力量の差があり、天武も考えあぐねていたからであろう。

この問題については、二年後の六八一年に草壁が皇太子になってひとまず決着がついたかにみえたが、その二年後に大津も朝政に参加しており、天武の複雑な胸中がうかがわれる。こうした状況下で六八六年九月九日、天武が亡くなるわけであるが、皇后の鸕野のとるべき道はひとつであった。大津に比べて能力の劣っていることが歴然としているわが子の草壁を守るためには、もはや手段を選んでいる余裕はなかったのである。

◆本当に謀反はあったのか

悲劇は天武がこの世を去って一か月もたたない十月二日に起きた。大津が謀反を企てたというのである。川島皇子が大津を密告し、翌日、死刑に処せられた。このとき、妃の山辺皇女は髪をふり乱し、素足のままかけつけ殉死したといわれる。大津の遺体は二上山に埋葬されたと伝えられ、現在、雄岳の山頂に墓といわれるものがあるが、むしろ山麓の鳥谷口古墳がそれにあたるのではないかといわれている。

さて、大津の謀反であるが、不自然な点が多々みられる。第一に大津の処刑が異常に早い点である。いくら何でも謀反発覚の翌日に死刑とは早すぎる。また、事件に連座して逮捕された三〇人あまりのうち実際に処分を受けたのは沙門行心《しゃもんこうじん》と礪杵道作《ときのみちつくり》の二名のみであり、これも奇妙である。さらに、このとき逮捕された者の中には巨勢多益須《こせのたやす》や中臣臣麻呂《なかとみのおみまろ》のように事件の三年後には、はやくも官位を与えられているものもいる。

　こうしたことを考えると、大津の謀反の真実性はますます疑わしくなってくるわけで、鸕野による陰謀といったほうがよいように思われる。

■天武天皇関連図

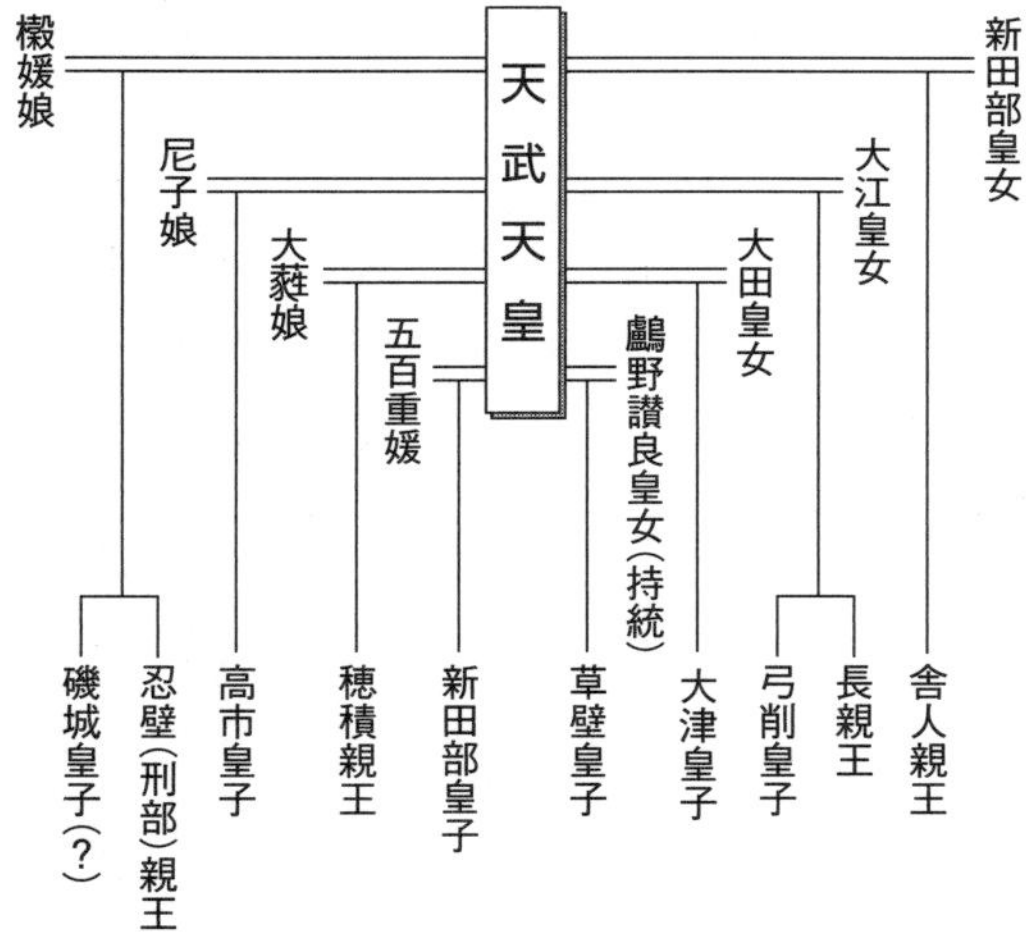

26 道教・陰陽道はいかにして日本に入ってきたのか

◆日本人と道教・陰陽道

占いが好きなのは、何も日本人に限ったことではないかも知れないが、とにかく日本人も占いが好きである。占いの方法もタロットカード、水晶など多種多様であるが、そのひとつとして風水ということが近年言われ出し、今ではすっかり言葉として、わたしたちの生活に定着しているようである。

この風水とは、主に色とか方角とかといった要素に注目してものごとの吉凶を判断するものであり、古代以来の道教や陰陽道の影響を受けている。

また、昨今は、平安時代の陰陽道の達人とされる安倍晴明が小説やコミック、映画の主人公として取り上げられている。パワースポットとかいやしのパワーということで神社や聖地がもてはやされるなか、京都の晴明神社もにぎわっているようである。

これらの道教・陰陽道は、まちがいなく古代の日本人たちに認識されていたものであるが、その実態はというと、謎につつまれた点が少なくない。そもそも道教は、中国において成立した民間宗教である。不老長生を強調したことから、民衆だけではなく、始皇帝をはじめとして皇帝にも好まれるところとなり、国家の保護を受けることもあった。したがって、日本からみると、道教は仏教や儒教などと同様に明らかに外来宗教ということになる。

しかし、道教の日本への流入については、まったく異なった意見がみられる。そのひとつは、道教を成立道教と民間道教の二つに分け、このうち日本に入ってきたのは、民間道教の方であったとする考えである。

この場合、成立道教とは、道観とよばれる寺院をはじめとして、布教者である道士や信仰対象の道像などをすべて備えた形態のものをいう。これに対して、民間道教とは、そうした施設やスタッフを備えておらず、民衆によって信仰されたものをさしている。

したがって、日本においては民間道教が入ったとする立場からは、施設である道観・布教するための道士・信仰の対象としての道像といったものは必ずしも必要ではなく、ケースバイケースで民衆が信仰していたということになる。

他方、これとは正反対に古代の日本にも道観などの道教遺跡が明確にみられるとする見解もある。近年も、奈良県の飛鳥池遺跡から亀形の石が発見され、道教との関係が指摘されたりもしている。

こうした問題については、早急に結論を出すことは難しいが、いずれにしても、古代の日本において道教は、同じ外来宗教である仏教のように表だって国家の保護を受けるということはなかったと考えられる。

こうした道教の中核的な要素である陰陽思想や五行思想などを基にして成立したのが陰陽道であるが、実はこの陰陽道についても、どこで成立したかをめぐって二つの考え方がみられる。ひとつは、中国で成立し、それが日本へ伝わったとする考えであり、もうひとつは、陰陽思想はなるほど中国で発生したものであるが、これを体系化して陰陽道としたのは日本であるというものである。この点についても簡単に結論をいうのは難しいが、どちらかというと、陰陽道として体系化されたのは日本においてである、と考える方がより妥当であるように思われる。

このように、謎ばかりが多く目立つ道教・陰陽道であるが、その流入からの歴史をあらためて見つめなおし、現代との関わりを考えてみることにする。

◆古代の道教と陰陽道

日本にいつ道教が伝えられたのかを明らかにすることは難しいが、少なくとも六世紀の初めころにはすでに伝わっていたと考えられる。そのことに関して、『日本書紀』の継体天皇七年（五一三）条をみると、五経博士の段楊爾《だんように》が百済から貢上されている。五経博士とは、百済の官職名であり、五経すなわち、『書経』・『詩経』・『易経』・『春秋』・『礼記』に詳しい学者であった。そして、これらの中で『易経』には陰陽思想の影響が認められるし、『書経』には五行思想の要素が入っている。

さらに、推古十年（六〇二）には、百済から観勒《かんろく》が来朝して、暦本・天文地理書・遁甲方術書などを献上したと伝えられる。朝廷は、大友村主高聡に天文遁甲を学ばせた他、玉陳には暦法を、山背臣日立には方術をそれぞれ学ばせたことが『日本書紀』に記されている。

推古朝以降の朝廷も陰陽五行思想の摂取に熱心であり、大化改新にさいしては、大化という元号が立てられ、祥瑞改元の基盤がつくられた。

ついで、天智天皇の時代には、漏刻台が設置され、そのあとの天武天皇のときには、占星台も造られた。また、天武天皇は、自らも天文遁甲の術をよくしたともいわれている。これらは、次の律令制下において、陰陽寮に集約され、陰陽道として展開していくことになる。

陰陽道を仕事としておこなう役所が陰陽寮である。具体的には、天文の観測や暦の作成・時刻の管理・異常事象に対して吉凶を占うなどを任務とした。中務省の管轄下に入り、長官である陰陽頭《おんようのかみ》をはじめとして、陰陽博士・暦博士・天文博士・漏刻博士や陰陽師などがいた。

陰陽寮は律令に規定されている役所であり、奈良時代から存在を確認することができ、したがって、陰陽道も奈良時代には成立していたと思われる。しかし、いうまでもなく、はじめから完成された姿であったとは考えられず、次第に体系化されていったと思われる。平安時代に入ると、貴族のニーズにあったように陰陽道も変化し、宮廷陰陽道とよばれる形になっていく。

具体的にどのようなものかというと、たとえば物忌《ものいみ》や方違《かたたがえ》といった陰陽道のタブーが貴族の守るべきものとして定着し、同時にそれらが彼らの生活をも拘束するようになっていった。

こうした傾向は、陰陽道をさらに変えていくことになり、従来の暦・天文といった科学的要素よりも呪術的な側面がよりいっそう強調されるようになり、それに加えて、仏教や神祇信仰との習合も強められ、さまざまな祭祀や祓がさかんにおこなわれるようになった。

陰陽道の呪術化の傾向は、中世以降いっそう活発となった。律令制の衰退は、陰陽師などを統制していた国家の弱体化を進め、統制から解放された陰陽師たちは民間の呪術者として農村などへと入っていった。そうしたことは、農事暦の中や万歳などの祝言の中にうかがうことができる。

近代になると、明治政府が俗信の排除という立場をとったため、明治六年（一八七三）と明治十三年（一八八〇）の二度にわたってとりしまりを受けた。しかし、こうした俗信という要素を多分にもちながらも、道教・陰陽道の影響は今日にも確実に継承されているといえる。

◆現代に生きる道教・陰陽道

合理主義が生活を支配し、科学や技術が万能の世になっても、なぜか結婚式は「大安」に集中する。混雑をさけて仏滅に式を挙げようという人はまれであろう。また、凶事は「友引」の日におこなってはいけないという。こうした、お日がらを気にすることは、実は陰陽道的な俗信なのである。お日がらの他に、方角に関する俗信もしばしば耳にする。今日はどちらの方角が良くないかとか、東北の方角は、鬼門といって鬼が出入りする方角だとかいうものであり、これも陰陽道からくる俗信である。干支にまつわる俗信も陰陽道のものであり、そのきわめつけともいうべきものに、丙午《ひのえうま》の生まれの女性は亭主を食い殺すなどというものもある。

これらは、いうまでもなく、さしたる根拠のない迷信であるが、いくら頭の中ではわかっていても、いざ自分のこととなると、意外と気にしたりするのが一般的なところではないだろうか。

　また、現代のわたしたちの生活の中で年中行事化しているものにも、道教や陰陽道の影響をみることができる。二月三日の節分の日には、今でも多くの家で豆まきがおこなわれる。「鬼は外、福は内」という子供たちの声がきこえることもある。著名な神社や寺院でも芸能人たちによる豆まきで境内がにぎわったりもする。

　しかし、節分とは、本来、季節の分かれ目のことをいい、立春・立夏・立秋・立冬の前夜のことをいう。それが、近世になると、立春の前夜だけを節分というようになり、邪気をはらい、福を祈るようになった。その結果、道教・陰陽道的な祭祀のひとつである追儺《ついな》祭にならった鬼を追い払う行事が豆まきという形で定着したのである。

　追儺祭とは、疫病を追いはらうための祭祀であり、『続日本紀』をみると、すでに慶雲三年（七〇六）の条に、全国で疫病が流行して、多くの庶民が亡くなったので土牛を作って盛大に儺《おにやらい》をした、と記されている。

　ここにみられる土牛による儺が、すなわち追儺である。土牛とは、土製の牛のことであり、道教・陰陽道の祭祀にしばしば用いられる呪具である。慶雲三年の条に即していうと、疫病の根源である水に土が勝つという五行思想にもとづいている。

　しかし、こうした追儺が祭祀として恒例化するのは、ずっと遅れて平安時代の中期ごろのこととされている。すなわち、このころになると、大晦日の夜に、疫病・災難のもととされる悪鬼を追いはらう祭祀が年中行事化され、陰陽寮の役人たちによって祭祀がとりおこなわれた。

まず、大晦日の夜に公卿らが宮中に入り、ついで陰陽師が斎具を携え、侍従・内舎人・大舎人らが鬼を追いはらう桃弓・葦弓などをもって参列する。大舎人の中の一人が鬼になり、大舎人の長が鬼をはらう方相氏《ほうそうし》に扮して黄金四目の仮面に玄衣・朱裳を身につけ、手には戈と楯を持って控える。禁中の庭には食薦《すごも》が敷かれ、供物が並べられる。そして、陰陽師がそこで、儺の祭の詞という呪文を読み上げる。それがすむと、方相氏が戈で楯を三度撃ち、それを合図に群臣が相唱して鬼を追いやって祭祀を終えるというものである。

これらからわかるように、追儺祭と節分とは、すべてが同じではない。しかしながら、まったく無関係なのかというと、決してそのようなことはない。

つまり、道教・陰陽道的な祭祀は、一見すると現代人の生活には直接的には無縁なようでありながら、実は形を変え、案外、身近なところで影響を与えているといってよいのである。そして、このことはとりもなおさず、道教・陰陽道とわたしたちが文化の基層の部分でしっかりつながりをもち、強い関係性をもっているということを如実に示しているといってよいであろう。

27 「藤原京」の規模、遷都の理由…その謎の読み解き方

◆藤原京への遷都

藤原京は、日本で最初の都域制を備えた本格的な都とされる。それまでの都は、天皇一代限りというのが原則であり、宮というべき性格であった。

それまでにも、都に近いものをみることはできる。たとえば、大化改新のさい即位した孝徳天皇の難波宮や天智天皇の大津京がそれである。しかし、難波宮も大津京も人々が居住するための京域がなかったといわれている。その点でも藤原京は、京域をもった最初の都といえる。

藤原京は持統天皇によって都とされたが、その造営の起こりは、夫である天武天皇の時代にさかのぼる。すなわち、天武天皇五年（六七六）に遷都を決定し、同十一年に新城行事、十三年に宮都の地を決定している。そうしたことをうけて、持統天皇四年（六九〇）十月に太政大臣であった高市皇子が「新益京《しんやくきょう》」を視察している。この新益京がとりもなおさず、藤原京のことであり、史料では、藤原京ではなく新益京といういい方がなされて

いる。

同年の十二月には、持統天皇も藤原の地へでかけている。ついで、持統天皇五年（六九一）十二月に鎮祭をおこない、皇親や官吏たちに土地を与えている。その翌年には、道路の検分などがおこなわれ、持統天皇八年（六九四）十二月に藤原京へ遷都がなされたのである。

◆従来の藤原京の規模への謎

藤原京については、いままで耳成山《みみなしやま》・天香具山《あまのかぐやま》・畝傍山《うねびやま》の大和三山に囲まれた宮を中心にして東西二・一キロメートル、南北三・二キロメートルほどの大きさが考えられていた。その範囲はというと、北側は横大路、西側は下ツ道、東側は中ツ道が通っており、さらに南側は上ツ道が山田道で区切られるというもので、各々の古道によって囲まれた中心に藤原京が位置していたと考えられていた。

規模は、のちの平城京の三分の一ほどであったとされ、大宝令の施行ののちは、左京と右京の区別ができ、それぞれ一二条四坊に区画された。道路は、都の中央を南北に走る朱《す》雀大路《ざくおおじ》が最大で、約一七・七メートルの道幅をもち、両側には約七・一メートルの側溝が設けられていた。京内には、天武天皇が鸕野《うの》皇后（のちの持統天皇）の病気回復を祈願して建立を始めた薬師寺をはじめとする寺院が軒を並べていたとされる。この薬師寺は、平城京遷都とともに、平城京に移されたのちは、本薬師寺として名残をとどめている。

京内には、天皇をはじめとして、貴族・下級官人や僧尼・庶民などが居住し、およそ、その数は一〇万人くらいであったと想定されている。やがて、律令制が整備されるのにしたがって、組織も大きくなり、藤原宮では何かと手狭になり、さらなる都が必要になってきた。

■藤原京

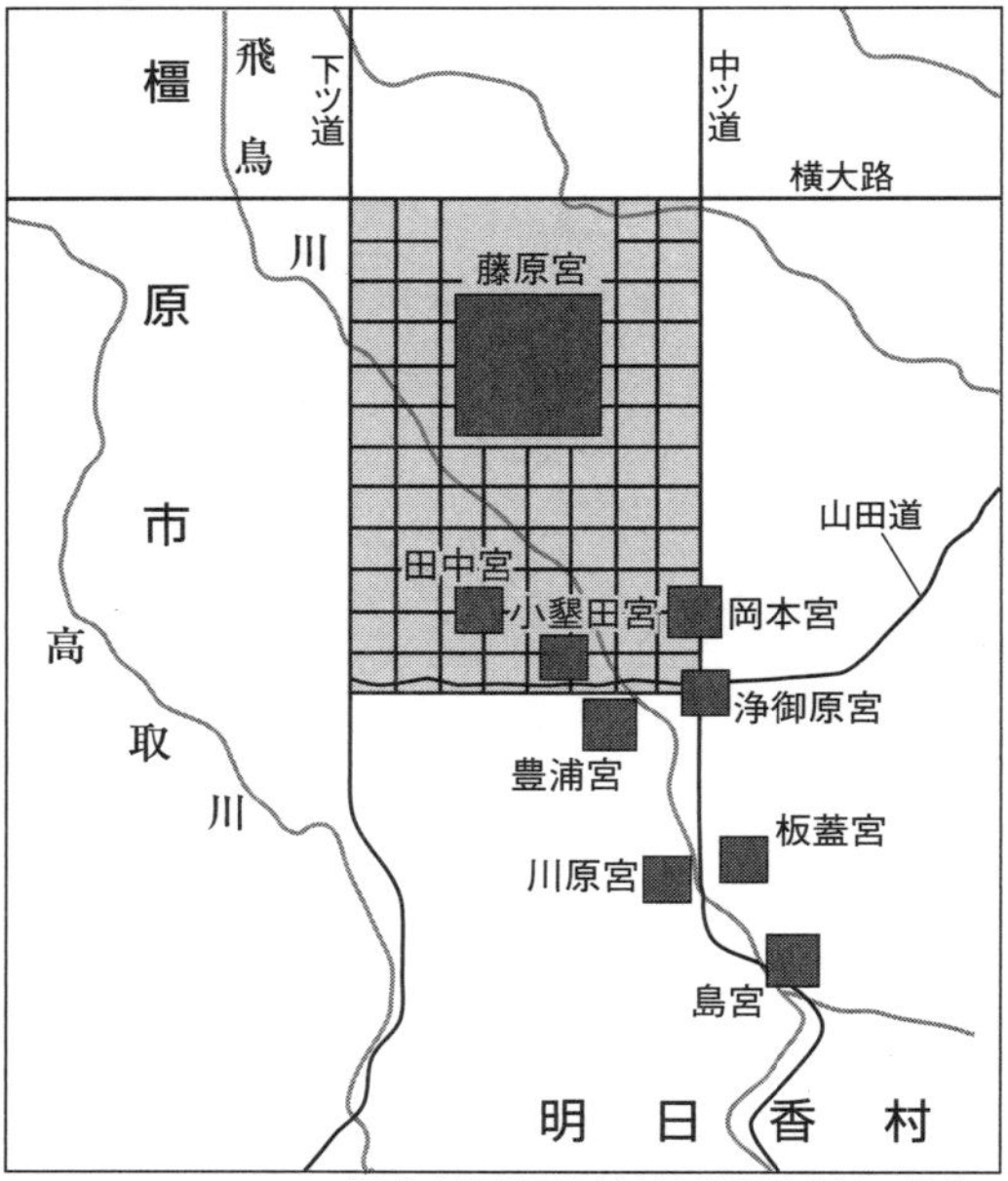

「日本史総合図録」(山川出版社)をもとに作成

そこで、藤原京を規準にして、北方に新たなる平城京が造られることになったというのである。その結果、藤原京の約三倍の大きさをもつ平城京が誕生したというのであるが、こうした考えには、近年、疑問が出されるようになってきた。

それは、規定されていた京域の外から条坊の遺構と思われるものがみつかり出したのである。こうした点をふまえると、藤原京の規模を通説よりも大きく考えなければならないことになってくる。

そこで、従来のプランよりも藤原京は大きかったという大藤原京とよばれるプランがいわれるようになってきた。その後も、従来いわれていた藤原京の外から条坊がみつかり、一九九六年には、奈良県の橿原市から土橋遺跡が発見された。この遺跡は、藤原京の西の京極にあたると推定されるもので、もしそうだとすると、藤原京の京域は、大藤原よりもさらに大きくなることになる。

実際、そうした立場から、京域を藤原宮を中心に置いて、東西十坊で約五・三キロメートル、南北十条で約五・三キロメートルの正方形のプランが想定されるようになってきている。

藤原京の大きさを、東西・南北ともに約五・三キロメートルとすると、全体の面積は約二八平方キロメートルとなる。平城京が東西約四・三キロメートル、南北約四・八キロメートルであることをふまえると、これは藤原京の方がより大きい都となる。こうなると、従来いわれている藤原京から平城京への遷都の理由にも大きな影響を与えることになる。

◆なぜ藤原京から平城京へ移ったのか

藤原京から平城京への遷都の理由は、もちろんひとつではない。交通の便を考慮したとか飢饉や疫病対策のためとかいくつかのことが指摘されている。藤原不比等《ふじわらのふひと》の力が大きく働いていたのも事実であろう。そして、その大きな理由としては、大きさがあげられていた。

すでにみたように、藤原京では狭くなってきたため、より広い平城京へと移ったというもので、これはかなり現実的な根拠といえた。しかし、最近の藤原京研究の成果から、藤原京が平城京よりも大きかったということになると、状況が変わってくる。平城京遷都の理由として、大きさの問題をいうことができなくなってくる。

そうすると、あらためて平城京への移転の理由を考えなくてはならなくなってくる。そこで、再度、藤原京へ目をやると、平城京とは大きな違いがあることに気がつく。それは、宮の位置である。藤原京の場合、宮が都の中央部に位置している。それに対して、平城京のほうは、都の北辺に宮が置かれている。そして、わたしたちは平城京のように宮が北辺にあるほうが、みなれた形であり、平安京も同様である。これは、「天子、南面す」という中国の思想の影響を受けている。天子、つまり、日本の場合でいうと天皇は、民衆に対して南面しなければならないことになり、このためには、天皇が一番、北に居なければならないことになる。

藤原京のように、宮が中央にある形は独特のものであり、中国の『周礼』の影響を受けた結果といわれている。『周礼』では、都は正方形のプランで、中央に宮を配置するのが理想とされていた。しかし、中国の都をみても実際に宮が中央に置かれたものはみられない。何よりも藤原宮が手本としたとされる唐の長安城も宮が北辺に置かれているのである。

■遷都の流れ

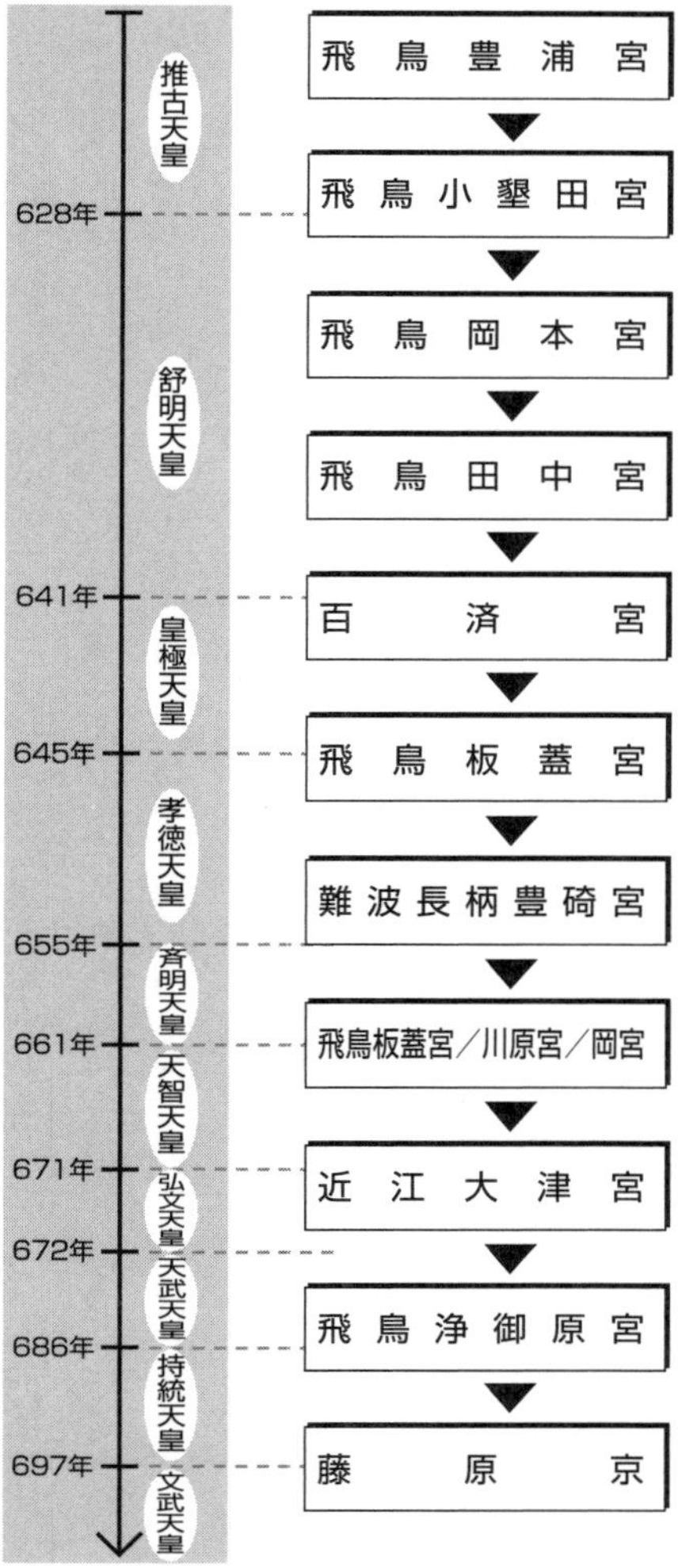

宮が中央に配された藤原宮を現実の生活空間として考えるとき、いくつかの不都合が生じてくるように思われる。たとえば、東西南北の四方から民衆の目にさらされることになる。また、四方から風にのって汚臭が宮をおおうことにもなる。トイレをはじめとした生活臭は、かなりのものであったに違いない。

対外的な面でいえば、日本が手本にしようとしている律令制国家である唐の都の長安城とのあまりの違いは、やはり、問題であったであろう。たとえば、大宝元年（七〇一）には、粟田真人《あわたのまひと》らが遣唐使に任じられ、海を渡っているが、彼らが唐で目にした都は、その大きさもさることながら、都のプランも藤原京とはまったく異なったものであり、当然のことながら違和感を感じて帰国したであろう。

藤原京については、その大きさをはじめとして、まだ明らかにされなければならない点も多いが、ユニークな都ということはいえるであろう。

28 薬師寺、上淀廃寺…白鳳時代の実像を読む手がかり

◆七世紀後半の日本で何が起きていたか

奈良はどこを歩いても古代史が待っているといってもよいくらいさまざまな文化財を目にすることができる。そうした多様な文化財の中でも白鳳《はくほう》時代の象徴というと、それは薬師寺であろう。

天武天皇と持統天皇を中心とする七世紀後半にあたる白鳳時代は、前時代の飛鳥《あすか》とあとの天平《てんぴょう》の間にはさまれて影が薄いイメージがあるが、決してそうではない。文化の面からみても、薬師寺、高松塚古墳、法隆寺金堂壁画など超有名な文化財があげられる。興福寺仏頭もこの時期のものである。

本来、丈六の薬師三尊で山田寺にあったものを一一八七年に興福寺の僧たちが奪い取り、それが一四一一年に火災にあって頭部のみが現存しているという由来を知ると何やら複雑な気持ちにもなってくる。

また、鳥取県の西部の淀江《よどえ》町からでた上淀廃寺《かみよどはいじ》の金堂壁画も興味がつきない。約四〇〇

■白鳳時代の遺産

建築	薬師寺東塔	「凍れる音楽」といわれる美しさ。頂上の水煙には天女と飛雲の透かし彫りがある。
絵画	法隆寺金堂壁画	インド、唐の影響を受ける。とりわけアジャンター石窟寺院の壁画と似ているとされる。1949年に焼損。
	上淀廃寺金堂壁画	法隆寺金堂壁画と類似。
	高松塚古墳壁画	星宿（星座）、四神、男女の群像が描かれている。
彫刻	薬師寺金堂薬師三尊像	薬師如来が日光菩薩、月光菩薩を従えた仏像彫刻。
	薬師寺東院堂聖観音像	
	興福寺仏頭	もともと山田寺にあった。丈六の薬師三尊の本尊。
	法隆寺阿弥陀三尊像	
	法隆寺夢違《たがい》観音像	悪い夢を良い夢に変えてくれる仏とされる。

の断片でみつかったこの壁画は、法隆寺金堂壁画ときわめて似ているのである。このことの理由としては、法隆寺も上淀廃寺も同じ型紙を用いて下絵を写し、それに彩色したのではないかといわれている。

とするならば、仏教が六世紀の中ごろに公伝してから一〇〇年あまりの間に、都から遠く離れた伯耆《ほうき》国にも都と同じような仏画が描かれていたことになり、一般の常識からいうと驚異に値する。

しかし、新しい発見があいつぐ現代、わたしたちが常識と考えていたことが打ちこわされていくのは、ある意味で当然であり、仏教の地方波及についても考えなおさなくてはならないのかもしれない。

第3章

奈良時代

29 長安をモデルにつくられた平城京の謎と真実

◆唐の影響を受けてつくられた都

近鉄の西大寺駅で降りると、駅のすぐ裏に称徳《しょうとく》天皇の創建した西大寺が往時《おうじ》をしのばせている。線路をはさんで反対側を一五分ほど歩くと平城宮跡にでる。七一〇年から七八四年まで都であった平城京の官庁街が平城宮である。

近年は朱雀門《すざくもん》をはじめとして建物の復元も試みられており、現在は正殿である大極殿も再建がなされている。

平城京は、東西約四・三キロ、南北約四・八キロにおよぶ都であり、唐の都の長安をモデルにしている。

ただし、中国の都が外敵からの防御のための羅城《らじょう》とよばれる城壁によって囲まれているのに対して、平城京は南側の面の一部にしか羅城がみられない。都の一番北に置かれているのが平城宮であり、天皇がいる内裏や諸官庁などから構成されている。これは、「天子、南面す」という中国の影響で、天皇は人民に対して南面するものという思想によっている。

◆華やかな天平文化の影で

平城宮の南端の中央につくられているのが朱雀門であり、そこから朱雀大路が南に向かってのび、平城京の南端の羅城門まで続いている。朱雀大路はいわばメイン・ストリート

■平城宮

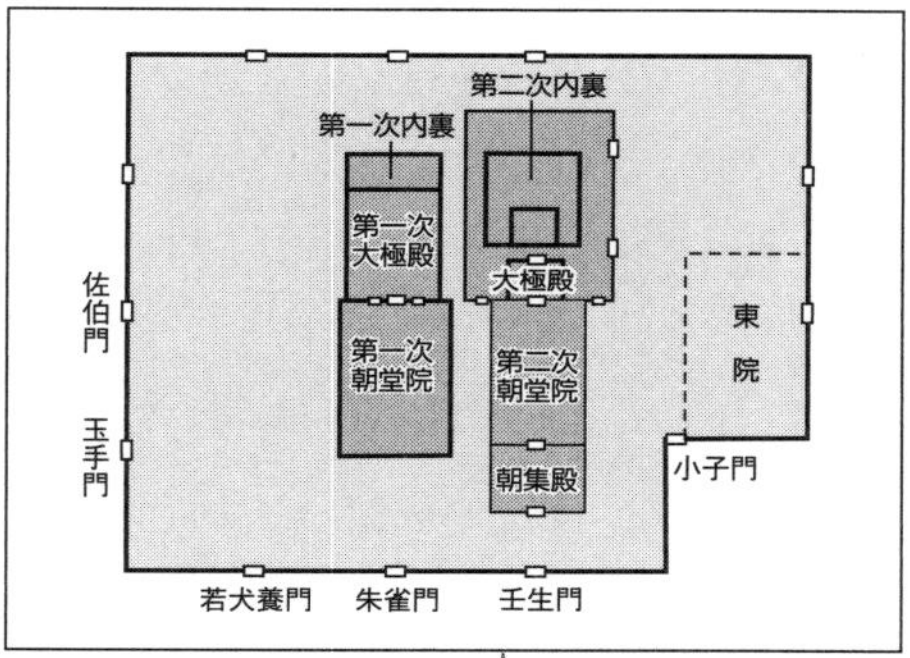

「日本史総合図録」(山川出版社)をもとに作成

■平城京

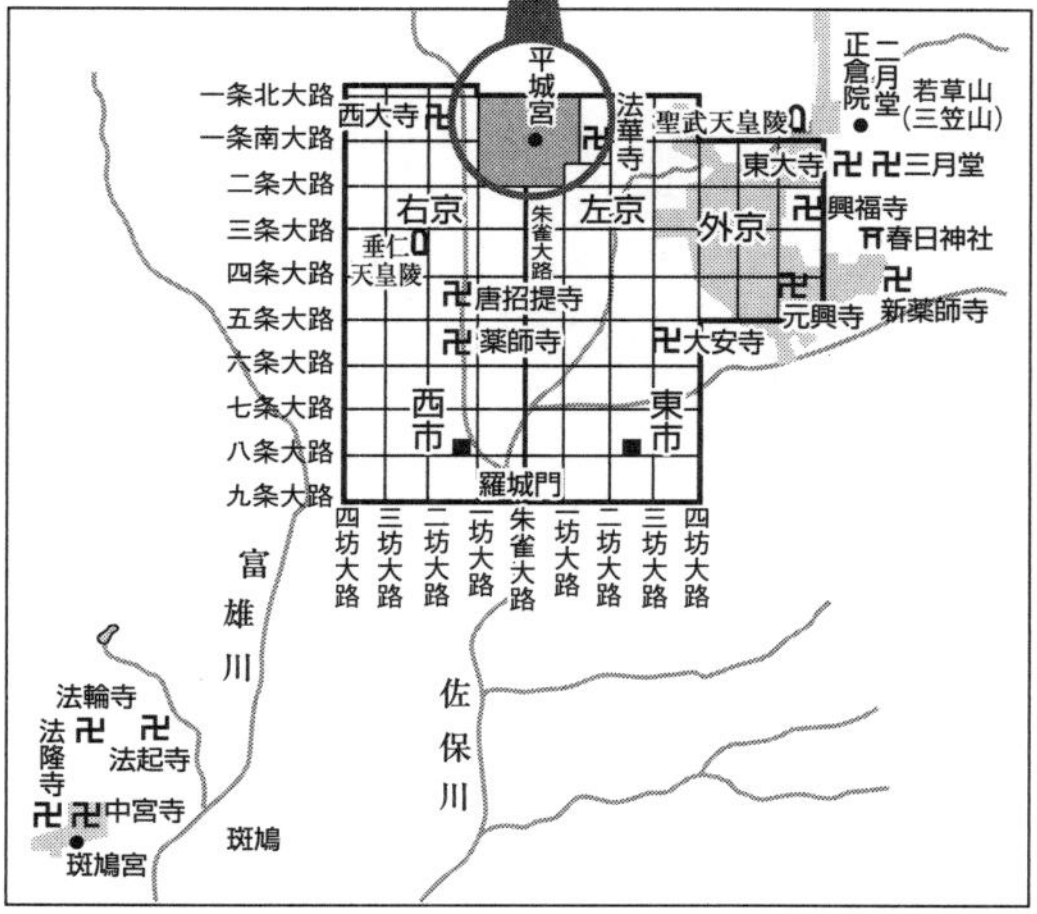

であり、外国使節などもここを通って平城宮へ入ることになる。

したがって、朱雀大路の両側には貴族の邸宅をはじめ、美しい建物が軒を争った。その様子は、「青丹よし」と詠われたように白壁に朱塗り柱がマッチし、青い屋根瓦が陽ざしに輝いていたと思われる。

しかし、こうした環境は平城京のごく一部に限られたものであり、都全体がこのようであったわけでは決してない。

当時の日本列島の人口は五〇〇万人ほどといわれている。このうち、平城京の人口は一〇万人くらいとされている。さらにその中で貴族とよばれる人はなんと一五〇人あまりしかいないのである。

これらのほんのひとにぎりの人々が奈良時代の政治をとりしきっていたのである。その他の民衆は、竪穴住居に住み、きわめて不衛生な生活を送っていた者も多いといわれている。

そもそも、貴族とは五位以上の位階をもつ官人のことをいう。当時の位階は一位から始まり、二位、三位《さんみ》……八位、初位《そい》の九階までである。しかし、その中はさらに細分化され全部で三〇階制になっている。

さらに、こうした位階に応じて官職に任命されるという官位相当の制が適用された。たとえば一位は太政大臣、二位は左・右大臣、三位は大納言というようにである。ということは、位階の低い者は、低い官職にしかつけないということになる。

給与は位階に応じて位封が、官職に応じて職封などが与えられたから、上級貴族になればなるほど、より高額が支給された。

したがって、官位相当制は、給与面からみても驚くほど大きな差を生じさせることになり、貧富の差は現代の日本では考えられないくらいであった。

さらに、民衆の中には一般人が良民《りょうみん》とよばれたのに対して、賤民《せんみん》と称された階層も存在した。

天皇家の御陵を守衛する陵戸《りょうこ》、官庁で使われ一家をつくれた官戸《かんこ》と一家をつくれない公奴婢《くぬひ》、私有の賤民で一家をつくれた家人《けにん》と売買の対象とされた私奴婢の五種類あり、五《ご》色《しき》の賤といわれる。

華やかな天平文化にいろどられた奈良時代ではあるが、光の裏には影もあることを忘れてはならないであろう。

30 遣唐使として唐へ向かった「四つの船」のその後

◆二六〇年にわたる遣唐使の派遣

遣隋使のあとをうけて、六三〇年に第一回遣唐使が派遣された。以来、八九四年に菅原道真の意見によって廃止されるまで、遣唐使はおよそ二六〇年にわたって外交使節の役割をはじめとして、大陸の進んだ文物や技術・制度の流入に大きな貢献を果たし、日本の社会に大きな影響を与えた。

しかし、現代と比べて造船技術が劣悪であった古代において、大型船で外洋を渡るということは、まさに命がけの行為であった。七世紀には、ほぼ一二〇人乗りの船二隻で出発した。

航路は北路とよばれる朝鮮半島の沿岸をたどるルートが用いられた。

しかし、新羅との関係が再三にわたって緊張した八世紀以降は北路を使うことができなくなり、東シナ海を横断する南路などを使わざるを得なくなり、危険度はさらに増した。

このころは、一五〇人乗りの船四隻で唐へ向かうのがふつうであったので、遣唐使のこと

■遣唐使のルート

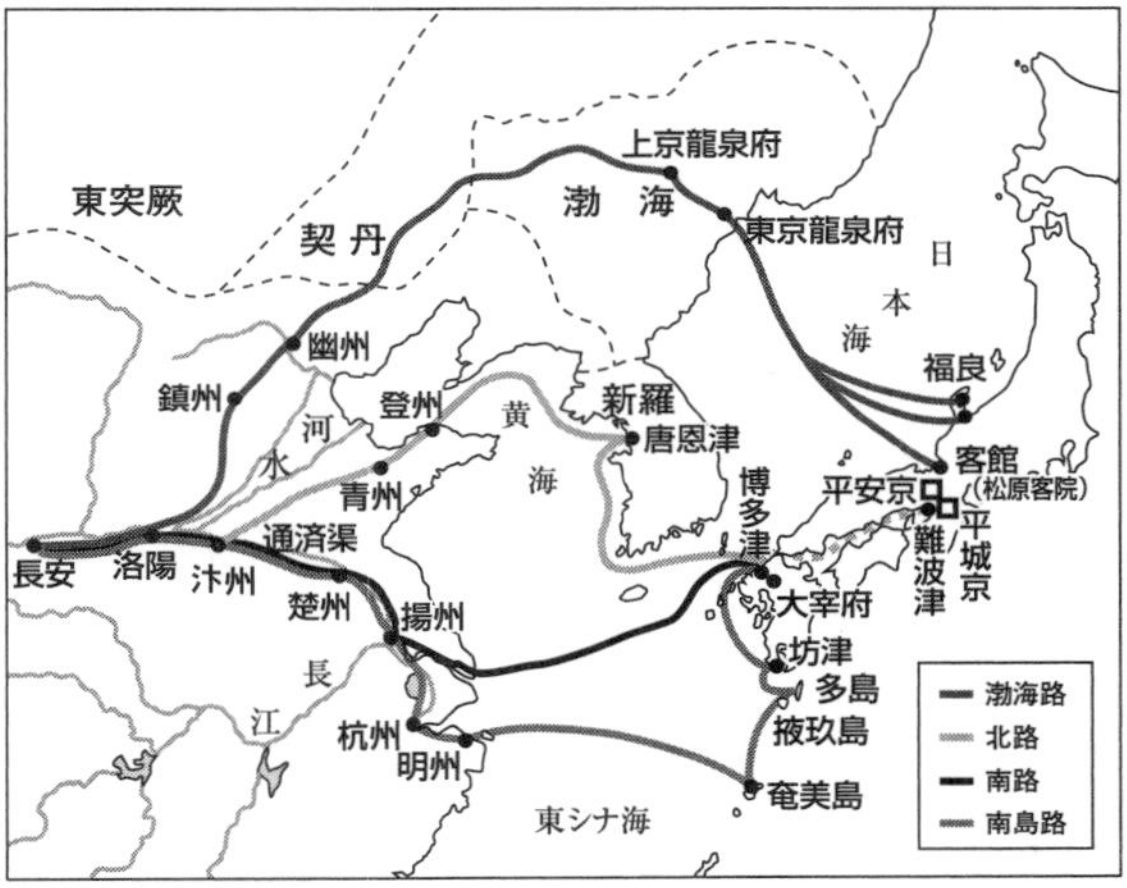

初期の遣唐使は朝鮮半島から山東半島に入り長安へ向かう北路が使われた。8世紀に入って日本と新羅の関係が悪化すると、南西諸島から海を渡る南島路、五島列島から海を渡る南路が使われることとなった。

■遣唐使の流れ

出発年	航路	使　人
630年	北路？	犬上御田鍬・薬師恵日
653年	北路？	吉士長丹（大使）・定恵（学問僧）・道昭
653年	南島路	高田根麻呂（大使）
654年	北　路	高向玄理（押使）・薬師恵日（副使） →高向玄理が唐で没する
659年	北　路	坂合部石布（大使） →南海の島に漂流し、殺される
665年	北　路	守大石
667年	北　路	伊吉博徳（送唐客使）
669年	北　路	河内鯨
702年	南島路	粟田真人・山上憶良（少禄）・道慈・巨勢邑治
717年	南島路?	大伴山守（大使）・多治比県守（押使） 藤原宇合（副使）・玄昉・吉備真備・阿倍仲麻呂
733年	南島路?	多治比広成（大使）・栄叡・普照
746年	中　止	石上乙麻呂（大使）
752年	南島路	藤原清河（大使）・大伴古麻呂《こまろ》（副使）・吉備真備（副使） →鑑真を伴って帰国

出発年	航路	使　人
759年	渤海路	高元度《こうのげんど》（迎入唐大使）
761年	中　止	仲《なかの》　石伴《いわとも》（大使）・石上宅嗣《いしのかみのやかつぐ》（副使） →船の破損により中止
762年	南　路	中臣鷹主《なかとみのたかぬし》（送唐客使）
777年	南　路	佐伯今毛人《さえきのいまえみし》（大使）・小野石根《いわね》（副使） →佐伯今毛人は病気と称して行かず
779年	南　路	布勢清直（送唐客使）・多治比浜成《たじひのはまなり》
804年	南　路	藤原葛麻呂《かどのまろ》（大使）・空海・最澄（請益僧）
838年	南　路	藤原常嗣（大使）・小野篁《おののたかむら》（副使）・円仁《えんじん》（留学僧） →筑紫を出てから遭難。 →その後、小野篁は病気と称して行かず
894年	南　路	菅原道真（大使）・紀長谷雄《きのはせお》（副使） →菅原道真の上表により、以後遣唐使は廃止

出典「日本史ハンドブック」（東進ブックス）

井真成の墓誌
近年、中国で墓誌がみつかり話題となった井真成《せいしんせい》は、玄昉や吉備真備らと同じ717年の遣唐使船で唐に渡ったとされている。

を「四つの船」とよびならわすようになった。

遣唐使は、基本的に朝貢使であり、大使以下、副使、判官、録事などの役人によって構成され、これに多数の留学生や留学僧たちが随行した。

八世紀の遣唐使は、ほぼ二〇年に一度のペースで派遣されているが、これは二〇年一貢の約束があったからだといわれている。

◆「井真成」とは何者だったのか

近年、井真成《せいしんせい》という留学生の墓誌が中国でみつかって話題になった。

それによると井真成は、七一六年に任命され、翌七一七年に入唐した遣唐使に同行した留学生の一人である可能性が高い。一緒に入唐した留学生には吉備真備や阿倍仲麻呂、留学僧には玄昉《げんぼう》がいる。

吉備真備と玄昉は、帰国したのち、橘諸兄《たちばなのもろえ》の信任を得て、諸兄政権下で政治を動かしたことで知られる。また、阿倍仲麻呂はついに帰国がかなわず、「朝衡《ちょうこう》」という名で玄宗《げんそう》皇帝《こうてい》に仕え、唐で客死した人物である。

仲麻呂は文人としても一流であり、李白《りはく》らと交流したことでも知られ、大和をしのんで作った、

「天の原　ふりさけみれば　春日なる　三笠の山にいでし月かも」

は百人一首にもとられている。

井真成も優秀な人物であったようであるが、次第に初心を忘れて長安の市井に埋もれて一生を終えた人物なのかもしれない。

遣唐使というと、密教をもち帰ったことで有名な最澄や空海をはじめとして、スーパースターのような人物たちに、つい目がいきがちであるが、井真成をはじめとしてそうした人たちの何倍もの人々が、日本に帰ることができず、唐で客死していることも忘れてはならないであろう。

その中には、藤原清河《きよかわ》もいる。彼は、藤原北家をひらいた房前の子であり、七四九年に参議となり、翌年、遣唐大使に任じられて七五二年に入唐した。七五三年正月の朝賀のさい、新羅が日本より上席であったことに抗議し席次を争った使節としても有名である。

清河は帰路、暴風雨にあって唐におしもどされ、「河清《かせい》」と称して唐朝に仕え、生涯を終えた。清河の死後、彼の娘が遣唐使船に乗って父の故郷である日本へやってきたというドラマチックなエピソードものこされている。

31 藤原氏との政争に敗れた長屋王の悲劇とは？

◆確執の原点にある「光明子立后問題」

近鉄の西大寺駅で降りて奈良駅の方へ一五分ばかり歩くと広い野原に出る。ここが奈良時代の都の中心である平城宮である。

その平城宮に接する三条二坊の地に長屋王の邸宅はあった。かつて、そごうデパート建設のさいの発掘で約四万点にも及ぶ木簡がみつかり、その中に「長屋親王」と書かれた木簡などがあってここが長屋王の邸宅であることが明らかとなった。

長屋王というと、藤原不比等《ふひと》の子である四子（武智麻呂《むちまろ》、房前《ふささき》、宇合《うまかい》、麻呂《まろ》）の謀略のために自殺に追いこまれた悲劇のヒーローのイメージが強いが、発見された木簡の内容からみると長屋王が政治的にも経済的にも強い権力を持っていたことが明らかになってきた。

養老四年（七二〇）に右大臣の不比等が亡くなると、翌年、長屋王が右大臣となり政権を担当することになった。このとき藤原四子はというと、武智麻呂が中納言になっている。

七二四年、聖武が即位すると、長屋王は左大臣に進んだ。長屋王は、父に高市皇子をも

■長屋王と藤原氏の関係

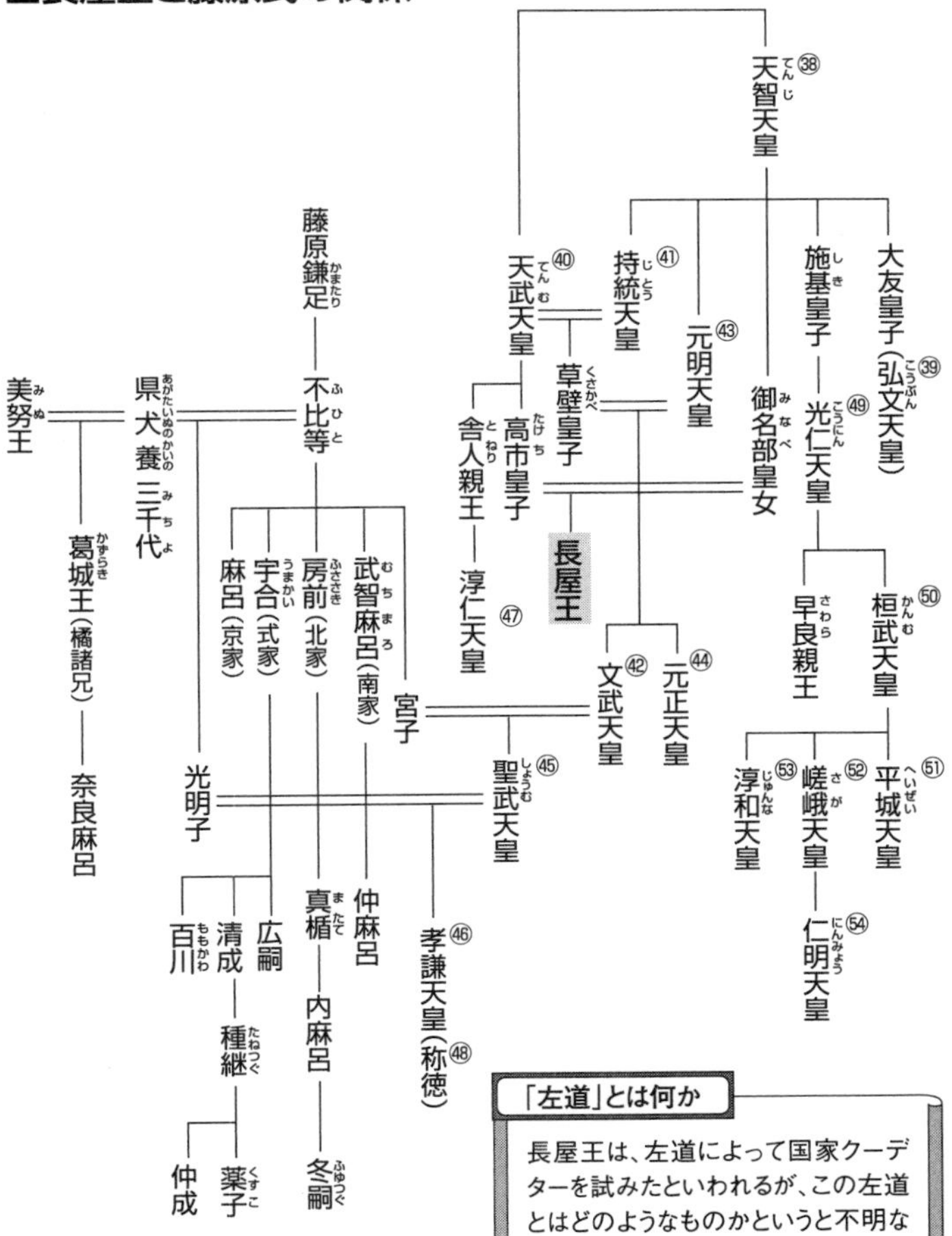

「左道」とは何か

長屋王は、左道によって国家クーデターを試みたといわれるが、この左道とはどのようなものかというと不明な点が多い。中国の民間信仰である道教的な呪術といわれているが、その真偽はいまも謎につつまれている。

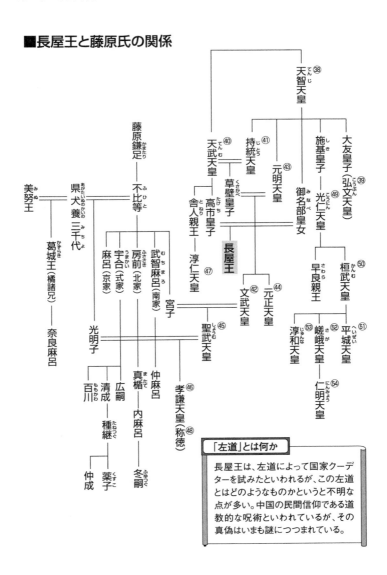

ち、祖父は天武天皇という出自をもっており、聖武天皇に対してもひけをとらぬプライドがあったであろう。

ましして、藤原四子には、皇親の代表としての対抗意識が強かったと思われる。このことは、当然のことながら四子との緊張感を増大させることになる。

聖武は即位すると、生母である藤原宮子に大夫人《たいふじん》の称号を贈ろうとしたが、これに長屋王は、まったをかけた。大宝律令の規定では、宮子は皇太夫人であり、大夫人はおかしいというのである。

聖武は仕方なく、言葉でいうときは大御祖《おおみおや》、文字で書くときは皇太夫人とするように訂正したが、当然のことながら聖武とその後ろにいる藤原四子は長屋王に不快感をもったであろう。

さらに、このことは光明子立后問題にも影響を及ぼすことになる。

聖武は藤原氏出身の光明子を皇后に立てようと考えており、藤原氏にしてもこれは望むところであった。

しかし、それまで皇后は皇親の女性がなるのが通例であったので、長屋王の反対は目にみえていた。光明子を皇后にしたいのなら、長屋王との全面対決はさけられない状況になった。

◆包囲された長屋王邸

そして、神亀六年（七二九）二月十日、ついに藤原四子が行動を起こした。長屋王が「左道《さどう》」という呪術を学んで国家をくつがえそうとしているとする密告を受けて、藤原宇合らが兵を率いて長屋王邸を包囲したのである。

翌日、尋問がおこなわれ、十二日には長屋王は自殺してしまっている。妻の吉備内親王や子供たちも自殺して果てた。

これが長屋王の変とよばれる事件であり、事件自体はあっけない幕切れで終わっている。しかし、その意味は大きいものがある。

このあとに光明子が聖武天皇の皇后になっていることからもわかるように、この事件を契機としてそれまで均衡を保っていた皇親勢力と藤原氏勢のバランスがくずれ、藤原氏の側に大きく傾くことになる。

32

藤原広嗣の乱の平定後に待ち受けていた事態

◆藤原四子亡き後の権力争い

東大寺の大仏殿の大きさには、いつみても目をみはらされる。そして、その中にどっしりと鎮座まします盧舎那《るしゃな》大仏には圧倒されるばかりである。この大仏殿は今まで二度も焼き打ちにあっている。一度は源平合戦のとき、もう一度は戦国時代である。創建された当時は、現在より高く十五丈（四五メートル）もあったという。

こうした巨大な大仏を造立したのは聖武天皇であり、その背景には藤原広嗣の乱があった。広嗣は、政権を掌握した藤原四家の一つである式家の宇合の長子であった。

藤原四子が当時、大流行していた天然痘《てんねんとう》であいついで死亡したのが七三七年のことであった。四子なきあと政権を担当したのは、橘諸兄であった。諸兄は、美努王《みぬおう》を父とし、母は県犬養《あがたいぬかい》橘《たちばなの》三千代《みちよ》であった。

つまり、諸兄はそもそも皇親の出身であり、葛城王となのっていたが、のちに臣籍降下して橘諸兄となったのである。さらにいうと、母の県犬養橘三千代ものちに藤原不比等の妻となり、光明子を生んでいる。

このことからもわかるように、橘諸兄は一方では皇親の代表であり、他方では藤原氏ともパイプがあるという、四子が流行病で急死し混乱した政界のまとめ役としてはうってつけの人物であった。

七三八年正月、右大臣となり聖武天皇のもとで政権を固めた諸兄に対して、四子の息子たちは当然のことながら不満をいだいたことであろう。中でも当時、大宰少弐に左遷され都から遠く離れた大宰府にいた藤原広嗣の怒りは収まらなかった。

広嗣は、七四〇年八月に橘諸兄を補佐していた吉備真備と玄昉が政治をほしいままにしているという批判を上表し、その上表文が都に着くか着かぬかの八月の下旬に挙兵にふみ切った。

◆遷都を繰り返した聖武天皇

広嗣は軍を三つに分けて九州から中国地方へ渡る玄関口である板櫃鎮《いたびつのちん》、登美鎮《とみのちん》、京都郡《みやこぐん》の鎮《ちん》をめざした。

しかし、広嗣が率いた第一軍五〇〇〇人と弟の綱手《つなて》の率いる第二軍五〇〇〇人は目的地に到着したものの、多胡古麻呂《たごのこまろ》が率いた第三軍は到着しなかった。これに対して、朝廷は、大野東人を大将軍として一万七〇〇〇人を動員し、さらに、佐伯常人と阿倍虫麻呂を勅使として派遣した。

朝廷軍は関門海峡を渡って広嗣軍を撃破し、さらに板櫃川をはさんだ戦いでも広嗣が勅使の問答に言い返すことができず、広嗣軍は総崩れとなり、広嗣自身も十一月一日に斬首された。

広嗣の乱は、このように二か月あまりで平定されたのであるが、都での聖武天皇のショックは大きかったとみえ、このあと都が転々とする事態が引きおこされる。

平城京から山背の恭仁京《くにきょう》へと都を遷した聖武は、さらに近江の紫香楽宮《しがらきのみや》へ移り離宮とした。大仏造立の詔はここで出される。その後、聖武天皇は難波宮に遷都するが、すぐに紫香楽へもどり、ここを正式の都と定める。

しかし、結局は平城京へもどるのである。七四五年のことであり、わずか五年の間に聖武天皇はとりつかれたように都を転々としたのである。

33 国家を守護するシンボルとしての東大寺大仏殿の謎

◆聖武天皇の本当の思惑

近鉄奈良駅から若草山公園の方へ歩き出すと、古代的な世界にどんどんひきこまれていく。のんびり散歩している鹿たちも何かしら古代の生き物のようにみえてくるから不思議である。

興福寺、東大寺や春日大社といった神社・仏閣がたち並ぶこのあたりは、奈良時代には一般人がそうたやすく立ち入ることのできない聖なる地域であった。

東大寺の大仏殿、そしてその中に鎮座まします大仏は聖的象徴であり、時の天皇であった聖武にとっては国家を守護するシンボルであった。

大仏とは、正式には盧遮那仏のことであり、華厳教の本尊として信仰されていた。したがって、東大寺は主として華厳教を学ぶための道場であったわけであるが、そもそも聖武天皇が大仏を造ろうと思いたったのは近江の紫香楽宮にいたときであり、それは七四三年のことであった。

三年前に起きた藤原広嗣の乱に動揺した聖武天皇は、その後、都をつぎつぎに代え、居所を転々とした。そして、仏教にすがり、国の平安を求めたのである。
平城京から山背の恭仁京へ遷都した天皇は、七四一年にここで国分寺建立の詔を出した。具体的にはすべての国々に国分僧寺、国分尼寺、すなわち国分寺を造り、七重塔を一基建立し、さらに、僧寺には二〇人の僧を、尼寺には一〇人の尼を置きなさいという内容であった。

聖武の仏教への深い帰依が感じられるが、国家の財政からみると、これは非常に重い負担となったことは疑いない。そして、この国分寺のトップである総国分寺として大和国に、僧寺の東大寺と尼寺の法華寺が造られたのである。

◆大仏建立が困難を極めた理由

しかし、聖武の行動はそれだけにとどまらなかった。恭仁京からさらに居所を離宮である紫香楽宮へ移し、ここで大仏造立の詔を発したのである。この詔の中で聖武天皇は、

それ天下の富を有《たも》つ者は朕なり、天下の勢を有つ者も朕なり

とのべ、支配者として大仏造立への自信をのべている。しかし、この詔の内容とはうらはらに、大仏造立は困難をきわめるのである。

そもそも聖武天皇が大仏の造立を思いたったのは、七四〇年に、河内国の智識寺《ちしきじ》の本尊をみて刺激を受けたことによるといわれている。

この「智識」とは、知識に通じ現代にも用いられている言葉であるが、本来は仏教用語であり、仏のために財産や労働力を提供して、造寺・造仏や写経などをおこなうことをさしている。

はじめ大仏は、甲賀寺《こうがてら》の本尊として、紫香楽の地に造ろうとしたが、七四五年に都が平城京にもどされると、大仏もあらためて平城京で造られることになった。しかし、聖武天皇の自信とはまったく異なり、総重量三八〇トンに及ぶと推定される大仏の造立は困難の連続であった。

結局、大仏造立には、約四五〇トンの銅《どう》、約七・五トンの錫《すず》と約〇・四トンの錬金、約二トンの水銀などを用い、行基《ぎょうき》をはじめ多くの人々の協力を得て、九年の歳月をついやして完成した。

東大寺で大仏開眼供養《だいぶつかいげんくよう》がおこなわれたとき、聖武天皇はすでに皇位を娘の孝謙に譲ったあとであり、自らは太上《だいじょう》天皇となっていた。

34 頂点にのぼりつめた藤原仲麻呂はなぜ転落したか

◆藤原仲麻呂の「誤算」とは

孝謙《こうけん》朝で光明皇太后をバックに藤原仲麻呂は権力を掌握した。さらに、淳仁を皇位につけることにも成功し、自らも正一位大師（太政大臣）となり、政治権力の頂点にまで昇りつめた。

しかし、光明皇太后が死去すると、仲麻呂政権にひびが入り始める。道鏡《どうきょう》を寵愛《ちょうあい》した孝謙上皇と淳仁天皇の対立が激しさを増し、ついには決定的になってしまう。天平宝字六年（七六二）六月、孝謙上皇は淳仁を批判し、国家の大事と賞罰は自分がおこなうので、淳仁は祭祀と小事をおこなえという詔を出したのである。

淳仁を擁立した仲麻呂にとってこの詔は痛手であった。以後、仲麻呂は急速に勢力を失い、ついに七六四年九月、挙兵に追いこまれるが、これも孝謙側に先手をとられることになる。

具体的には、駅鈴と天皇印の奪取に失敗し、さらに宇治から山科、大津、瀬田を経て近

■奈良時代の権力者の流れ

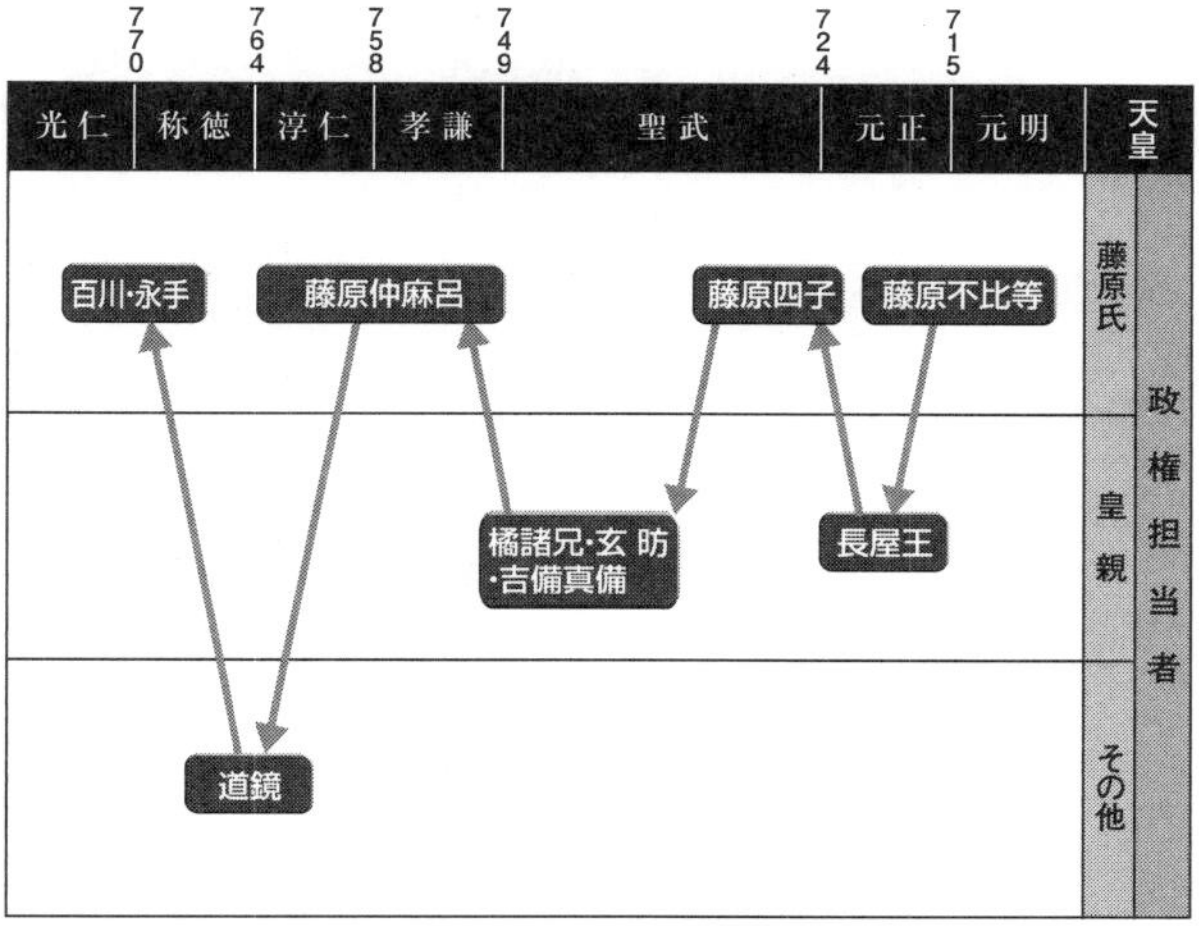

■奈良時代年表

天皇	元明	元正	聖武		孝謙	淳仁	称徳	光仁	桓武	
即位年		715	724		749	758	764	770	780	
宮都	平城京			740 恭仁京、難波宮、紫香楽宮	745 平城京				784 長岡京	794 平安京

718（養老2）　養老律令を制定
719（養老3）　諸国に按察使を置く
720（養老4）　陸奥の国で蝦夷の乱が起きる
720（養老4）　藤原不比等亡くなる
日本書紀の編纂
723（養老7）　三世一身法を定める
729（天平1）　長屋王の変
光明子を立后
737（天平9）　藤原四子天然痘で亡くなる
738（天平10）　橘諸兄、右大臣となる
740（天平12）　藤原広嗣の乱
741（天平13）　国分寺建立の詔
743（天平15）　墾田永年私財法
大仏造立の詔
757（天平宝字1）　橘奈良麻呂の乱
養老律令の施行
764（天平宝字8）　藤原仲麻呂の乱
766（天平神護2）　道鏡、法王となる
769（神護景雲2）　宇佐八幡宮神託事件
770（宝亀1）　称徳天皇亡くなる。道鏡追放
785（延暦4）　藤原種継暗殺事件
789（延暦8）　蝦夷、征討軍を破る

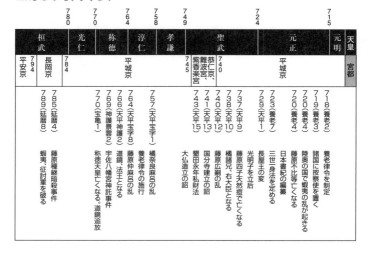

江へ入ろうとしたが、孝謙側によって瀬田橋を先に断たれてしまったのである。しかたなく、仲麻呂は越前をめざし北上したが、これも孝謙軍の騎兵が先回りして越前国府をおさえ、愛発関《あらちのせき》を閉鎖してしまう。

愛発関から越前へ入れないと知るや仲麻呂は船で塩津《しおつ》へ渡ろうとするが、これも逆風のため失敗し、再び愛発関をめざすが敗れ、湖西を南下し三尾崎で孝謙軍と激戦をおこなった。

戦況は、初め仲麻呂軍が優勢であったが結局、敗退し勝野鬼江《かちののおにえ》で最後の戦いを試みたものの敗れて、仲麻呂は妻子と共に斬殺されてしまった。絶頂を誇った仲麻呂にしては、あまりにも寂しい最期であった。

特集１

『古事記』と『日本書紀』の謎を追う

『古事記』が編纂された目的はどこにあったのか

■天武天皇と稗田阿礼

日本で一番はじめにまとめられた現存する古典は『古事記』である。それは和銅《わどう》五年（七一二）のことであるから、今から一三〇〇年以上も前のことになる。そう、二〇一二年は、『古事記』が完成してちょうど一三〇〇年目にあたる年であった。

しかし、作成が命じられたのは、ずっと以前にさかのぼる。『古事記』の序をみると、それは、天武《てんむ》天皇の時代のこととされる。天武天皇は、兄である天智《てんじ》天皇が亡くなったあと、天智天皇の皇子である大友《おおとも》皇子との間に古代史で最大の内乱とされる壬申《じんしん》の乱（六七二年）をひきおこし、大友皇子を退けて皇位についた天皇である。いわば実力で天皇位をつかみとったわけである。それゆえに「正統」を重要視する面が強い。そうした正統性を保証するためにおこなう端的な例が歴史書の作成である。

とかく、動乱のあとには歴史書が作られることが多いが、天武天皇の場合にもこのことがあてはまる。歴史書の中において自分は正しいということを主張するためである。『古事記』は、推古天皇までの時代を叙述《じょじゅつ》した歴史書であるから、当然のことながらそのあとの大友皇子の即位の有無については記していない。しかし、持統天皇までを叙述した『日本書紀』をみても、大友皇子の即位のことは記されておらず、皇位は天智から天武へと移っている。

実際のところ、大友皇子が即位したか否かについては、天智天皇の没後、間無しに壬申の乱が起きていることなどからみても判断が難しい問題である。しかし、平安時代にまとめられた歴史書である『扶《ふ》桑略《そうりゃっ》記《き》』などでは、大友皇子の即位を認めている。また、のちになるが、明治政府も大友皇子の即位を承認して、一八七〇年に「弘《こう》文《ぶん》天皇」を追号している。

大友皇子の即位をめぐっては、このように問題があるものの、天武天皇が壬申の乱を勝ちぬいて、実力で天皇位についたことは、まちがいのないことである。その天武天皇が、『古事記』を作ろうとした理由について、『古事記』の序文ではこういっている。すなわち、天皇が聞くところによると、天皇の歴代を記した帝紀《ていき》や豪族たちの歴史を描いた旧辞に誤りがあるというのである。そして、今そうした誤りを正さないと大変なことになってしまうとして、帝紀・旧辞を正しいものにして、後世に伝えようと思う、としている。

こうした理由で、正しい帝紀・旧辞を作成した天武天皇であるが、これを文字化しなかった。『古事記』の序は、

時に舎人《とねり》あり。姓は稗田《ひえだ》、名は阿礼《あれ》、年はこれ廿八歳。人と為《な》り聡明にして、目に度《わた》れば口に誦《よ》み、耳に拂《ふ》るれば心に勒《しる》しき

と記している。つまり、稗田阿礼という二十八歳の舎人がいたという。舎人というの

は天皇などの側にいて護衛や身の回りの世話にあたった下級の官職である。

稗田阿礼は、とても聡明であり、記憶の達人であったとも記されている。そこで、天武天皇は、稗田阿礼に命じて、帝紀・旧辞を「誦《よ》み習」わしたのである。この稗田阿礼については、生没年をはじめとしてわからないことが多く、一説によると女性であったともいわれる。

それは、稗田氏が猿女《さるめ》氏の一族であることからきている。猿女氏は、アメノウズメを祖とする氏族である。アメノウズメはアマテラスが天《あま》の岩屋戸《いわやと》に隠れたさいに踊り狂い、それをみた神々が笑い、岩屋戸のアマテラスを何事が起きたのかと思わず身を乗り出させたという天の岩屋神話にでてくる女神である。そうした、呪術的な女神を祖とする一族の流れをひく阿礼が、まれにみる記憶力をもっていたということとあいまって、阿礼自身もアメノウズメのような呪術的能力をもった女性ではなかったかというのである。

しかし、詳しいところはまったく不明であり、舎人という職が男性の職であることを考えるならば、やはり、稗田阿礼は男性とみる方が一般的であろう。

いずれにしても、『古事記』の序によると、稗田阿礼が、帝紀・旧辞を誦習《しょうしゅう》していたのであるが、阿礼が年をとってきたからであろうか、七一一年九月十八日に時の天皇であった元明《げんめい》が太安万侶《おおのやすまろ》に命じて阿礼の誦習している帝紀・旧辞を筆録化させた。それが七一二年に『古事記』となって完成したのである。

■太安万侶と元明天皇

　したがって、『古事記』を書物として完成させたのは、太安万侶ということになる。『古事記』の序は、太安万侶によって書かれたものであり、『古事記』ができるまでのいきさつがのべられており、最後に、

　　并せて三巻を録《しる》して、謹みて献上《たてまつ》る。

とある。さらに成立の年月日について、

　　和銅五年正月廿八日
　　正五位上勲五等《しょうごいじょうくんごとう》　太朝臣安万侶《おおのあそんやすまろ》

と記されている。このことから、『古事記』は、上巻・中巻・下巻の三巻からなり、和銅五年、すなわち、七一二年に成立したものとみなされているわけである。平城京に都が移されてから二年目のことである。

　しかし、一方では、この序は太安万侶によって書かれたものではなく、のちに加えられたものであるとする説や、『古事記』自体が和銅五年の成立ではないとする考えも根強くみられる。

　こうした『古事記』を偽書とする考えは、一般的にいって文学者たちにみられるように思われる。それに対して、歴史学者たちは『古事記』を本物とするのが大方のようである。

　太安万侶は、『古事記』の筆録者として名高いが、実のところあまり詳しいことがわからない人物である。『日本書紀』の編纂にもタッチしたとされるが、いわば謎の

人物であり、こうしたことも『古事記』偽書説の要素になっていた。

ところが、一九七九年に、奈良市で太安万侶の墓誌がみつかったのである。木炭槨《かく》におさめられた木櫃《ひつ》の下から銅製の墓誌が発見された。これによって、太安万侶が実在した人物であることが明らかになった。また、太安万侶が、平城京の左京の四条四坊に住んでおり、養老七年、すなわち七二三年に従四位下勲五等で亡くなったことが確認できたのである。

こうしたことからも、『古事記』は、七一二年に太安万侶によって筆録化され、時の天皇である元明女帝に献上されたものとみてさしつかえなかろう。

『古事記』が完成した七一二年は、平城京に都が移されてから、わずかに二年後のことである。

天皇は草壁《くさかべ》皇子の妃であった元明であり、政権を担当していたのは、藤原不比等《ふひと》であった。

すなわち、七世紀後半から八世紀前半にかけての天皇位は、左のように推移している。

天武天皇
↓
持統天皇（天武の皇后）
↓
文武天皇（天武・持統の孫、草壁皇子の子）
↓
元明天皇（草壁皇子の妃、天智の子）
↓
元正天皇（天武・持統の孫、草壁皇子の子）

←聖武天皇（文武の子）

このように天武天皇の系統が色濃くみられる。

八世紀の時代の流れをみても、七〇一年の大宝律令《たいほうりつりょう》の制定に始まり、七〇八年には本朝十二銭《ほんちょうじゅうにせん》のはじめである和同開珎《わどうかいちん》が鋳造された。これは武蔵国の秩父から献上された自然銅によるものであり、この献上によって年号も和銅となった。

七一〇年には平城京遷都がなされ、七一三年には諸国に対して『風土記』作成の命が発せられ、七一八年には養老律令の制定、七二〇年には『日本書紀』が完成している。

こうした時代の流れの中で、七一二年に『古事記』が編纂されたのである。

『古事記』と『日本書紀』『風土記』の関係とは？

■同時代に成立した三つの本

『古事記』は七一二年に成立したわけであるが、その八年後の七二〇年には『日本書紀』が成立している。『古事記』も『日本書紀』も歴史書であり、同じような性格のものが、長い年月をかけて、国家の事業としておこなわれたのはどういうことかという疑問がわいてくる。

しかし、その前に、もうひとつ『古事記』『日本書紀』とほぼ同じ時代に編纂されたものがあるのである。それは『風土記』であり、七一三年に国ごとに編纂するよう命令が出されている。『風土記』とは、その書名からも推測できるように、風土を記したもの、つまり、地誌という性格をもっている。ちなみに、七一三年に政府が国々に求めた点は、

①地名に良い字をつけること。
②その地域の産物を記すこと。
③土地の状態を記すこと。
④地名の由来をのべること。
⑤古老の伝承を書きとめること。

の五点であった。したがって、それぞれの国は、これらの五点をもり込んだ『風土記』をまとめ上げ、政府に提出したと思われる。当時の国は、およそ六〇ほどあったから、全部で約六〇の『風土記』が出されたものと思われる。

　しかし、現在、それらの国々の『風土記』の多くは失われてしまい、まとまった形で残っているものは、常陸《ひたち》・出雲《いずも》・播磨《はりま》・肥《ひ》前《ぜん》・豊後《ぶんご》の五つしかない。これらを総称して五風土記といっている。その中でも、特に『出雲国風土記』は、内容的にほぼ完全本の形で残っている唯一のものとして注目される。

　その『出雲国風土記』の最後のページをみると奥書きがちゃんと残っており、そこには、

天平五年二月卅日　勘造

と記されている。つまり、天平五年（七三

■現存する五つの風土記

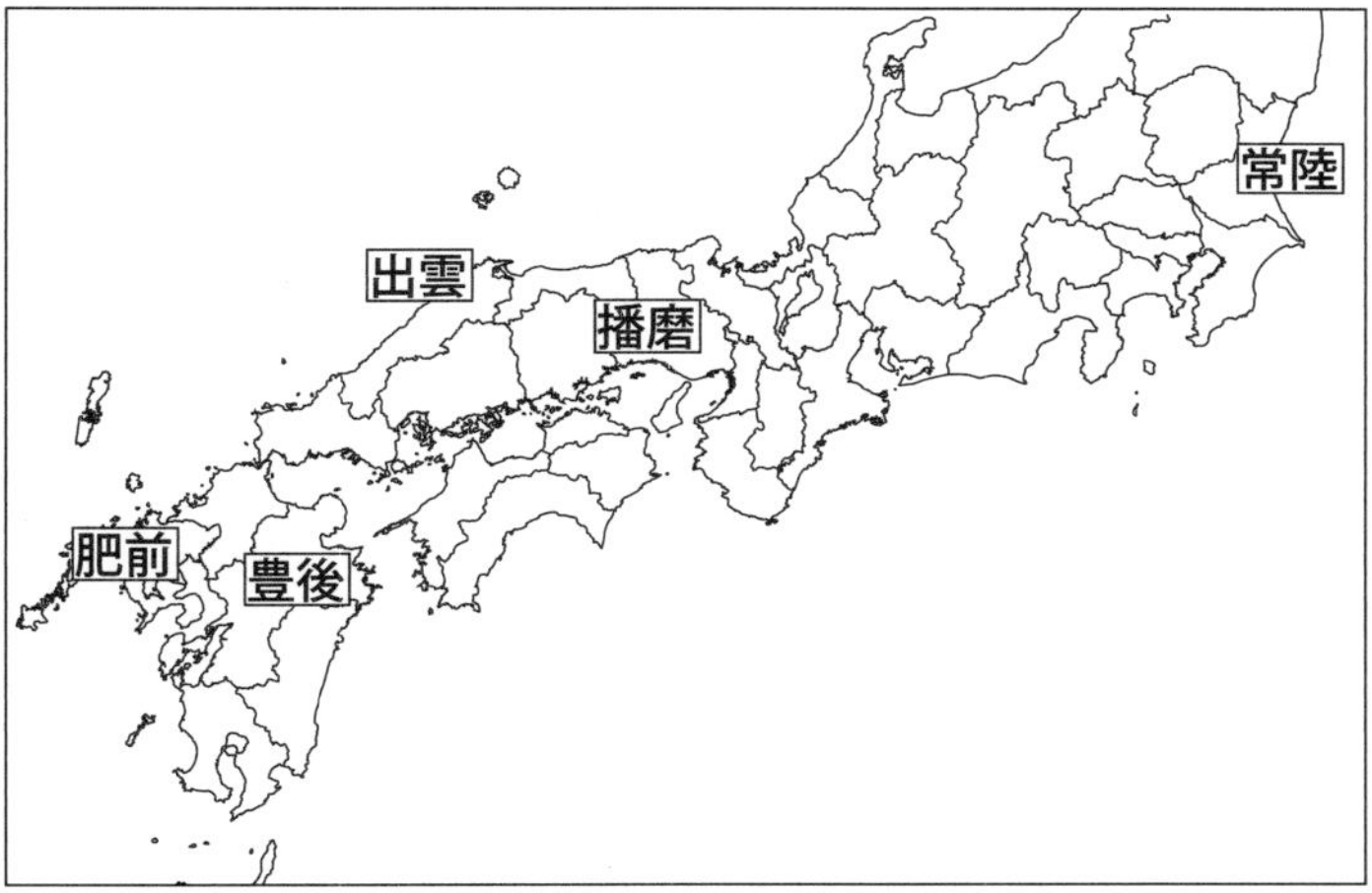

三）に完成したということである。『風土記』作成の命令が出されてからちょうど二〇年後ということになる。この二〇年を、早いとみるか、ふつうとみるか、遅いとみるかは各人の考えということになるが、とにかく、『出雲国風土記』は七三三年に成立したとしかいいようがないのである。

それからもうひとつ、「二月卅日」も興味深い。というのは、二月には一般的にいって三十日という日付は存在しないからである。かつて、この点も含めて『出雲国風土記』は偽書であるという説が出されたことがあり話題となった。しかし、正倉院《しょうそういん》の中から、やはり、二月三十日の日付をもつ文書がみつかったりして、『出雲国風土記』の偽書説は否定されることになった。

現在、七三三年に成立した『出雲国風土

記』とほぼ同じころにできたのが、『肥前国風土記』と『豊後国風土記』であるとされている。それに対して、『常陸国風土記』と『播磨国風土記』は、『風土記』作成の命が出された七一三年から数年のうちに完成したといわれている。

　つまり、『風土記』は、『古事記』や『日本書紀』とほぼ同時代にまとめられたといってよいわけである。これは、単なる偶然であろうか。この点については、まだ、はっきりとした答えは出されていないといってよいであろう。

■『風土記』が編纂されたワケは？

　あらためて、『風土記』と『古事記』『日本書紀』の関係をみてみると、

〔七一二年〕『古事記』の完成
〔七一三年〕『風土記』作成の命
　　　　　『常陸国風土記』の完成？
　　　　　『播磨国風土記』の完成？
〔七二〇年〕『日本書紀』の完成
〔七三三年〕『出雲国風土記』の完成
　　　　　『肥前国風土記』の完成？
　　　　　『豊後国風土記』の完成？

ということになる。このようにしてみると、『古事記』『日本書紀』の完成に、諸国の『風土記』がからみあうように成立しているととらえることもできる。そのようにみるならば、『古事記』や『日本書紀』と『風土記』とは、当然のことながら無関係とは思えなくなってくる。

　つまり、『風土記』作成の命、そして、

その完成は、『古事記』『日本書紀』と連動しているると考えられるのである。一方は地誌であり、他方は歴史書である両者を結びつけるカギはあるのであろうか。こう考えるとき、そのヒントは中国の正史にあるように思われる。いうまでもなく、『古事記』『日本書紀』は中国の正史を意識している。

その中国の正史をみると、皇帝の歴史や家臣たちの歴史と共に、地理部門が配置されていることがわかる。たとえば、『漢書』を例にしてみると、地理志がちゃんとあるのである。『漢書』地理志は、当時、倭と称していた日本が初めて記録に姿をみせることでもしられる。その場面はというと、

夫《そ》れ楽浪《らくろう》海中に倭人《わじん》あり。分《わ》かれて百《ひゃく》余国《よこく》と為る。歳事を以《もっ》て来たり献見《けんけん》すと云《い》ふ。

と記されている。

中国が朝鮮半島につくった植民地である楽浪郡の東の海の中に、倭人がいるというのである。その倭人は、百あまりの小国(クニ)に分かれているとあり、彼らは定期的に朝貢してくるというのである。

こうした地理部門が中国の歴史書には含まれている。しかし、『古事記』『日本書紀』にはそれに相当する部分がないのである。このように書くともうおわかりかと思うが、『風土記』は、『古事記』や『日本書紀』の地理部門の役割を与えられていたのではなかろうか。さらにいえば、『日本書紀』が日本の正史である六国史の初めのものであることを考えるならば、『風土記』は『日

本書紀』の〝地理志〟の役割を担っているといってよいように思われる。つまり、『風土記』の作成と『古事記』『日本書紀』の完成との間には、はっきりとした意図があるのである。

■『古事記』と『日本書紀』の違い

それでは、同じ歴史書とされる『古事記』と『日本書紀』とは、どのようなものなのだろうか。もし、両方とも差がないのであれば、ほぼ同じ時期にふたつも歴史書を作る必要はないのではなかろうか。こうした疑問が当然わいてくるであろう。

『古事記』は上・中・下巻という三巻から構成されており、上巻すべてが神代《かみよ》にあてられ、中巻から神武を初代とする天皇の叙述が始まり、下巻の最後は、初の女帝である推古《すいこ》の記事となっている。

これに対して、『日本書紀』は、全部で三〇巻からなっていて、そのうち巻一と巻二の二巻が神代にあてられている。そして、巻三から神武のことがのべられており、巻三〇は持統で終わっている。くしくも『古事記』と同じく女帝で記述がしめくくられている。

構成から『古事記』と『日本書紀』とをくらべると、神代の叙述、つまり神話の部分に大きな差がみられる。『古事記』は全体の三分の一が神話であるのに対し、『日本書紀』は全体の一五分の一が神話ということになる。

事実、『古事記』には、イナバの素兎や越のヌナカワヒメの神話などのように、『日本書紀』にはみえないものが含まれている。

体裁からいうと、『古事記』は紀伝体《きでんたい》なのに対して、『日本書紀』は編年体《へんねんたい》をとっている。紀伝体も編年体も中国から入ってきたものであり、紀伝体は王の系譜（本紀）と家臣の歴史（列伝）を中心に叙述する方法で人物本位といってよい。一方、編年体は古いできごとから順に記述していくのが原則である。

『日本書紀』は最初の正史として位置づけられ、このあと日本では、『続日本紀《しょくにほんぎ》』『日本後紀《にほんこうき》』『続日本後紀《しょくにほんこうき》』『日本文徳天皇《にほんもんとくてんのう》実録《じつろく》』『日本三代実録《にほんさんだいじつろく》』といった五つの正史が編纂される。つまり、全部で六つの正史がまとめられるわけで、六国史《りっこくし》と総称されるが、すべて編年体でまとめられている。

書名からみても、『古事記』は古事《ふるごと》を記したものという、本来は一般名詞なのに対して『日本書紀』の場合は、「日本」という外国を意識した言葉が入っている。

このことから、『古事記』は、国内的で天皇家の歴史を描いたものなのに対して『日本書紀』は国外を意識して国家の成立をのべたものであるともいわれている。

最後に、こうしたことからもわかるように、『古事記』と『日本書紀』とひと口でいっても、両書には相違も多い。そのため、従来は両書を「記紀」とひとくくりにすることがしばしばであったが、このようないい方は正しくないという批判も多い。

本書では、地方でまとめられた『風土記』に対して、中央政府によって編纂された『古事記』『日本書紀』という意味で「記・紀」という表記を使っている。

いまだに根強い『古事記』偽書説の読み解き方

■江戸時代からある偽書説

『古事記』の序をみる限り、『古事記』は和銅五年（七一二）に成立したことになるが、一方では、江戸時代中期からすでに、『古事記』はのちの世につくられた偽書であるという説が出されている。

その理由もさまざまな角度からいわれているが、たとえば、奈良時代を叙述した正史である『続日本紀』に成立についての記事がみられないことがいわれている。『古事記』の撰録という国家的事業が完成したというのに、『続日本紀』にその記事がないというのはおかしいというのである。

この点は、『古事記』に遅れること八年の養老四年（七二〇）にできあがった『日本書紀』にもやはり、『古事記』の成立に関する記載はみられない。

このように、同時代に成立した史料に、『古事記』の完成が記されていないという不自然さはたしかにある。

『古事記』という書名が史料の中に初めてみえるのは、弘仁四年（八一三）に多人長《おおのひとなが》によって撰上された「弘仁私記《こうにんしき》」の序文によってである。このことから、『古事記』は奈良時代後期の成立だとか、さらに時代が降って平安時代初期だとかとする説も出された。

しかし、『続日本紀』に記されていない

からといって、必ずしも成立していないともいえないのである。

たとえば、「養老律令」をあげてみよう。「大宝律令」の修正版ともいえる「養老律令」が養老二年（七一八）に制定されたことは広く知られていることである。しかし、この「養老律令」に関しても、当時を記す『続日本紀』は、その制定について何も語っていないのである。

そのため、「養老律令」も養老二年（七一八）制定を疑う説が以前からみられるが、定説を変えるまでにはいたっていない。

■太安万侶についての疑問

『古事記』の筆録者とされる太安万侶という人物についても疑問が出されている。『古事記』の序では、「太安万侶」と表記されているが、『続日本紀』では「太安麻呂」と記されている。ちなみに、太安万侶の経歴をみてみると、

①大宝四年（七〇四）正月　正六位↓従五位下

↓

②和銅四年（七一一）四月　正五位上

↓

③和銅四年（七一一）九月　『古事記』撰録の命

↓

④和銅五年（七一二）正月　『古事記』完成

↓

⑤和銅八年（七一五）正月　従四位下

↓

⑥和銅八年（七一五）五月頃に民部卿となる。
←
⑦霊亀二年（七一六）九月　太氏の氏上
←
⑧養老七年（七二三）七月　卒

となっている。したがって、『古事記』の序に「正五位上勲五等太朝臣安万侶」とあることと官位はあっている。

また、名前の表記についても、前述のように昭和五十四年（一九七九）に奈良県奈良市此瀬町の茶畑から、太安万侶の火葬墓と墓誌がみつかり、そこに、「安万侶」という表記がみられる。

こうしたことからも、太安万侶が『古事記』の編纂者であることは事実とみなしてさしつかえないというのが一般的であり、『古事記』についても、和銅五年（七一二）の成立とするのが通説的な理解となっている。

どうして『古事記』は三巻でなければならなかったのか

■『古事記』の構成

『古事記』は、神代から推古天皇までの歴史を、上巻・中巻・下巻の三巻にまとめた現存最古の古典である。上巻の冒頭には、『古事記』を筆録した太安万侶による序が含まれている。この序は、通常の書籍にみられる序とは少し異なっている。というのは、一般的には、序があって、次に本文がスタートするのがふつうである。ところが、『古事記』の場合は、本文の中に序が含まれるという形をとっている。具体的にみてみると、

古事記　上つ巻　序を并せたり

となっており、俗に「并序」と称せられる。したがって、この序のあとに、すぐ上巻の本文が続いているのであるが、上巻はすべて神代にあてられている。このことを単純に受けとるならば、全体の三分の一が神話ということになり、『古事記』では神話がとりわけ重要視されているといってよいであろう。

『古事記』の上巻を具体的にみるならば、天地のはじまりである天地開闢《てんちかいびゃく》からスタートして、神代七代を経て、イザナキ神・イザナミ神が登場する。この両神が国生み・神生みをおこなったあと、死者の国である黄泉国へ去ったイザナミ神を追ってイザナキ神が黄泉国を探訪する話がある。そのあと、黄泉国から逃げ帰ったイザナキ神による三貴子（アマテラス大神・ツクヨミ神・スサノオ神）の誕生へと神話が展開していく。

次からは、しばらくスサノオ神を主人公として話が進んでいく。すなわち、母であるイザナミ神を恋しがって号泣するスサノオ神に対するイザナキ神の怒り、そして、天界からの追放、追放される前に姉に一目あいたいとして高天原へ向かうスサノオ神、そして、そこでおこなわれるアマテラス大

神とスサノオ神とのウケイなどがあり、それに勝利したスサノオ神の乱暴となる。

その後、スサノオ神の乱暴に耐えかねたアマテラス大神の天の岩屋隠れの話があり、乱暴の責任をとらされたスサノオ神の出雲への追放となる。出雲へ降ったスサノオ神は、そこでヤマタノオロチを退治して、一躍ヒーローとなる。そのスサノオ神の子孫がオオクニヌシ神となるのである。

ここから、主人公がスサノオ神からオオクニヌシ神へとバトン・タッチされる。オオクニヌシ神の登場はイナバの素兎《しろうさぎ》からである。兎を助けたオオクニヌシ神がヤカミヒメと結ばれることになったため、兄の八十神《やそがみ》たちから迫害を受け、二度も殺されることになる。どうにかよみがえったオオクニヌシ神は難を逃れるためスサノオ神のいる根国へ行き、そこでスサノオ神の娘であるスセリビメと結ばれることになる。そして、スサノオ神が出すさまざまな試練を乗り越えて、スセリビメと共に葦原中国《あしはらのなかつくに》へもどり、八十神たちを服従させ、国づくりをおこなうことになる。この間、オオクニヌシ神は、越《こし》（北陸）のヌナカワヒメのもとに通ったりしてスセリビメの嫉妬をかったりもしている。

こうして、オオクニヌシ神がつくりあげた葦原中国、すなわち地上を、高天原側は譲るように迫る。結局は、国譲りがなされ、高天原から天孫であるニニギ命が天降ってくる。ここが、『古事記』や『日本書紀』の神話では最も重要な部分であり、ハイライトといってもよいであろう。このあと神話は、ウミサチヒコ・ヤマサチヒコの兄弟

■日本神話の神々の系譜

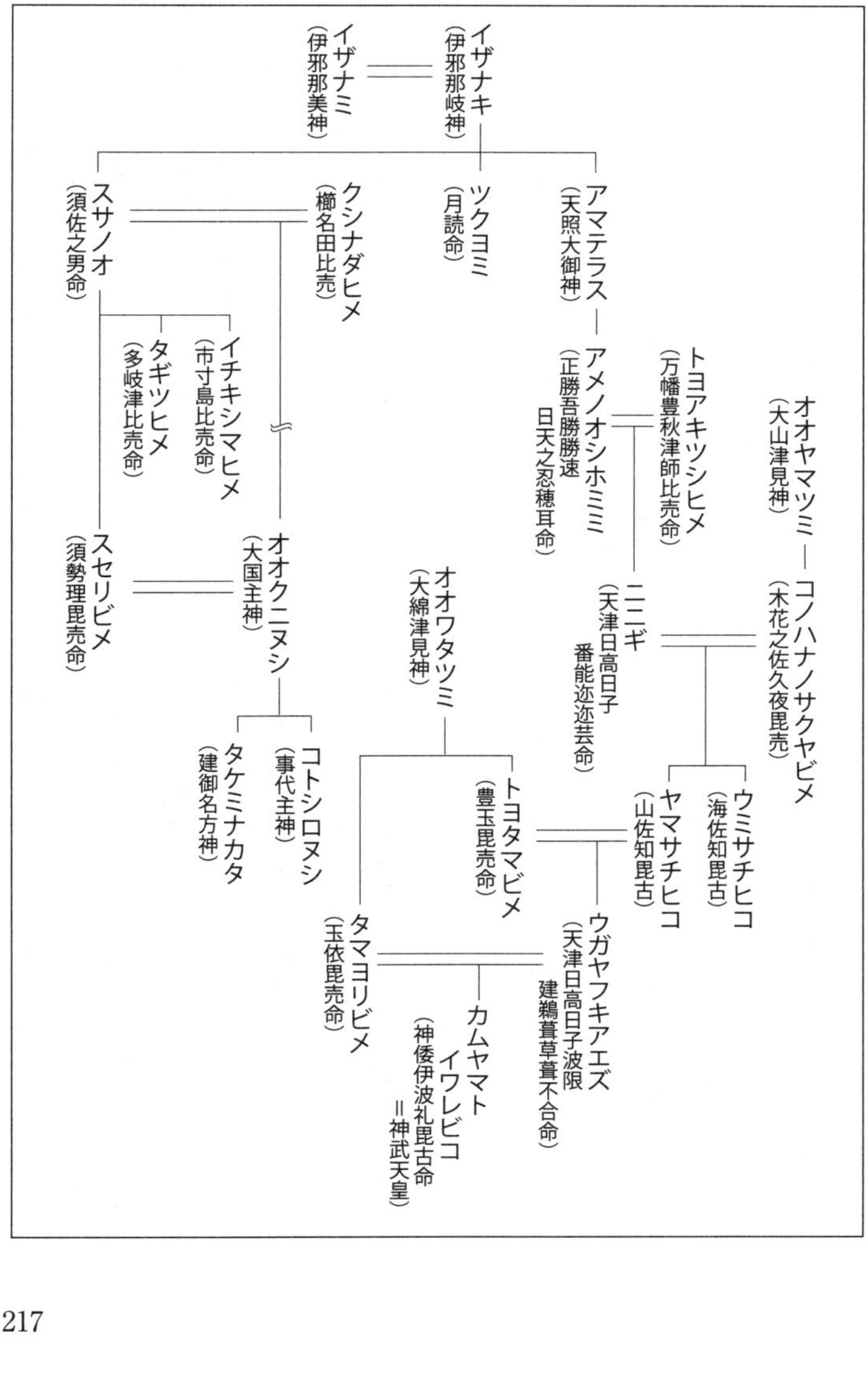
イザナキ（伊邪那岐神）
イザナミ（伊邪那美神）
アマテラス（天照大御神）
ツクヨミ（月読命）
クシナダヒメ（櫛名田比売）
スサノオ（須佐之男命）
イチキシマヒメ（市寸島比売命）
タギツヒメ（多岐津比売命）
トヨアキツシヒメ（万幡豊秋津師比売命）
アメノオシホミミ（正勝吾勝勝速日天之忍穂耳命）
オオヤマツミ（大山津見神）
オオクニヌシ（大国主神）
スセリビメ（須勢理毘売命）
オオワタツミ（大綿津見神）
ニニギ（天津日高日子番能迩迩芸命）
コノハナノサクヤビメ（木花之佐久夜毘売）
コトシロヌシ（事代主神）
タケミナカタ（建御名方神）
トヨタマビメ（豊玉毘売命）
ヤマサチヒコ（山佐知毘古）
ウミサチヒコ（海佐知毘古）
タマヨリビメ（玉依毘売命）
ウガヤフキアエズ（天津日高日子波限建鵜葺草葺不合命）
カムヤマトイワレビコ（神倭伊波礼毘古命＝神武天皇）

の話となり、神武の誕生へとつながっていく。ここまでが上巻ということになる。

次いで、中巻は、初代天皇になる神武の東征伝承から始まり、次の綏靖《すいぜい》から安寧《あんねい》・懿徳《いとく》・孝昭《こうしょう》・孝安《こうあん》・孝霊《こうれい》・孝元《こうげん》・開化《かいか》までのいわゆる欠史八代を経て、十代目の崇神《すじん》天皇が登場する。そののち、垂仁《すいにん》・景行《けいこう》・成務《せいむ》・仲哀《ちゅうあい》と続き、次の応神天皇で中巻が終わりとなる。

これを受けて下巻は、聖帝伝承で名高い仁徳《にんとく》天皇から始まり、履中《りちゅう》・反正《はんぜい》・允恭《いんぎょう》・安康《あんこう》・雄略《ゆうりゃく》といった倭の五王に比定されることの多い天皇たちを経て、清寧《せいねい》・顕宗《けんぞう》へと続いていくが、伝承らしい伝承がみられるのは、ほぼこれまでといってよく、これ以後の天皇については、記述がきわめて簡略になる。

すなわち、仁賢《にんけん》・武烈《ぶれつ》・継体《けいたい》・安閑《あんかん》・宣《せん》化《か》・欽明《きんめい》・敏達《びだつ》・用明《ようめい》・崇峻《すしゅん》・推古《すいこ》の十代の天皇については、都や系譜・治世年数・陵などを事務的に記すのみである。

■上巻〈神々の世界〉の特色

質・量ともに豊富な神話からなる上巻であるが、最も重要な部分は、国譲り神話とそれに連動する天孫降臨神話である。この点は、『日本書紀』も同様である。

高天原からアマテラス大神の孫であるニニギ命が地上に天降ってきて支配し、その子孫が天皇家であるということは、とりもなおさず、天皇家による日本列島の支配は神代からのものであるといっていることになり、支配の古さや正統性を主張していることになる。これこそが、『古事記』や『日本書紀』の神代が担っている役割に他ならない。

■中巻〈神武から応神〉の特色

初代天皇とされる神武から十五代目の応神までが中巻である。神武は、日向《ひむか》から出発して東征をおこない、大和の橿原宮《かしはらのみや》で即位して初代の天皇になったとされる。

すなわち、上巻の神代が終了し、中巻からは天皇の時代、つまり人代が始まるということなのである。神々の世界がくり広げられた上巻に対して、中巻からは人間の時代が始まるということである。

しかし、『古事記』では、神代から人代へというように明確に区切っているわけではない。というよりもむしろ、曖昧な感じすら受けるのである。たとえば、神武はウガヤフキアエズ命とタマヨリビメとの間の子である。このことから明らかなように、神武は神話世界の出身である。このことは、『日本書紀』からもいうことができ、神武の名であるホホデミは、祖父にあたるヤマサチヒコの名でもある。この点からも、やはり、神武と神話世界とのつながりを感じることができるのである。

また、中巻の最後に登場する応神もユニークな天皇といえる。というのは母である神功皇后《じんぐうこうごう》が応神天皇を生んだのは筑紫、すなわち、九州と明記されているからである。天皇の出生地といえば、大和が一般的であることを考えるならば、応神の出生地が九州というのも中巻の特色としてあげることができよう。

■下巻〈仁徳から推古〉の特色

下巻は、聖帝伝承で有名な仁徳から始まり、わが国初の女帝である推古までが叙述されている。

下巻の特色としては、まず、武烈天皇が『日本書紀』での姿とあまりにも違いがあることに驚かされる。というのは、『日本書紀』での武烈天皇は、悪逆の限りを尽くした天皇として描かれている。たとえば、妊婦の腹を割いて胎児を見たとか、人の生爪をはいで芋を掘らせたとかといった伝承が多くみられ、この手の伝承にこと欠かないほどである。たとえば、人の頭髪を抜いて木に登らせて、その木を切り倒して人を落下させて殺害するのを楽しみにしたともいわれるし、樋に人を押し込めて流し、出口で矛で刺し殺して楽しんだり、人を木に登らせて射落として笑ったりもしたと記されている。しかし、これらの悪行の数々は、『古事記』には、まったく記されていない。

また、武烈天皇のあとを受けた継体天皇の時代には、筑紫国造《つくしのくにのみやつこ》の磐井《いわい》が反乱を起こし、大騒動になったとされる。事実、『日本書紀』をみると、九州のほぼ北半分を勢力下に置いた磐井がヤマト政権によって朝鮮半島に向けて派遣された近江毛野《おうみのけぬ》軍を阻止してしまったことが記されている。この反乱は、結局、鎮圧されてしまうが、継体朝における重要事件といえる。しかし、『古事記』では、この事件について、

この御世に、竺紫君石井《つくしのきみのいわい》、天皇の命に従はずして、多く礼無かりき。

としか記されていない。そして、その結末についても、

故、物部荒甲大連《もののべのあらかいのおおむらじ》、大伴金村《おおとものかなむら》の連二人を遣《つか》はして、石井を殺したまひき。

とあるだけで、詳しいことはまったくのべられていない。

『古事記』の武烈・継体両天皇については、各々の天皇の記述全体が短いということも当然のことながら考慮しなければならないが、それでも『日本書紀』との間にみられるこうした大きなギャップは注目すべき点といえるであろう。

『古事記』の上巻・中巻・下巻の分け方をあらためてみてみると、そこには単なる分量の点からの区分というだけでは済まされない何かがあるように思えてくる。

上巻の神代と中巻の人代との間には、神話から歴史へという区分の必然性が認められる。もちろん、古代人が神

■『古事記』の構成

上巻
神　代

↓

中巻
①神武→②綏靖→③安寧→④懿徳→⑤孝昭→⑥孝安→⑦孝霊→⑧孝元→⑨開化（欠史八代）
→⑩崇神→⑪垂仁→⑫景行→⑬成務→⑭仲哀→⑮応神

↓

下巻
⑯仁徳→⑰履中→⑱反正→⑲允恭→⑳安康→㉑雄略→㉒清寧→㉓顕宗→㉔仁賢→㉕武烈→㉖継体→㉗安閑→㉘宣化→㉙欽明→㉚敏達→㉛用明→㉜崇峻→㉝推古

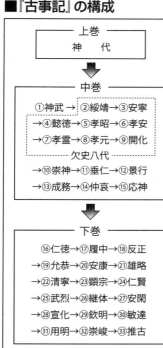

話をどのようにとらえていたかについては考えなければならない問題であろうが、上巻と中巻との間には、区分の必然性を十分に読みとることができる。

それでは、中巻と下巻との間はどうであろうか。

中巻の最後に位置する応神天皇が九州で生まれたということはすでにみたとおりである。しかも、その前の天皇である仲哀は神の意志に逆らって亡くなっている。そして、応神の子で聖帝とたたえられる仁徳から下巻がスタートしている。

このようにみると、何やら中巻のラストは天皇家に騒動があり、仁徳から気分一新といった印象を受ける。

この仲哀から仁徳までの時代を、かつて水野祐博士は、王朝交替という考えで理解した。つまり、大和の王であった仲哀が九州の王の応神を攻撃したが、遠征は失敗し、仲哀自身も亡くなってしまう。

一方、戦いに勝利した応神は、その後も九州を動かず、その子の仁徳の時代に大和へ向かって東征をおこない、大和の勢力を滅ぼしたという。

したがって、仲哀と応神とは別の王朝であるというのである。

応神がそれまでの天皇とは異なっているという考えは、広い支持を得ていると思われるが、前述のとおり、現在では王朝が交替したというよりは、王統が代わったとみる説が強まっている。

いずれにしても、仲哀・応神・仁徳をどう理解するかは古代史の大きなポイントといえよう。

なぜ『古事記』と『日本書紀』で最初に現れる神が違うのか

■天地のはじまり

『古事記』や『日本書紀』の神話、すなわち、記・紀神話は、体系神話といわれる。それは、天地のはじまりから始まって、ストーリー性をもって神話が展開され、国譲り・天孫降臨へとつながり、それが、初代天皇の神武へと結びつくように配置されているからである。

しかし、具体的にみていくと、内容に相違がみられるところもある。記・紀神話は天地開闢、すなわち天地のはじまりからスタートするわけであるが、『古事記』をみると、

天地《あめつち》初《はじ》めて発《ひら》けし時、

という書き出しから始まっている。ここからもわかるように、『古事記』では、天地が分離したときから書き始められている。ところが、『古事記』の序をみると、

混元《こんげん》既《すで》に凝《こ》りて、気《き》象《しょう》未《いま》だ効《あらは》れず。名も無く為《わざ》も無し。然《しか》れども、乾坤《けんこん》初めて分かれて、

となっている。格調の高い書き出しであるが、要は「気象」、すなわち自然界の現象が混沌として分離していない状態からスタ

ートしている。そこから天と地とが分かれたとなっていて、本文とは微妙に違っているのである。

本文と序がそのあとどうなっているのかというと、本文では高天原にアメノミナカヌシ・タカミムスヒ・カミムスヒの三神が誕生したとある。一方、序のほうは、「参神造化の首《はじめ》となり、陰陽ここに開けて、二霊群品の祖となりき」とある。つまり、本文と同様に三神が誕生し、そして、イザナキ・イザナミ二神が万物の祖となったとある。本文では三神のあと、ウマシアシカビヒコヂ・アメノトコタチの二神が登場し、先の三神と合わせて別天神と称している。神世七代とよばれる神々が誕生し、その七代のラストがイザナキ・イザナミになっており、序は神代七代のイザナキ・イザナミ以前を省略した形になっている。

また、『日本書紀』はとみると、

古《いにしえ》、天地未《いま》だ剖《わか》れず。

で始まっている。つまり、天地が未分離の状態から始まっていることになる。そして、そのあと、天ができ、そののち地が定まった。その時に天地の中にアシカビのような神が誕生した。これがクニノトコタチであるという。そのあと、クニノサッチ、トヨクムノの二神が生まれたとされる。さらに、『日本書紀』は、「一書《あるふみ》」と称して別伝承を載せており、天地開闢のところは、全部で六つの別伝承が記されている。

それらのうち、たとえば第一の一書は、天地が初めて分かれたとき、クニノトコタチが生まれたとある。

　この神にはクニノソコタチという別名が記されている。その次に、クニノサッチが生まれたが、この神もクニノサタチという別名をもっている。さらに、トヨクニヌシが生まれたが、この神はトヨクムノ・トヨカブノ・ウカブノノトヨカウから、トヨクニノ・ハコクニノ・ミノといった別名をもっている。

　次いで、第二の一書は、まだ国が若くておさなかったとき、ウマシアシカビヒコヂが出現し、そのあとクニノトコタチ、次にクニノサッチが生まれたとある。

　あるいは第五の一書には、天地がまだ生じないときに、クニノトコタチが生まれたと記されている。

　最後の第六の一書では、天地が初めて分離したとき、アメノトコタチが生まれ、次にウマシアシカビヒコヂが現れ、さらに、クニノトコタチが生まれたことになっている。

　このように、『古事記』と『日本書紀』

■天地開闢神話の始まり方

		天地分離	未分離
『古 事 記』	序		○
	本 文	○	
『日本書紀』	本 文		○
	第１の一書	○	
	第２の一書	○	
	第３の一書		○
	第４の一書	○	
	第５の一書		○
	第６の一書	○	

とによって天地のはじまりをみてみると、大筋では類似しているといえるが、細かくみていくと異なるところも少なくないことがわかる。

相違点ということでいうならば、一番の点は、天と地とが未分離の状態で始まるか、それとも分離したという前提で書き出されているかということであろう。

そして、二番目には、誕生する神の名称と登場する順とが微妙に異なっている点が注目されるが、とりわけ、最初に姿を現す神が大まかにいって、『古事記』と『日本書紀』とでは違っていることは見逃せない。

■最初に現れる神

記・紀神話の中で一番初めに登場する神は、『古事記』がアメノミナカヌシであるのに対して、『日本書紀』の本文はクニノトコタチである。

クニノトコタチは『古事記』にも姿をみせるが、それに対して、『日本書紀』ではアメノミナカヌシはきわめてウェイトが低い。わずかに第四の一書に別伝承という形で登場している。

一書はそれ自体、別伝承であるから、いわば別伝承の中の別伝承という形での登場ということになる。

つまり、『古事記』では、最初の神はアメノミナカヌシと考えられていたのに対し、『日本書紀』はクニノトコタチが最初の神として認識していたといえるのである。

アメノミナカヌシのアメ、すなわち「天」は天神のいる高天原をさしていると思われる。

また、ミナカ（御中）は神々の中央ということを表しているとされる。ヌシ（主）は主人でよいであろう。

したがって、アメノミナカヌシとは、高天原にあって神々の中で中心的な位置を占める主人ということになる。

一方、クニノトコタチはというと、クニ（国）は天に対しての国であり、高天原に対する地上ということである。

■アメノミナカヌシとクニノトコタチ

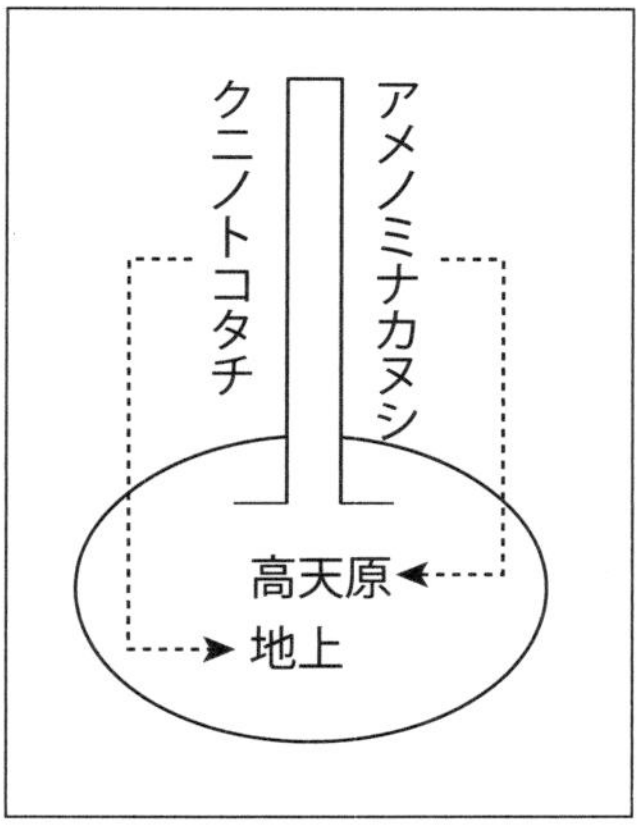

トコタチ（常立）は、意味的には「床立」であるとされ、土台が姿を現すということに他ならない。

つまり、クニノトコタチという神は、地上に大地が姿を現し、そこにしっかりと立っている神ということで、永久的な支配者のイメージである。

したがって、『古事記』のアメノミナカヌシが高天原の中心というのに対し、『日本書紀』のクニノトコタチは地上の支配者という意味合いが強く感じられる。

こうしたことは、天皇家の歴史書としての性格をより強くもっている『古事記』に対して、『日本書紀』は天皇による日本の支配の正統性をより強調していることと無関係ではないように思われる。

第4章

平安時代

35 廃都に追い込まれた長岡京と平安京への遷都の謎

◆藤原種継暗殺と造営工事への影響

七八四年、桓武《かんむ》天皇はそれまで都であった平城京から山背《やましろ》の長岡京へと遷都した。遷都の理由は、水陸の交通の便がよいとか奈良の仏教勢力の政治介入をたち切るためとかいろいろいわれているが、当然のことながら、反対する人々も多かった。

事件は、長岡京遷都の翌年九月に起きた。桓武天皇の信頼が厚く、長岡京の造営長官として腕をふるっていた藤原種継《ふじわらのたねつぐ》が射殺されたのである。

これに対して、天皇側の対応はすばやく、ただちに大伴継人《おおとものつぐひと》ら容疑者を捕えると同時に、直前に没していた大伴家持《やかもち》についても関与していたとして官位を剥奪《はくだつ》した。

つまり、この事件は大伴氏一族が企てたものとみなされたのである。しかし、処分はこれだけではすまなかった。桓武の弟で皇太子であった早良《さわら》親王にも追及の手が及んだのである。

早良は乙訓《おとくに》寺に軟禁され、皇太子の地位を廃されて淡路島へ流罪となった。しかし、早良は無実を主張して食事をとらず、淡路島へ送られる途中で没してしまった。

種継が暗殺されたのちの長岡京造営であるが、工事に大きな影響がでたことは疑いのない事実であった。

というのは、種継の母が秦朝元の娘であったことから、この長岡京造営にさいしては秦氏が全面的な経済援助をおこなっていたからである。

種継が殺害されたことによって、秦氏とのパイプが切れてしまったわけであり、これは新都建設にあたっては大きな痛手であった。事実、このあとも造都工事は継続されているが、ペースは大きく遅れ、一〇年後にはついに長岡京は廃都となってしまう。

■桓武天皇と早良親王の関係

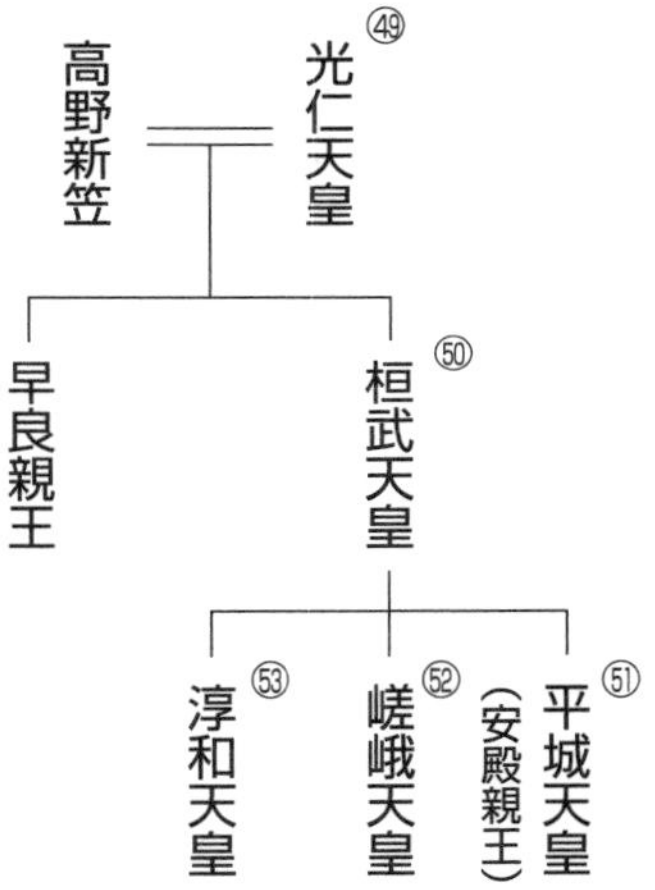

長岡京を廃都に追いこむほどの大事件であった種継の暗殺事件であるが、その真相は謎につつまれたままである。皇太子であった早良親王と大伴家持・継人らがしめしあわせて種継を暗殺して自分たちの政権を樹立しようとした、というのが政府側の結論といえよう。

◆早良親王の本当の役割

しかし、この事件の真相を追うと、早良が関係していたとは考えられないというのが定説である。

桓武天皇と早良親王は、共に高野新笠《にいがさ》を母とする兄弟であり、十二歳の年の差があった。早良は出家して東大寺や大安寺で修行し、東大寺の初代別当となった良弁《ろうべん》の後継者になった。しかし、七八一年、桓武が即位すると父の光仁《こうにん》の願いによって還俗《げんぞく》して皇太子となった。桓武にとっても、早良は同母の弟であり、また、奈良の仏教界に影響力をもっているという点はプラスであった。

しかし、一方では、わが子の安殿親王《あてしんのう》（のちの平城《へいぜい》天皇）の即位をあきらめることにもつながり、桓武にとっては複雑なところであった。

そのような折に起きたのが種継暗殺事件である。桓武は早良を皇太子から追い落とすチャンスとみたのではなかろうか。それは、早良が皇太子を廃されてから二か月後に安殿が立太子していることからもうかがわれる。そして、長岡京遷都から一〇年後の七九四年、都も平安京へと移されることになるのである。

36 宮廷内の権力争いがもたらした薬子の変の異常事態

◆「二所朝廷」の状態はなぜ生まれたか

平安京へ都を遷した桓武天皇が崩御したあと、子の平城が即位したが、病弱だったこともあって三年ほどで弟の嵯峨《さが》へ譲位した。

しかし、上皇となった平城はその後、平城京へ移るなどして、平安京の嵯峨天皇と対立する姿勢を示し、二所《にしょ》朝廷とよばれる異常な状況をひき起こした。

平城が平城京で嵯峨と対立するようになった背景には、一人の女性、すなわち藤原薬子《くすこ》の存在が大きかった。

平城と薬子との関係は、平城が安殿親王とよばれまだ桓武《かんむ》天皇の皇太子であったときに始まる。薬子は式家の藤原種継の娘で、藤原縄主《ただぬし》と結婚して三男二女をもうけた。そのうちの長女が皇太子であった安殿と結ばれたのである。ところがこともあろうに母親の薬子もいつしか安殿と関係をもつようになってしまい、皇太子付きの女官である春宮坊宣旨《とうぐうぼうせんじ》として権力を握るようになった。

こうしたスキャンダルが桓武の耳に入り、薬子は朝廷を追放されるが、桓武の死後、平城が天皇になると再び尚侍《ないしのかみ》としてもどっており、平城が譲位したあとも兄の仲成と共に大きな影響力をもっていた。

平城は八〇六年四月に嵯峨に皇位を譲るとその年のうちにさっさと平城京へ移ってしまった。しかし、あい変わらず政治に介入するそぶりをみせたようである。

これには当然のことながら藤原薬子、仲成の兄妹の思惑が働いていたにちがいない。

◆薬子の変のあっけない幕切れ

嵯峨も当初は、平城上皇が平城京で暮らすことを容認していたが二所朝廷のような状態には何らかの対応が必要であった。それが八一〇年三月の蔵人頭《くろうどのとう》の設置であり、北家の藤原冬嗣《ふゆつぐ》らが任じられた。

蔵人頭の職掌は、天皇と臣下の間のパイプ役のようなものであるが、これは従来、尚侍の職掌であった。

つまり、嵯峨はそれまで薬子が握っていた職権を新しい官をつくることによって奪ったわけであり、これは平城上皇方への宣戦布告といってもよいであろう。

これに対して、上皇側もただちに反発して、九月六日に平城京遷都令という強硬手段を

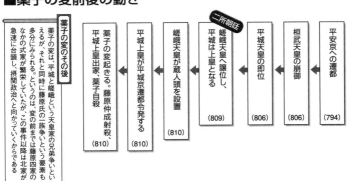

■平城・薬子関係系図

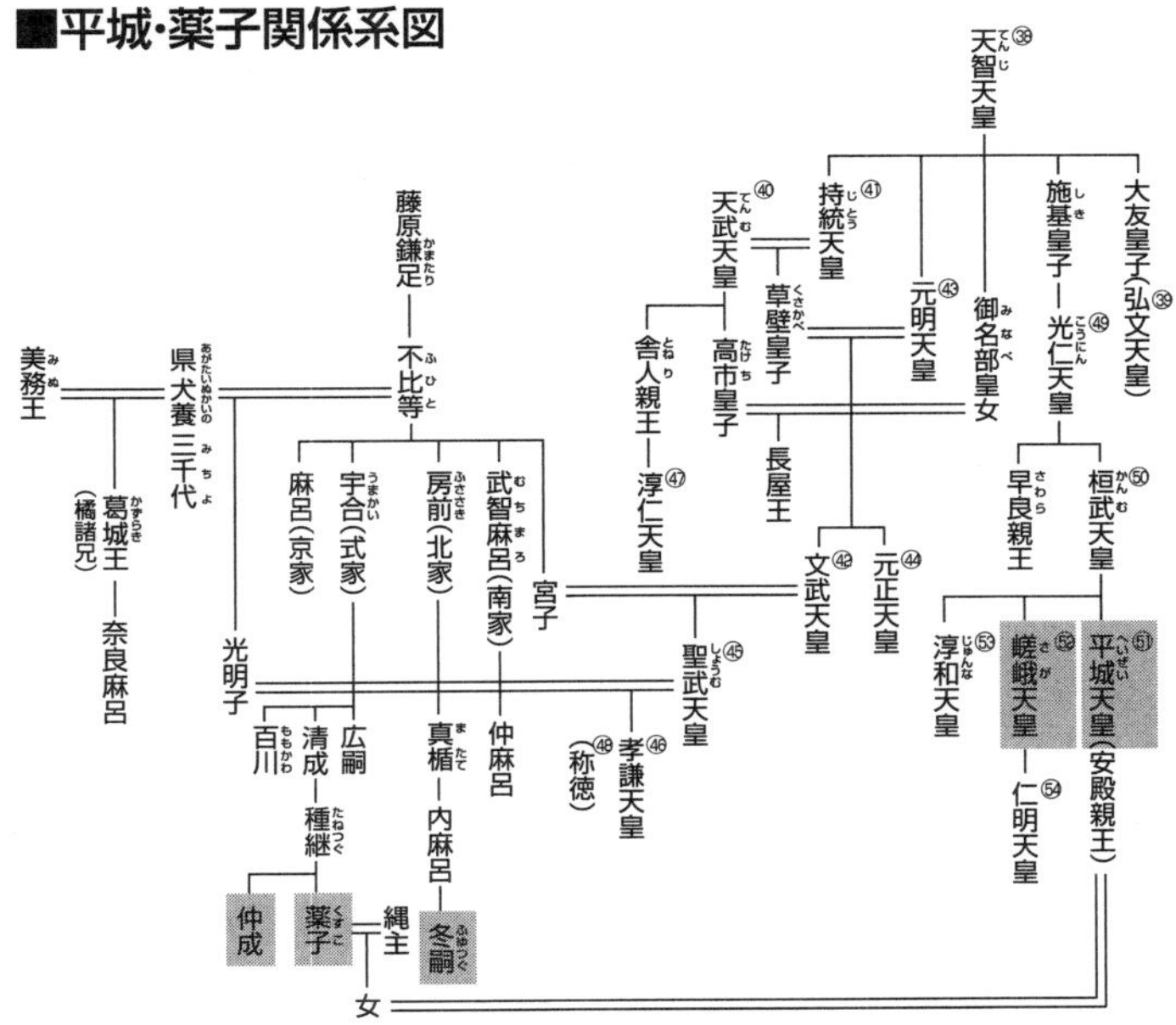

■薬子の変前後の動き

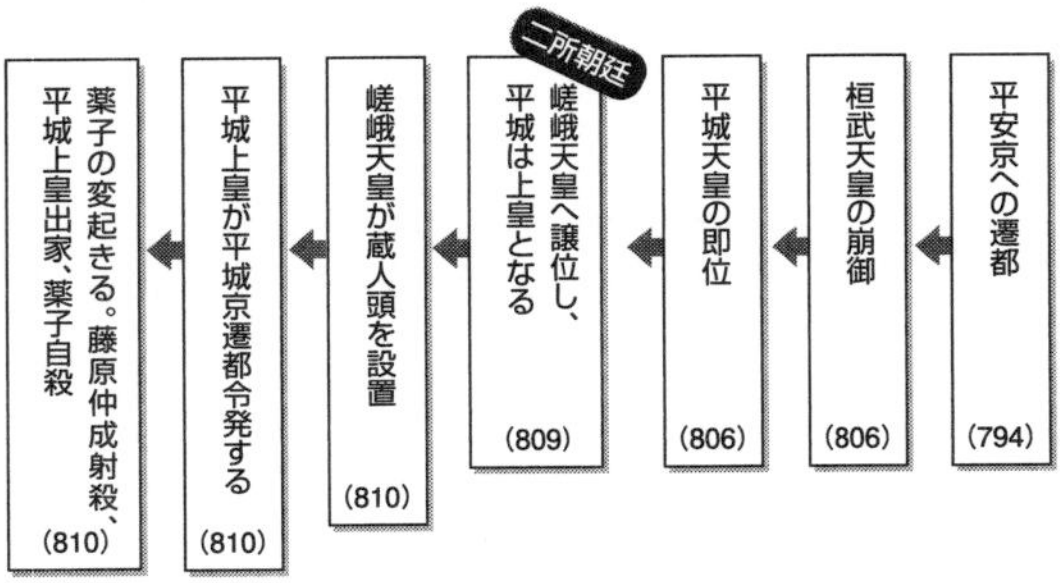

薬子の変のその後

薬子の変は、平城と嵯峨という天皇家の兄弟争いといえるが、それと同時に藤原氏の一族争いという要素も多分にみられる。というのは、変の前までは藤原四家のなかの式家が繁栄していたが、この事件以降は北家が急速に台頭し、摂関政治へと向かっていくからである発して対抗した。

しかし、嵯峨はすばやく藤原冬嗣や坂上田村麻呂らを造平城宮使として派遣し、実際には上皇方の動きを封じこめてしまった。このとき、藤原仲成は参議として平安京にいたが逮捕されて射殺されている。

こうした嵯峨天皇の動きに驚いた平城上皇は、藤原薬子と共に東国へ逃れようとした。東国で兵を集めて再起をはかろうとしたのであるが、大和国添上《そうのかみ》郡越田《こしだ》村で天皇方にとり押さえられ、平城京へとつれもどされた。やむなく上皇は出家に追いこまれ、薬子も、もはやこれまでと服毒自殺をはかった。

これが薬子の変とよばれている事件であるが、朝廷を二分した大事件であるにもかかわらず事件自体はあっけない幕切れとなった。

これによって、二所朝廷は解消され、嵯峨天皇による親政体制ができあがったが、もう一つ忘れてならないのは、藤原氏間の内部抗争である。つまり、この事件で薬子の式家は没落し、かわって冬嗣の北家が隆盛のチャンスをつかみ、こののち発展していくことになるのである。

37 藤原氏が政権を握るまでの経緯とは？

◆藤原北家の台頭

平安時代に摂政・関白を独占して、貴族政治の全盛を築いた藤原氏であるが、そこにたどりつくまでには、決して平坦な道ではなかった。

藤原氏は、乙巳の変とそれに続く大化改新で中大兄皇子（のちの天智天皇）を助けて活躍した中臣鎌足が死に臨んで、天智天皇から大織冠《たいしょくかん》と藤原の姓を授けられたことに始まる。

その後、鎌足の子の不比等が、奈良時代初期の政界で活躍したあと、その四人の子がそれぞれ家を立てた。これが、南家《なんけ》・北家《ほっけ》・式家《しきけ》・京家《きょうけ》で、総称して藤原四家とよばれる。奈良時代にいち早く活躍したのが南家であり、そののち、末期になって式家が権勢をふるった。

しかし、平安時代に入って、八一〇年に起きた薬子《くすこ》の変を契機として、嵯峨《さが》天皇の信任をえて蔵人頭《くろうどのとう》になった藤原冬嗣《ふじわらのふゆつぐ》が出るにおよんで、北家の権力が強まっていくことになる。北家の権勢をさらにゆるぎないものとしたのは、冬嗣の次男として生まれた良房《よしふさ》である。

良房は、冬嗣と南家の真作《まつくり》の娘である美都子を父母として誕生した。美都子は宮廷に仕え、嵯峨天皇の信任が厚かった。また、美都子の弟である三守《みもり》の妻の安子は、嵯峨天皇の皇后である橘嘉智子《たちばなのかちこ》の姉であった。このように、閨閥《けいばつ》の面でも良房は実に恵まれた環境にあった。

名門の貴公子として延暦《えんりゃく》二十三年（八〇四）に生まれた良房は、才能・容貌ともに秀でていて、嵯峨天皇に好まれたといわれる。嵯峨天皇の皇女である潔姫を妻にすることができたのは、その何よりの証しといってよいであろう。そして、二人の間には明子が誕生している。

天長《てんちょう》十年（八三三）、良房は仁明《にんみょう》天皇の蔵人頭となり、翌承和《じょうわ》元年には参議に昇進した。このとき良房は三十一歳であった。そして、さらに、その翌年には、七人の上席者をさしおいて権中納言に昇ったのである。そんな折、朝廷内を騒がせるひとつの大きな事件が起きた。

承和七年（八四〇）、淳和上皇が亡くなり、その二年後に兄の嵯峨上皇が崩じた。嵯峨上皇が崩じた二日後、春宮坊帯刀《とうぐうぼうたてわき》の伴健岑《とものこわみね》と但馬守《たじまのかみ》の橘逸勢《たちばなのはやなり》らを逮捕した。承和の変である。

■承和の変の関係者たち

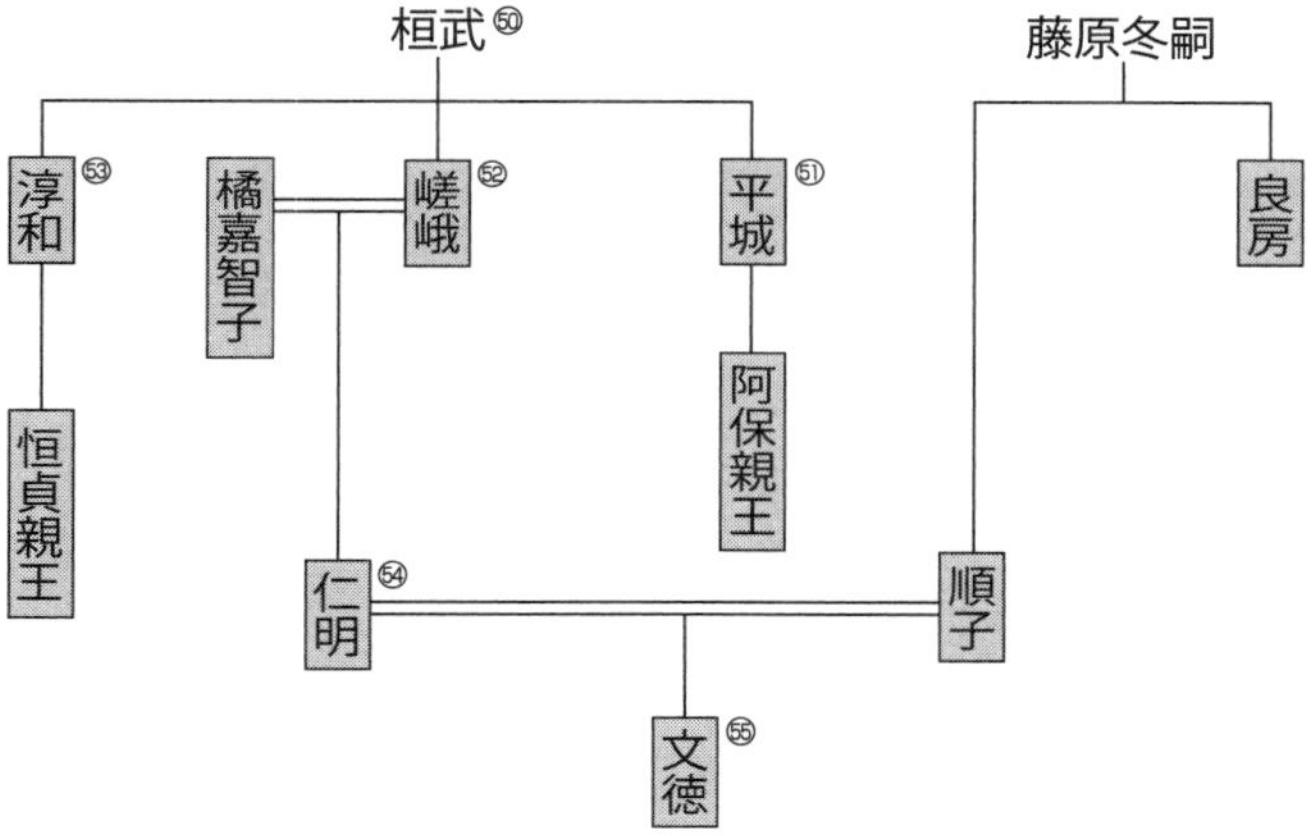

皇太后であった橘嘉智子のもとに阿保親王《あぼしんのう》から密書がもたらされたのである。それによると、伴健岑と橘逸勢らが、皇太子の恒貞親王《つねさだしんのう》を立ててクーデターを企てているというのである。嘉智子は、すぐに良房をよび対策をねり、その結果、良房によって密書は明らかにされた。

しかし、捕えられた伴健岑・橘逸勢から自白を得ることはできなかった。それにもかかわらず、事件はどんどん決定的なものになっていき、逮捕の六日後、皇太子の恒貞親王は軟禁されてしまう。

仁明天皇は、詔を発して伴健岑と橘逸勢を謀反人と決めつけ、健岑を隠岐、逸勢を伊豆へと配流にした。書道の名人で三筆の一人と称された橘逸勢は、伊豆へ送られる途中、遠江において憤死した。恒貞親王は、事件の責任をとらされ、廃太子となった。

これとは対照的に、その後、発表された人事では、良房は大納言に進み、皇太子には道康親王が立てられた。のちに文徳天皇になるこの皇太子は、このとき十六歳であり、生母は、良房の妹の順子であった。そして、ここに承和の変は幕を閉じるのである。おわってみると、良房の思うようにことが運んだようにみえる。

◆承和の変の裏にあるもの

嵯峨上皇の死を契機にだしぬけに起こり、あわただしく決着した承和の変であるが、はたして伴健岑と橘逸勢は本当に事件を企てたのかというと、どうもそうではない、というのが一般的である。

そもそも事件は、阿保親王が皇太后の橘嘉智子に密書を送ったこと、そして、その密書を嘉智子が良房に見せたこと、ここから始まった。嘉智子としては、自分と嵯峨の系統を天皇にしたいという気持ちは当然のことながらあったであろう。一方、伴健岑や橘逸勢らによる恒貞親王の擁立の動きもあったのであろう。これらをたくみに利用し、自らの利益を拡大したのが良房だったのではなかろうか。良房は、閨閥的にも深い関係をもつ嘉智子の気持ちを察し、その子の仁明天皇をもとりこんで、大きな後ろ盾とした。その上で、伴健岑らの行動を状況証拠として、事件をつくり上げたのである。

この承和の変によって、嘉智子と仁明天皇は、たしかに自分たちの系統を皇太子にすえることに成功した。しかし、この事件でもっとも大きな利益を得たのは、良房であった。良房は、自分の妹である順子の子を皇太子にすることができたのは何よりの収穫であった。それに加えて、伴・橘という名門氏族に打撃を与え、他氏排斥を一歩進めることができたのも大きかった。

承和の変で、野望に向かって大きく前進した良房であるが、朝廷内においてはまだまだ課題があった。というのは、式家出身の緒嗣《おつぐ》が左大臣であり、当時の藤原氏全体の代表としての立場にあった。また、右大臣には源常《みなもとのときわ》がおり、良房と同じ大納言には橘氏公《うじきみ》がいたからである。

そこで、良房がとった手は、天皇の外戚になるというものであった。良房は、道康親王のもとに自分の娘である明子を嫁がせた。明子は父の期待にこたえて惟仁《これひと》親王を生んだ。のちの清和《せいわ》天皇である。天皇の外戚という立場をねらう良房のくわだては、こうして着実に実行されていった。

嘉祥《かしょう》元年（八四八）、良房は右大臣となった。左大臣として藤原一族を代表していた緒嗣はすでにこの世になく、ついに良房は、藤原氏のトップに立つことになった。その二年後の嘉祥三年、仁明天皇が四十一歳で急死した。そのあとをうけて即位したのが道康親王である。文徳天皇であり、その皇太子となったのが明子の生んだ惟仁親王であった。このとき、惟仁親王はわずかに生後九か月であった。

天安《てんあん》元年（八五七）、良房は右大臣から一躍、太政大臣になった。異例の昇進といってよく、良房は五十四歳にして、ついに極官《ごっかん》に昇ったのである。その翌年の天安二年、文徳天皇が急病のため三十二歳の生涯を終えた。ここに良房を外祖父とする惟仁親王がわずか九歳で即位した。清和天皇であり、良房はこの段階でついに天皇の外戚となったのである。

清和天皇の即位と同時に、良房は事実上の摂政となった。摂政とは、令外官であり、天皇がまだ幼少のとき、天皇にかわって政治を執る職であり、貞観《じょうがん》六年（八六四）に清和天皇が元服したのを機にいったん良房は辞退したといわれるが、このあと、応天門の変が起こることになる。

◆応天門の変とその結末

貞観八年（八六六）閏三月十日の夜、にわかに応天門が夜空をあかあかと照らして炎上した。

政府は、はじめ応天門炎上の原因がわからず、神々に加護を祈ったり、諸寺に任王経《にんのうぎょう》を転読させたりした。ところが、応天門が炎上した直後、いち早く行動を起こした男がいた。大納言の伴善男《とものよしお》である。善男は、良房の弟で右大臣であった良相《よしみ》に、応天門は放火であり、火をつけたのは左大臣の源信《みなもとのまこと》であると告げたのである。

善男は、かつて長岡京の造営にからんで、藤原種継《たねつぐ》を射殺したとされる大伴継人の孫である。継人の子の国道はこの事件にいったんは連座して佐渡へ流されたが、のちに恩赦によって許され都に帰り、その後、昇進して最後は参議にまでなった。この国道の五男が善男である。

善男は、背が低くやせぎすであり、まなこは深くくぼみ、ひげを長くたらしていたという。どうみても人に好かれるタイプの人物とはいえず、むしろ悪賢《わるがしこ》い男といったイメージである。しかし、こと政務に関しては有能であったようで、仁明《にんみょう》天皇の信頼が厚く、任官からわずか八年にして参議にまでかけ上がっている。その善男に左大臣の源信はねらわれたわけである。

その善男の訴えに耳を貸したのが、右大臣の藤原良相ということになる。良相は、学識も豊かであり、兄の良房政権の重要ブレインとしての位置を占めていた。善男の訴えを聞いた良相は、ただちに良房の養子で参議になっていた基経《もとつね》をよび、源信の逮捕を命じた。しかし、基経は、この情報をまず良房にもたらして、良房の対応を待った。

良房は、さっそく清和《せいわ》天皇のもとへと使者を送って、源信の無実を主張したので、源信は追及をのがれることができた。それから五か月後の八月三日にいたって、応天門炎上事件は急展開をみせることになる。

平安京の左京の住人で備中権史生《びっちゅうごんのししょう》であった大宅鷹取《おおやけのたかとり》という者が、応天門に放火したのは、伴善男とその子の中庸《なかつね》であると密告した。さらに、善男についての取り調べの最中、大宅鷹取の娘を殺したとして、善男の従者が尋問されたりもした。もちろん、善男は事件への関与をはっきりと否認した。

そうしたさなかの八月十九日に、良房は清和天皇の勅をうけて正式に摂政の地位についた。もちろん、このことは応天門炎上事件に対する良房の発言力を大きくした。そして、伴善男と中庸が放火したという生江恒山らの自白を受けて、善男と中庸はいっそう厳しく訊問されることになる。その結果、九月二十二日に、伴善男・伴中庸・紀豊城《きのとよき》らの五人を応天門放火の主犯として大逆罪としたが、死一等を減じて遠流とした。これに連坐する者として、紀夏井《きのなつい》ら八人も流罪となった。善男の財産はすべて没収となり、これによって、名族の伴氏と紀氏は完全に没落することになった。

伴善男が一人で騒ぎ、そして失脚したかのような印象を受ける応天門の変であるが、はたしてその真相はいかなるものだったか。この点について、『日本三代実録《にほんさんだいじつろく》』は、伴善男・

■平安宮

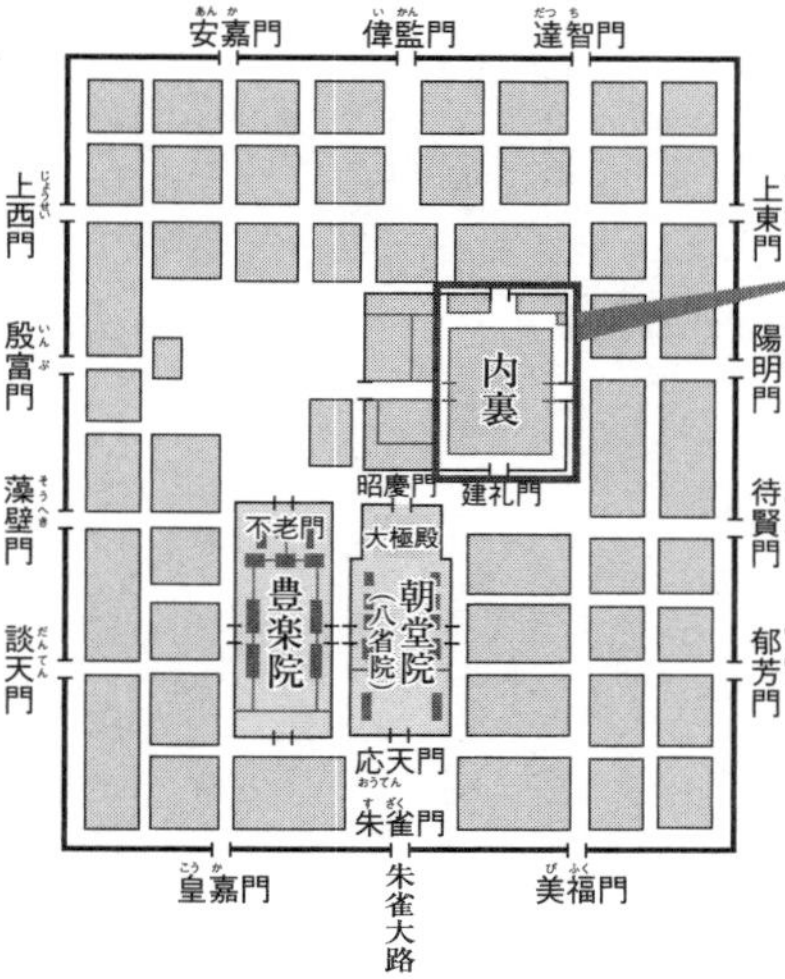

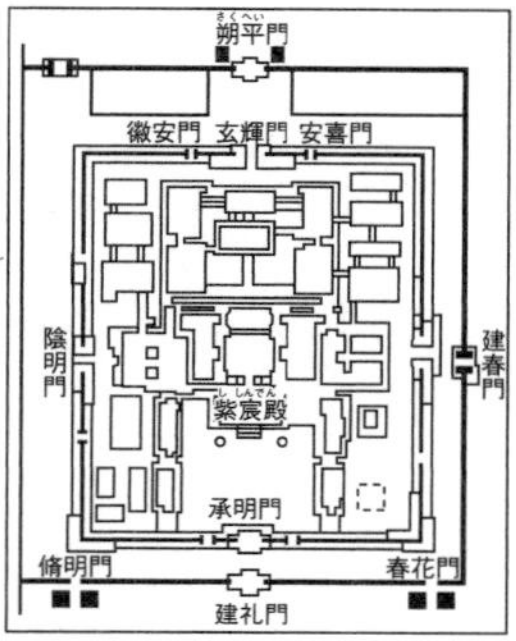

資料「日本史年表・地図」（吉川弘文館）をもとに作成

朱雀門と羅城門

応天門の南にあるのが朱雀門であり、ここから南へのびるのが朱雀大路である。いわばメインストリートであり、終点が羅城門である。そして羅城門の南は都の外ということになる。羅城門は都の内と外とを分ける門であり、芥川竜之介の小説『羅生門』のモデルでもある。

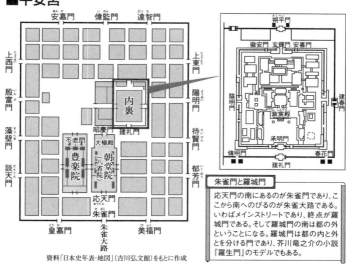

中庸父子を放火犯としているが、現在ではむしろ、この父子は実際の放火犯ではなかったのではないかといわれている。何者かによる応天門への放火、それを善男が左大臣の源信を追い落とす手段にうまく利用したのではないかというのである。結局はこのたくらみはうまくいかず、もっとも有効に事件を利用した良房にしてやられたということになる。

伴善男が源信を追い落とそうとした理由は明らかではないが、善男は政務にたけた実力派の貴族であり、対する源信は名門の嵯峨源氏の一族である。このあたりに、伴善男が源信を失脚させようとした理由があるのではといわれている。実力でのし上がってきた貴族と旧来からの名門貴族の対立とみるわけである。一方、良房のねらいは、藤原氏による摂関政治の確立に他ならない。良房にとっては、伴善男と源信とでは源信の方がくみしやすかったのであろう。その結果、善男を切りすてて源信側に立ち、嵯峨源氏に恩を売る形をとったものと思われる。

応天門の変のあと、良房が没する貞観十四年（八七二）までは、文字通り良房の全盛時代といってもよいであろう。良房自身は、摂政としての地位を保ちつつ、着々と摂関政治の足場を固めていった。応天門の変が落着した十二月には、姪の高子を清和天皇の女御とした。高子が貞明親王を生むと、生後三か月で皇太子としている。高子の兄は良房の養子になった基経である。基経は、応天門の変の直後に参議から中納言に進んでいる。実に七人を飛び越えての昇進である。まさに、良房の後継者としてふさわしい出世ぶりといえる。藤原氏の政権掌握は着着と進められていくのである。

38 いかにして藤原摂関家は絶頂期を迎えたか

◆阿衡事件とその後

藤原良房の養子で後継者となった基経《もとつね》は、貞観十四年（八七二）に右大臣となり、四年後に陽成《ようぜい》が即位すると同時に摂政の地位についた。さらに、元慶《がんぎょう》四年（八八〇）には太政大臣へと昇った。そして、その四年後に陽成天皇が譲位して光孝《こうこう》が即位すると、基経は事実上の関白となった。摂政・関白はともに令外官《りょうげのかん》であり、摂政が天皇の幼少時に政務を代行する職であるのに対し、関白は天皇が成人したのちも政務を代行する職のことである。

光孝のあとをうけて、仁和《にんな》三年（八八七）に宇多《うだ》が即位した。宇多天皇も前代と同様に基経を関白としたが、ここで問題が起きた。阿衡《あこう》事件である。それは、宇多が基経を関白にするという詔に、基経を「阿衡」にするとあったからである。阿衡とは中国の官職であり、最高職であることから、宇多天皇は、関白のことを阿衡と称して用いたのであった。したがって、さほど問題になることではなく、宇多天皇も基経を関白に任ずと理解していた。ところが、この詔に基経側が反発したのである。というのは、阿衡というのは、なるほど最高職であるが、これといった実務がなかったため、基経は天皇は自分に仕事をするなどいうことかと主張して、出仕を拒否してしまったのである。基経は、もちろんこの詔を関白にするというものだということは十分に承知していたわけであり、基経の出仕拒否の主張は強弁ということになる。

それでは、なぜこのようなことが起きてしまったのか？　これについては、いくつかの思惑が重なっていると思われる。まずは、藤原氏の宇多天皇に対する示威《じい》、つまり、デモンストレーションである。また、この詔を実際に起草したのは、宇多天皇のお気に入りで当代きっての学者の一人であった橘広相《たちばなのひろみ》であり、彼の娘の義子は宇多天皇のもとへ入内して二人の皇子を生んでいた。もし、この二人の皇子が即位した場合、広相は天皇の外戚ということになる。これは藤原氏にとっては避けなければならないことであり、いまのうちに広相を失脚させておく必要があったのである。さらには、藤原基経側の学者で、阿衡事件を演出したと思われるのは、藤原佐世《すけよ》である。佐世にしてみれば、当然のことながら広相へのライバル心があったであろう。

こうしたことが、からみあって起きたのが阿衡事件ということになる。この事件の結末は、宇多天皇が詔の誤りを認める宣命を出すとともに、基経の娘の温子が入内するという

■阿衡事件　関係系図

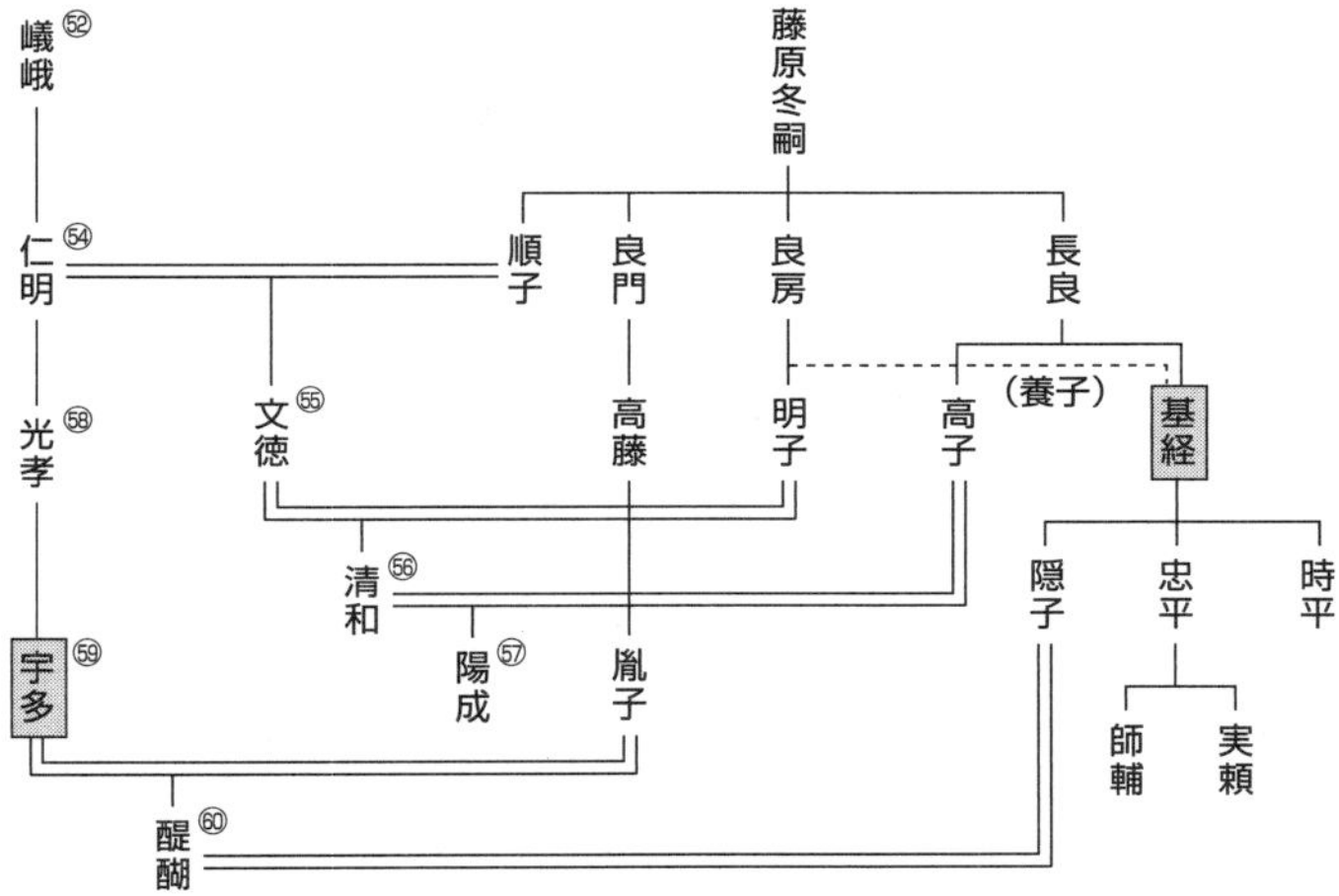

藤原基経側の完全勝利で幕をとじた。

しかし、宇多天皇もこの一件にはかなりこりたようで、基経の死後は関白を置かず、学者出身の菅原道真《すがわらのみちざね》を登用するなどして天皇親政をおこなおうとした。宇多は、醍醐《だいご》に譲位したあとも上皇として、権力を握り続けようとしたが、醍醐天皇や藤原氏との間に溝が深まった。

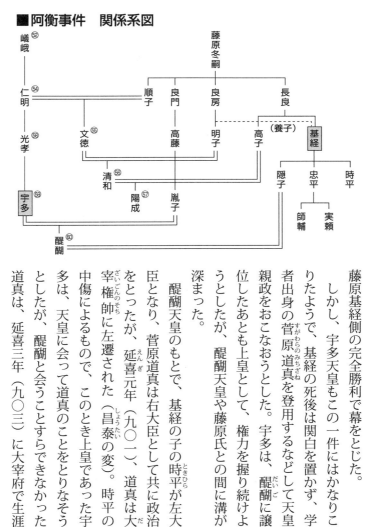

醍醐天皇のもとで、基経の子の時平《ときひら》が左大臣となり、菅原道真は右大臣として共に政治をとったが、延喜《えんぎ》元年（九〇一）、道真は大《だ》宰権帥《ざいごんのそち》に左遷された（昌泰《しょうたい》の変）。時平の中傷によるもので、このとき上皇であった宇多は、天皇に会って道真のことをとりなそうとしたが、醍醐と会うことすらできなかった。

道真は、延喜三年（九〇三）に大宰府で生涯を終えることになる。

藤原氏は、このように台頭してくる勢力をたくみに排除し（他氏排斥）、他方では天皇の外戚となることによって権力を握り続けた。この他氏排斥事件の最後になったものが安《あん》和《な》二年（九六九）に起きた安和の変である。康保四年（九六七）に冷泉《れいぜい》天皇が即位すると、藤原実頼《さねより》が関白・太政大臣となった。このとき、左大臣となったのが源高明《みなもとのたかあきら》であり、彼は醍醐天皇の皇子であった。したがって源高明は皇親の出身であり、藤原氏としては警戒すべき人物であった。加えて、高明の娘婿である為平《ためひら》親王は冷泉天皇の皇太子候補の一人であった。結局、皇太子には藤原氏に近い守平親王がなったが、藤原氏は、高明が為平親王を天皇にしようとくわだてていると源満仲に密告させた。この結果、源高明は失脚して大宰権帥に左遷されてしまう。

これが安和の変であり、この段階において、もはや藤原氏に対抗できる勢力はなくなることになる。以後、摂政・関白が常置されるようになり、藤原北家がこれらを独占するようになる。すなわち、藤原北家の氏の長者（一《いち》の人）が摂政・関白になるわけであり、そうすると今度は、この氏の長者の地位をめぐって、藤原北家の中で激しい争いが展開されることになる。そして、最終的に北家内部の争いを制して、北家全盛を築いたのが藤原道長である。

道長は、長徳元年（九九五）、兄の子である内大臣の伊周を失脚させて内覧の地位につき、権力を確立した。ついで、右大臣・左大臣と進み、娘三人を一条天皇・三条天皇・後一条天皇の中宮にたてることに成功し、外戚として栄華を築いた。長和五年（一〇一六）に摂政の立場についた。関白にはならなかったが、彼が建立した御堂（法成寺）にちなんで御堂関白と称せられた。

■公卿に登用された藤原氏の割合

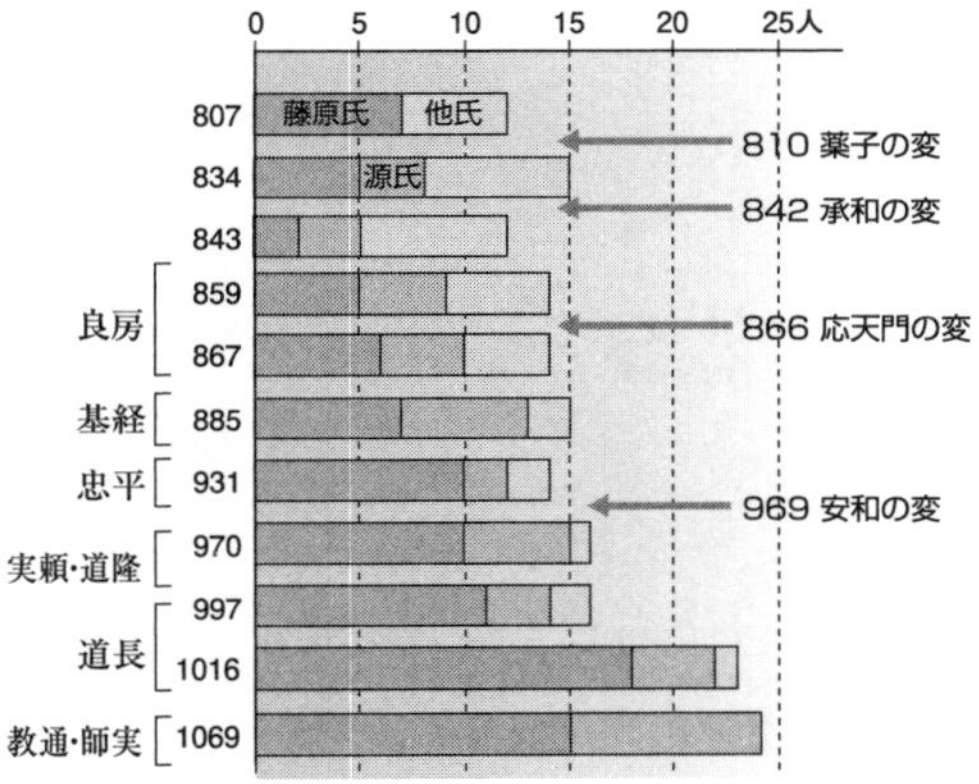

道長の子である頼通は関白となり、宇治にこの世の極楽といわれる平等院鳳凰堂を建立して宇治関白とか宇治殿とかと称せられた。頼通の時代も藤原摂関家の絶頂期といえようが、頼通は天皇の外戚になることができなかった。

そのため、藤原氏と外戚関係をもたない後三条が即位することになり、晩年は苦境に立たされる。すなわち、道長・頼通の時代は藤原摂関家の黄金期といえるが、その一方では、頼通の晩年にはすでに衰退の影がしのびよってきているともいえるのである。

39 平将門は本当に反逆者だったのか

◆平将門とは何者か

戦前の平将門《たいらのまさかど》の評価は、決して芳しいものではなかった。たとえば、『大日本史《だいにほんし》』をみると、「叛臣伝《はんしんでん》」というコーナーにとりあげられていて、部下を率いて常陸《ひたち》・下総《しもうさ》の間を往来して武力攻勢をおこなっていたとあり、天下の「叛臣」とされていた。もっとも、将門に対して同情的な立場にたつ者もいないわけではなかった。たとえば、田口卯吉《たぐちうきち》は、将門の罪を後世の史書に記されているほどはなはだしいものではないとのべているし、幸田露伴《こうだろはん》も将門のことを、気の毒な人であるとして、本当に悪人であったのだろうかと疑問をなげかけている。

たしかに将門の行為は反乱とみなされるであろうが、そこにいたるまでの内実を知る手がかりは思いのほか少ない。残された史料をみると、『今昔物語集《こんじゃくものがたりしゅう》』、『大鏡《おおかがみ》』、『扶桑略記《ふそうりゃっき》』や『神皇正統記《じんのうしょうとうき》』、『大日本史』などに将門の姿をかいまみることができるが、いずれも将門が乱を起こした当時のものではなく、後世になってからのものである。唯一、

『将門記』だけは、将門の乱が鎮圧されてから四か月後にまとめられたものとされ、将門について語るとき欠かすことのできないものといえる。ちなみに、『将門記』は将門のことを「俠気の人」、すなわち、男気のある人物と記している。

将門に関しては、反乱者とされる一方で、関東を中心にして、彼の霊を祀った神社があちこちにみられるというのも興味深い。その代表は、何といっても東京の神田神社であろう。神田明神として親しまれており、大己貴神、少彦名神を祭神としているが、古来から将門を祀るといわれており、現在の千代田区大手町にあったものが、慶長八年（一六〇三）に駿河台に移転し、さらに、元和二年（一六一六）に湯島台（千代田区外神田）に移って現在にいたっている。ちなみに、大手町には、将門の首塚がのこされていて、いまも参詣客が多い。この首塚は、オフィス街にあり、付近にはビルの中で机に向かうサラリーマンも多いが、この首塚におしりを向けてすわると将門の祟りがあるといったエピソードも残されている。

そもそも平将門は、桓武天皇の曾孫にあたる高望王を祖とする桓武平氏の出身である。高望王は、寛平元年（八八九）に「平」の姓を賜り臣籍降下した人物である。これを契機として、高望王は任国におもむき、そのままそこに土着して勢力をはるようになった。

高望王の子孫については、系図によって多少の違いがみられるものの、長男は国香《くにか》であり、他に、良持《よしもち》・良兼《よしかね》・良文《よしふみ》・良正《よしまさ》などの子がいた。これらのうち、良持が将門の父にあたる。良持は、良将と記されることもある。

さて、将門であるが、彼は良持の第二子とも第三子ともいわれる。母は下総国の名族である県犬養《あがたいぬかい》氏の出で、十四、五歳のときに父を失った将門は、母や兄弟と共に県犬養氏をたよることになる。

そうした将門が都へ上がって左大臣の藤原忠平に仕えたのは、それからまもなくのことのようであり、その背景には父の良持が藤原忠平と関係があったからだといわれている。すでに都には国香の子である貞盛もきており、左馬允《さまのじょう》の職を得ていた。将門も滝口の武士となることができたが、いとこにあたる貞盛と比べると、経済力も遠く及ばず、とても都びとといえるものではなかったようである。

将門が都から関東へもどってきたのは二十七、八歳のころといわれている。帰郷した理由は、検非違使《けびいし》になりたがったがかなわず、腹を立てたためとされている。すなわち、『日本外史』によると、将門は主人の藤原忠平に検非違使にしてほしいと願ったが聞き入れられず、これに怒った将門が故郷にもどって常陸国や下総国を荒らすようになったとある。

しかし、一方では、検非違使になれなかったからといって、すぐに東国にもどって反乱を起こしたとするのはあまりにも飛躍しすぎているという指摘もある。むしろ、東国に育ち、弓馬の術にすぐれた将門にとって、都での生活はなじめなかったのではなかろうかともいわれている。

◆反乱の前夜

いずれの理由にせよ、将門は検非違使にはなることができず、東国に帰ることになるのであるが、このとき、藤原忠平のはからいによって、故郷の相馬御厨《そうまのみくりや》の下司になることができた。

その帰郷のさいに、上野国の国府の西方を流れる染谷川で平国香・貞盛父子が将門を襲ったとも伝えられている。これが染谷川の戦いといわれるものであり、このときは伯父の平良文が将門の味方に立ってくれたおかげでことなきを得たといわれている。

帰郷した将門は、父の良持の拠点であった豊田郷の鎌輪に落ちつき、開拓を進めていったと思われる。このことは、当然のことながら、それまで在地に勢力をはってきた国香をはじめとする伯父たちにとって脅威であったと思われる。いわば、それまで保たれていた秩序が将門の帰郷によって、ひびが入ることになったのである。

こうした領地の問題に加えて、伯父の一人である良兼と将門との間には「女論」、すなわち女性をめぐるトラブルがあったといわれている。ことの詳細は不明であるが、一説には、前の常陸大掾《ひたちだいじょう》であった源護《みなもとのまもる》の娘を将門が望んだがかなえられず、娘は良兼が娶《めと》ったためともいわれているし、また、将門の妻になった女性に源護の子である扶《たすく》・隆・繁らが懸想《けそう》し、良兼が扶らの側に立ったためともいわれている。さらには、将門の妾の一人であった桔梗の前に良兼が懸想していたともいわれる。いずれにしても、将門と良兼との間に女をめぐって何らかの対立があったことは事実であろう。

こうした土地や女性をめぐる対立が合戦に発展したのは承平《じょうへい》五年（九三五）のことである。野本合戦といわれる戦いであり、将門と源扶・隆・繁らが争った。この戦いで、源護の子である扶・隆・繁の三人はみな戦死してしまった。このとき、平国香らは、源扶らを救援するため野本に出陣したが、逆に将門に攻めたてられて、結局国香は落命することになる。この争いは、私闘であり、将門側が一方的に悪いといったものではなかったが、争いはさらにエスカレートしていく。

源護の娘を妻にしていた平良正が将門に戦いを挑んできたのである。この川曲《かわわ》村の戦いでも将門は勝利をおさめた。しかし、こうした一連の戦いに並行して、承平五年（九三五）十二月には、源護によって、将門が常陸大掾の平国香を殺害したとして、朝廷に訴えが出されていた。

また、川曲村の戦いに敗れた良正は、兄である良兼に助けを求めていた。良兼が実際に動いたのは、翌承平六年（九三六）のことである。良兼の軍には、国香の子である貞盛も加わっていた。ついに、将門は良兼・良正・貞盛といった一門を相手に争うはめになり、私闘はますます拡大していくことになる。しかし、この戦いでも、将門は勝利をつかみ、良兼はからくも逃れ去った。

しかし、源護が出していた訴えによって、将門は都に召喚されることになった。このとき、かつて将門が仕えた藤原忠平は太政大臣になっており、加えて朱雀《すざく》天皇の元服による大赦が承平七年（九三七）に出されたため、将門は無罪ということになって、ことなきを得ることができた。

都からもどった将門は、さすがに謹慎していたようであるが、これをいいことに良兼・良正・貞盛らは再び、常陸国と下総国の境である子飼の渡に攻め寄せてきた。このときは、良兼らの軍の勢いがまさったようで、将門の拠点の豊田郷も襲撃にあい、将門の妻子が殺害されてしまった。これによって、将門と良兼らとの争いはいやがおうにもエスカレートすることになる。

将門は、良兼らの非道を下総国解文として朝廷に訴えるとともに、自らは軍勢をととのえ、常陸国真壁郡の服織《はとり》にきていた良兼を襲撃した。しかし、良兼はいち早く逃げ出してしまっていて、将門はついに良兼を打ちとることができなかった。その後、良兼も将門を訴え、両者の争いは泥沼化していった。

これに対して、朝廷の態度は、まさに朝令暮改のありさまであり、先の将門の訴えのさいには、諸国に良兼の追補を命じておきながら、良兼からの訴えが出されると、今度は将門を追補する命令が出された。こうした朝廷の命令に諸国が従わなかったのはいうまでもないことである。

良兼の将門に対する武力制裁がうまくいかないことをみた平貞盛は、朝廷の権威にすがろうとして、承平八年（九三八）の春二月、都へ向かって出発した。これを知った将門は兵を率いて貞盛のあとを追い、信濃国の小県国分寺《ちいさがた》のあたりで合戦におよんだが、結局、貞盛をとり逃がしてしまった。やっとの思いで都にたどり着いた貞盛が朝廷に訴えたのはいうまでもないことである。

この年の五月に改元がおこなわれ、承平から天慶《てんぎょう》と改められた。その年の六月、貞盛は、将門召喚の太政官符を得て帰郷したが、将門はこれに応じなかった。

このような折、武蔵国の政治状況に変化をもたらす出来事が起きた。それは、承平八年（九三八）二月に権守として興世王《おきよおう》が、介として源経基《みなもとのつねもと》がそれぞれ赴任してきたのである。興世王の系譜については、詳細は不明であるが、王というからにはいずれかの天皇から出た家系と思われる。

一方、源経基はいうまでもなく、清和源氏の祖として知られる人物である。当時、武蔵国の国府は足立郡の大宮にあり、この足立郡の郡司の中には、代々の名家として勢力のあった武蔵武芝《むさしのたけしば》が名前を連ねていた。そして、この武芝と新たに赴任してきた興世王、源経基との間に対立が起きてしまったのである。

そもそもの対立の原因は、興世王・源経基側の強引なやり方に武芝側が反発したことにある。こうした武蔵国の不穏な状況にこともあろうに将門が介入したのである。具体的には、将門が三人をよんで和解の労をとろうとしたようである。そして、興世王と武芝との間をとりもつことには成功したが、あとからやってきた源経基に対して、誤って武芝方の兵がとり囲んでしまった。

経基は、将門が興世王と武芝をとりこんで自分を殺害しようとしていると思い、あわててその場を逃れ、そののち都へのぼって、将門と興世王が謀叛をたくらんでいると訴えた。ここにまた事態は新たな展開をみせることになる。

さらに、その後、天慶二年（九三九）五月に、興世王の上司として、百済貞連《くだらのさだつれ》が武蔵守に任じられた。貞連は興世王とは姻戚関係があったが、貞連は興世王を用いることをしなかった。興世王はそのことに大いに不満があり、下総国の将門を頼ってやってきて、ついにはそこに居つづけるようになってしまった。この興世王に加えて、将門はもう一人やっかい者とかかわるようになってしまう。そして、このことが将門を反逆者にしてしまうのである。

◆平将門の乱とその経過

反乱の発端となったのは、常陸国である。常陸少掾であった藤原玄茂《はるしげ》の一族のなかに藤原玄明《はるあき》という人物がいた。『将門記』によると、そのふるまいは蝦夷よりもひどく、盗賊のようであったという。

具体的には、官物を私物化して常陸介の藤原維幾《これちか》と対立していた。その結果、維幾が命令を発して玄明を逮捕しようとしたところ、これを察した玄明は、妻子をつれて下総国の将門のもとへと逃亡したのである。当然のことながら、維幾は下総国府に対して、玄明の逮捕、そして、引き渡しを要求してくる。これによって、将門も何らかの対応を迫られることになる。

そして、将門のとった行動というのが、天慶二年（九三九）十月二十一日の常陸国への進軍ということになる。この進軍の目的は、玄明の逮捕をとりやめるように維幾に談判することとされているが、そればかりではなく、当時、維幾の保護を受けて暗躍していた貞盛をとり除こうという意図もあったといわれている。ともあれ、常陸国へ侵入した将門は、玄明の逮捕をとりやめ、下総国に住むことを承認するよう申し入れたが、もちろん維幾はこれを拒否した。

『将門記』によると、国府の軍勢三千人に対して、将門側は千人あまりであったが、将門軍が勝利したという。闘いの規模など『将門記』の記載には誇張があるであろうが、いずれにしても将門が国府を攻撃したということが、重大な意味をもつことになる。それは、いままでの将門の戦いはあくまでも私闘という性格づけをすることができたが、国府を攻撃するということは、とりもなおさず国に対して闘いをいどむことであり、これは反乱という性格をもつことになるのである。

常陸国府を攻撃して、これを焼き払ってしまった将門は、さすがにこれはまずいと思ったようで、その年の十二月十五日付で太政大臣の藤原忠平に上申書を提出したことが『将門記』にみえる。その上申書の中で将門は、藤原維幾の息子の為憲が、権威をかさにきてひどいことをおこなっていると訴えている。さらに、将門の配下の藤原玄明の要請をうけて、将門が事情をきくために常陸国へ向かったところ、為憲と平貞盛が精兵三千人あまりを率いて、国府の武器類をかってに使って将門に戦いを挑んできたのでこれを討伐したとのべている。

この将門の上申書の真相がどうであれ、常陸国府を攻撃したことは、将門にとっていい逃れできないことである。そして、将門軍の士気は勝利によって高揚している。こうなれば、もう止めることなどできない状況といえよう。常陸国府を天慶二年（九三九）十一月二十一日に攻め落とした将門は、勢いにのって十二月十一日に軍を下野国へ進め、さらに、十二月十五日には上野国をも攻めて国府を占拠した。

◆我は〝新皇〟なり

破竹の勢いで関東を手にした将門は、十二月十九日に上野国府で関東の諸国の役人を任命し、自分自身も「新皇」と称した。いうまでもなく諸国の役人の任免権は天皇の権限であり、もちろん将門にはないのであるが、それを将門がおこなったということは、この段階において関東をほぼおさえたことを物語ってもいる。

しかし、自らを新しい天皇として「新皇」と名乗り、諸国の役人を任命したりしたことで、将門の反乱は、もはやいいのがれのできない決定的なものとなった。

こうした将門の一連の行動に対して、家来の伊和員経《いわのかずつね》らは、諫言をのべたといわれるが、いずれも将門の受けいれるところとはならなかった。

天慶三年（九四〇）正月、将門は再び常陸へと軍を進めた。平貞盛らの所在をさがしたが、

■将門の乱

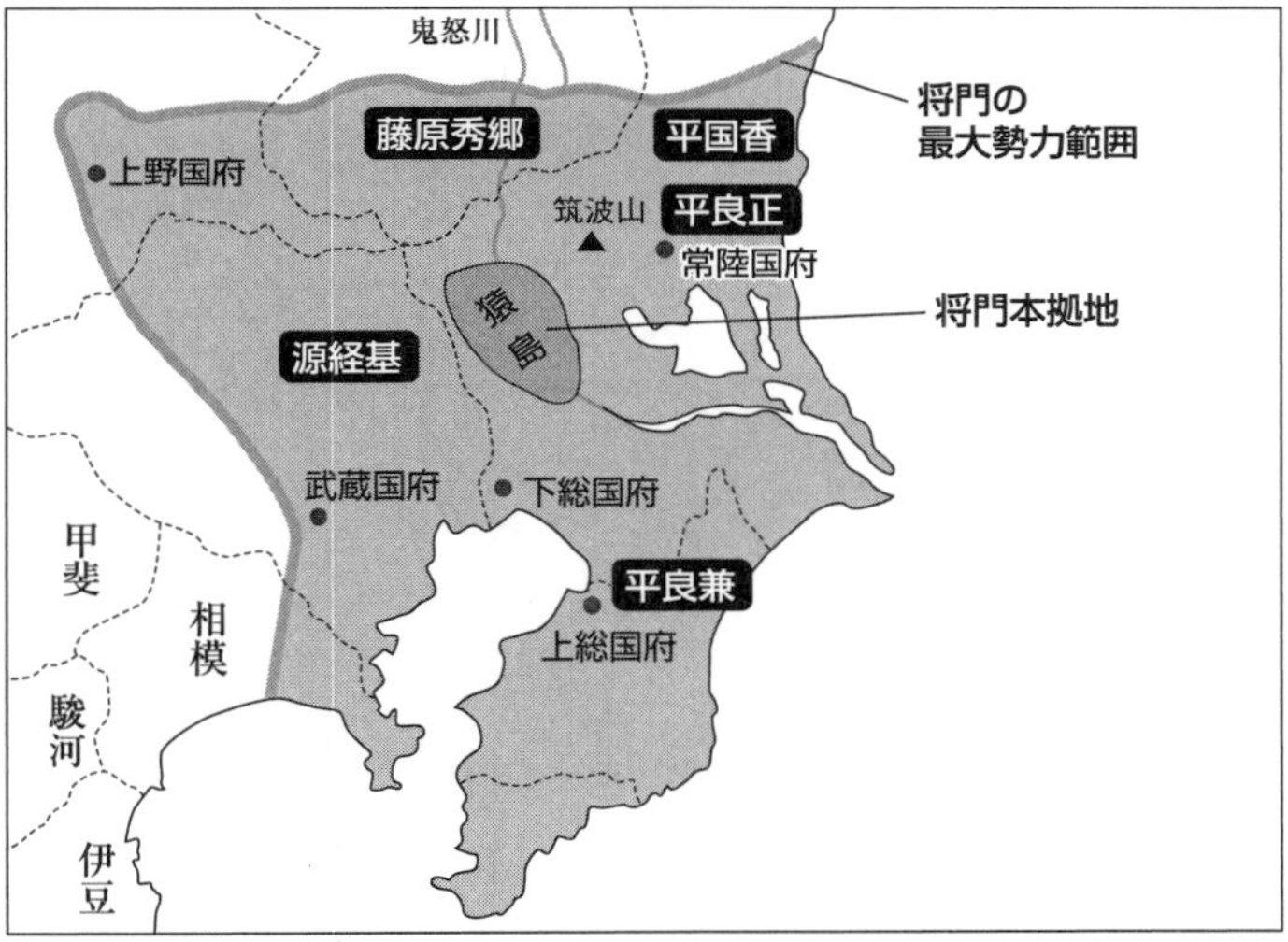

下総を根拠としていた平将門は一族間の死闘を繰り広げていたが、939年、常陸の国府を占拠するにいたった。また、下野、上野も攻め、自ら新皇の位についた。朝廷は、藤原忠文を征夷大将軍に任じ平定にあたろうとしたが、坂東に着く前に、平貞盛、藤原秀郷との戦いで将門は敗死(940)。

目的を達することはできなかった。しかし、貞盛と源扶の妻を捕えることに成功した。将門は、この両名に対して、辱めを与えることなく帰したといわれる。

関東での将門の動きは、当然のことながら、都の貴族たちに大きな動揺を与えることになり、朝廷は征討軍を送り込むことになった。

しかし、征討軍が関東へ到着する以前に、将門の乱はあっけなく終わりを告げる。というのは、平貞盛が下野《しもつけ》押領使《おうりょうし》である藤原秀郷《ひでさと》の協力を得て下野国で兵を挙げたのである。それは、ちょうど将門が自分の兵たちを故郷へもどしたすきをねらったものであった。

将門は手許にあった兵を率いて下野国へ向かった。天慶三年（九四〇）二月一日のことであった。初戦は将門軍が敗北した。貞盛・秀郷軍は勝利に乗じて将門軍を追撃し、二月十三日には下総国の堺まで達した。そして、翌十四日、将門は戦死してしまうのである。わずかな期間とはいえ、いっときは関東をほぼ制圧した将門の最期にしては、実にあっけないものであった。

こうみてくると、平将門の乱とは一体、何であったのかがあらためて問いなおされてくる。『将門記』を中心にして将門の乱をみわたすと、国家への反逆というよりむしろ、特定の個人との対立といった面が目立つように思われる。

たしかに、将門は常陸をはじめとして諸国の国府を襲ったり、勝手に役人たちの任命をおこなったり、はては自らを新皇と称したりした。これらの点は、反乱とみなされるのに十分である。しかし、そこにいたるまでの経過は、私闘であり、実際のところ、この私闘の部分が圧倒的に長いのである。

将門の乱の意味については、いままでさまざまなことがいわれている。こうした論点はもちろん重要であるが、それと同時に、将門という人物への評価もまた大事で興味深いのではなかろうか。

40 なぜ「源氏」は幕府を開くほどの勢力をもてたのか

◆源氏の一門

武士の棟梁《とうりょう》といえば、源氏と平氏ということになろう。どちらも、天皇家から出ているが、源平を比べると、平清盛が出たせいか古代では平氏の方が活躍しているように思われがちである。しかし、源氏の方が実際に多くの人材を出している。それは、武士としてだけではなく、貴族としてもである。たとえば、九世紀中ごろの政界をみてみると、左大臣になった源常をはじめとして、五人もの源氏が朝堂に列している。源氏というと武門の家柄とみられるが、そうともいえないのである。こうしたことは、鎌倉時代以降にもいえることであり、村上源氏から二〇人あまりもの大臣を出しており、藤原氏につぐ有力な公家勢力を形成している。

源氏は皇族賜姓のひとつであるが、そもそもこうした皇族賜姓がおこなわれる背景には、困窮した皇族の財政打開という面がある。その例としては、すでに奈良時代にみられるが、平安時代になると、いっそう顕著になった。

具体的に源氏にスポットをあててみてみると、弘仁《こうにん》五年（八一四）に嵯峨《さが》天皇が源信《みなもとのまこと》・融《とおる》以下、合わせて八人の皇子や皇女に源氏姓を与えたのがはじまりである。この系統が嵯峨源氏といわれるものであり、男子の名がすべて一字であることが特徴である。そのち、淳和《じゅんな》・仁明《にんみょう》・文徳《もんとく》・清和《せいわ》・陽成《ようぜい》・光孝《こうこう》・宇多《うだ》・醍醐《だいご》・村上《むらかみ》・花山《かざん》・三条《さんじょう》といった天皇たちが、皇子・皇女や皇孫子女たちに源氏姓を与えて臣籍降下させている。これらの源氏は、始祖の天皇名を冠して、仁明源氏や清和源氏、あるいは宇多源氏などと称され、多くの諸流をつくるにいたった。

数ある源氏の中でも、武門の家としてひときわ重きをなしたのが清和源氏である。清和源氏は、一般的には、清和天皇の第六皇子である貞純親王の長子で六孫王と称した経基の系統をいう。清和天皇から出た源氏、すなわち清和源氏は、一世で五人が賜姓しているが、これらのうち、経基の系統が一番、栄えた。したがって、この経基をもって清和源氏の祖とみるのが通説である。

◆源満仲とその時代

しかし、この段階では、まだ東国なり西国なりにしっかりとした基盤をもっていたとは思われず、武士というよりむしろ、京に生活の拠点をおく皇族出身の貴族官僚といった面

■源氏略系図

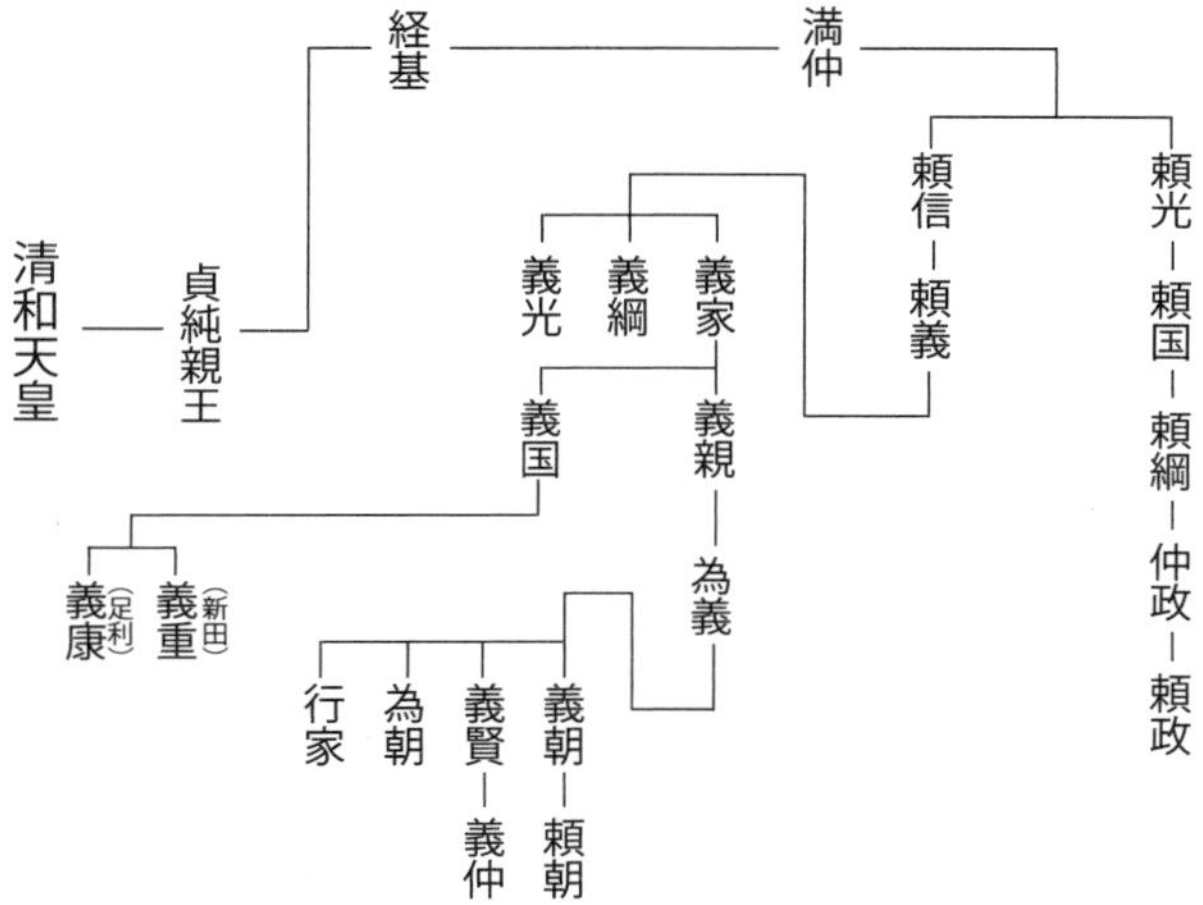

が強く感じられる。武門の家柄としての清和源氏のイメージを固めたのは、経基の子である満仲以降といってよいであろう。

満仲は、経基の嫡男として延喜十二年（九一二）に生まれた。越前をはじめ諸国の国司を歴任して、文字通り地方官としての道をあゆみ、中央政府においては、左馬権頭という次官クラスに任じられた。

特に、摂津守となって以来、多田荘を拠点として、任期終了後もここに土着して武士団を形成し、強大な地盤を築いた。そうして得た財力を背景として、平安京を舞台に摂関家との結びつきを画策し、それに成功している。満仲の飛躍の契機になったのが安和《あんな》の変である。

前述のとおり、安和の変は、安和二年（九六九）に起きた藤原氏による他氏排斥事件であり、醍醐天皇の皇子で左大臣であった源高明が大宰府に追い落とされた事件である。これによって、藤原氏の他氏排斥事件は終わりを告げ、以後は摂関が常置されるようになっていく。この事件で満仲は、藤原氏の手先となって、高明に陰謀ありと朝廷に密告したのである。そして、その功によって正五位下に叙せられている。

中央政界に名をうった満仲は、その後も藤原摂関家と結びついた動きをみせている。たとえば、永観《えいかん》二年（九八四）の花山《かざん》天皇の即位によって、藤原惟成《これしげ》が台頭すると、満仲は自分の娘を惟成の妻としている。さらに、勢力が藤原兼家《かねいえ》に傾くやいなや、すかさず兼家に接近し、兼家が花山天皇を出家させて外孫である一条《いちじょう》天皇を立てようとしたときには、その手足として動いている。

◆満仲の子孫たち

満仲の一族は、摂津国多田荘を拠点としたことから、多田源氏とか摂津源氏とかとよばれ、勢力を拡大していった。『尊卑分脈』によると、満仲は一〇人の男子にめぐまれているが、そのなかでもとりわけ有名なのは、長子の頼光、次子頼親、三子頼信である。このうち、父のあとを継いで多田荘を伝領したのは長子頼光である。

頼光は、三条天皇が皇太子の時代に春宮坊に出仕するなど、平安京での生活が中心であったが、その間に二度の美濃守をはじめ、備前・但馬などの国守を歴任している。こうした受領として蓄えた財力をもって、頼光は摂関家に密着していった。

また、頼光は、摂関家と血縁関係を結ぶことにも成功している。藤原兼家の子で、道長の異母兄にあたる道綱は頼光の女婿であり、一時、左京一条にあった頼光の廷内で生活していたこともある。

このように、頼光は満仲のあとをついで清和源氏の嫡流を継承し、多田源氏（摂津源氏）の祖とよばれるようになった人物であるが、その行動も父の満仲と非常に似た動きをみせている。

それと同時に、頼光には武者としても多くの伝説が残されている。なかでも、渡辺綱・平貞通・坂田金時・平季武の四天王をひきつれて、大江山の酒呑童子を退治した話は有名である。『御伽草子』に、

かの頼光の御手柄、ためし少き弓取とて、上一人より下万民に至るまで、感ぜぬものはなかりける。

と称讃されているほどであるが、具体的にその実像はというと、まったくといってよいほ

ど謎である。

源頼光の子が頼国であり、その子の頼綱の代から多田源氏を名乗るようになったといわれる。

頼綱も下野守などを歴任する一方で、摂関家との関係をもちつづけた。この頼綱の子供たちのうち、明国の系統が多田氏になり、ここから多田蔵人行綱が出ている。また、明国の弟である仲政の子が、のちに以仁王《もちひとおう》を奉じて挙兵することになる源三位頼政である。

満仲の第二子が頼親で、大和源氏の祖となった。頼親は、周防などの受領を歴任したが、なかでも大和守は三度におよび、こうしたことから大和国宇陀郡に勢力をもった。藤原道長の日記である『御堂関白記《みどうかんぱくき》』に、

頼親は殺人の上手なり

と記されたように、武勇の人としてきこえたが、郎党たちの中にも手荒な者たちが多くいたようである。寛弘《かんこう》三年(一〇〇六)、郎党の一人が興福寺領で殺人事件をひき起こしたことに始まり、以後、興福寺や春日神社との紛争がひっきりなしに続いた。頼親が三度目の大和守であったとき、子の頼房が興福寺と合戦に及び、このことによって永承《えいしょう》五年(一

〇五〇)、頼親は土佐へ、頼房は隠岐へと配流になった。

頼親の子孫では、頼房の系統から宇野・竹田・大野などの諸家がでている。これらのうち、『平家物語』の中において、源三位頼政が以仁王に挙兵をすすめ、味方になる諸国の源氏を列挙する「源氏揃」の条に、宇野氏の名をみることができる。

満仲の第三子が頼信である。頼信は中央政界で生活し、藤原道兼・道長兄弟に仕えた。特に、道長に長く奉仕し、信任を受けたことが、頼信にとって幸運であった。もっとも、道長に信任されるまでには、貢馬をはじめとして多くの財力を費やしたことは、兄の頼光たちと同様である。その結果、『小右記《しょうゆうき》』に「道長の近習」と記されるまでになったのである。

こうした財力は、各地の国守を歴任して築いたものであり、とりわけ河内守には二度にわたって任じられている。こうしたことから、河内国石川郡を中心に勢力をはるようになった。頼信の系統が河内源氏と称されるのは、このことによる。

頼信の武将としての名声を高めたのは、房総に起きた平忠常《ただつね》の乱を鎮圧したことによる。長元《ちょうげん》元年(一〇二八)に平忠常が乱を起こしたさい、まず平定にあたったのは平直方《なおかた》であった。しかし、直方は乱を抑えることができず、当時、甲斐守であった頼信がこれにかわった。そして、乱は平定されたのであるが、実際のところは、頼信が平定軍を率いてくるときいた忠常は、戦わずしてその軍門に降ったといわれている。

平忠常の乱を平定したことは、頼信、そして源氏にとって大きな意味をもつことになった。

というのは、この一件を通じて源氏が関東に地盤をもつようになったからである。それまでは、関東といえば桓武平氏の地盤であった。それが、平忠常の乱の平定を契機として、源氏の勢力が次第に関東にまで及ぶようになったということは、源氏にとって大きな収穫といえよう。そして、それは頼信の子である頼義と、さらにその子の義家を通していっそ

■平忠常の乱

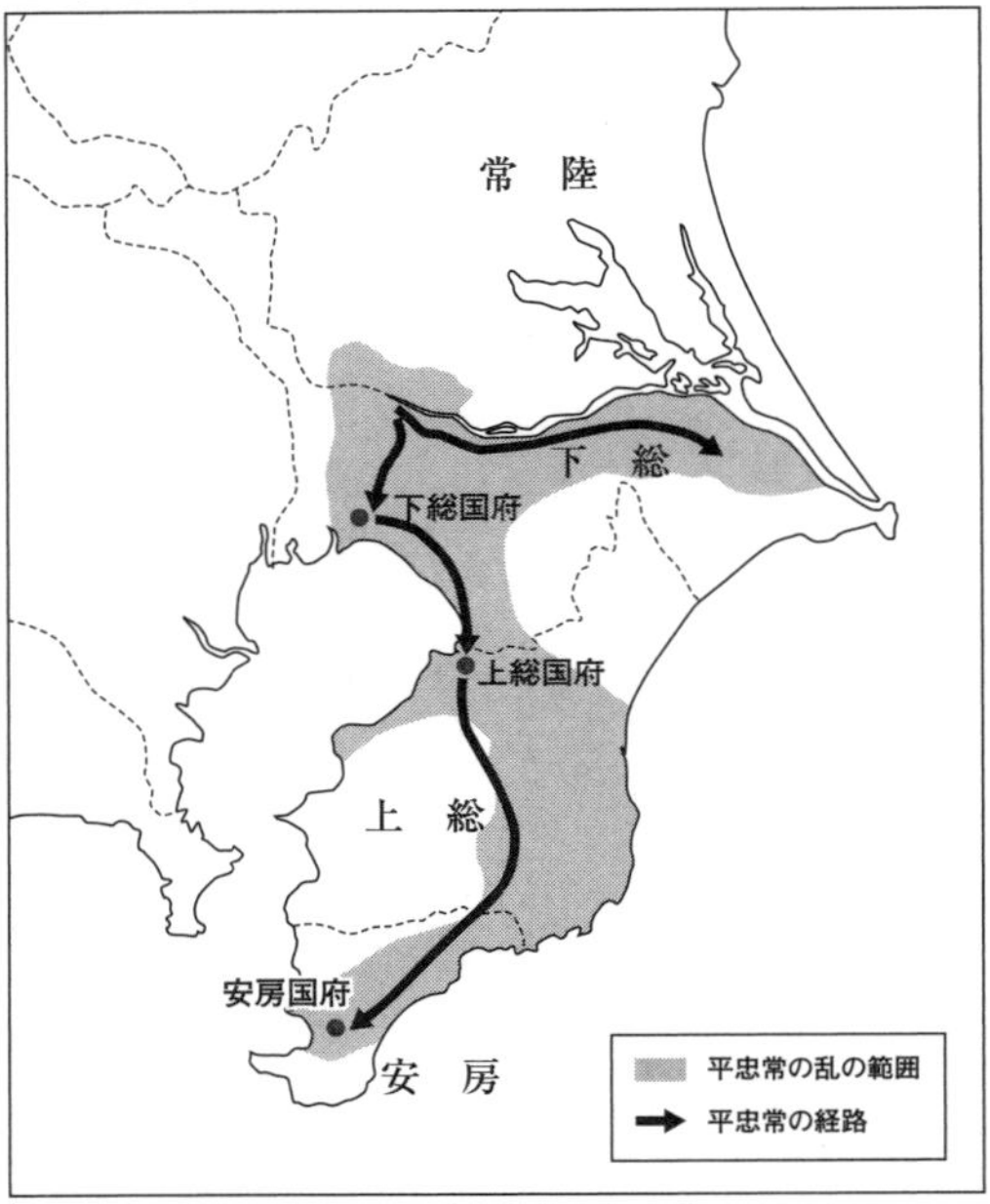

上総介、武蔵押領使だった平忠常は、次第に朝廷と対立するようになり、1028年には安房に侵入、国守を殺害してしまう。鎮圧に乗り出したものの、忠常の勢いをとめることができなかった朝廷は、1030年、源頼信を追補使に任命、討伐に向かわせる。翌年、忠常は降伏した。

う顕著になっていくのである。

◆源氏と関東

頼信・頼義・義家の三代で源氏は関東に根をはることに成功する。頼義は、頼信の嫡子《ちゃくし》として、永延《えいえん》二年（九八八）に生まれ、平忠常の乱にさいしては、父にしたがって関東に下向した。若年より射芸の達人として知られ、相模・武蔵・下野などの国守を歴任することによって、関東の武士を次第に勢力下にくみ入れていった。

永承《えいしょう》六年（一〇五一）、陸奥で安倍頼時《あべのよりとき》が反乱を起こすと、陸奥守として平定におもむき、頼時を降伏させた。しかし、天喜《てんぎ》元年（一〇五三）に鎮守府将軍《ちんじゅふしょうぐん》になったのち、再び頼時とその子の貞任がそむいたことから戦いとなり、康平《こうへい》五年（一〇六二）にいたって、厨川柵《くりやがわのさく》で貞任を討ち取り、乱を平定した。次項で触れるが、これが前九年の役である。

頼義は、その功によって正四位下・伊予守となった。翌年、鎌倉の由比《ゆい》郷に石清水八幡《いわしみずはちまん》宮《ぐう》を勧請《かんじょう》して鶴岡八幡宮を建立して、これを源氏の氏神とした。

頼義の嫡男が「八幡太郎義家」と称される義家である。義家は、石清水八幡宮で元服したことから八幡太郎といわれ、次男の義綱は加茂神社で元服したので加茂二郎、三男の義光は新羅明神で元服したので新羅三郎をそれぞれ名乗った。義光は佐竹・武田両氏の祖として知られる。前九年の役で父の頼義にしたがって乱を平定した義家は、従五位下・出羽守に任じられた。時に二十五歳であったが、このころ大江匡房《おおえのまさふさ》に「未だ兵法を知らず」と評され、かえって匡房を師と仰いだというエピソードが残されている。

永保《えいほう》三年（一〇八三）、義家は陸奥守兼鎮守府将軍になったが、当時、東北を支配していた清原氏の内紛に介入した。後三年の役である。この事件は、寛治《かんじ》元年（一〇八七）におさまったが、朝廷側はこの争いを私闘とみなして恩賞を与えなかった。そこで義家は私財をはたいて恩賞を与えたといわれる。こうしたことから東国武士の信望を集めた義家は、源氏の棟梁として確固たる地位を築くことになる。

◆天下第一の武勇の士

しかし、義家への信望の高まりは、貴族たちにとっては警戒しなければならないものでもあった。具体的には、寛治五年（一〇九一）に義家への所領の寄進が禁止され、翌年には義家が設立した荘園の停止が命じられた。こうしたことは、義家の声望・人気の高さを何よりも物語っているが、その一方で、現実的には義家の経済力に少なからざる打撃を加えられたことも事実といえよう。まだ武士は、地方でこそ台頭してきたが、都の貴族たちにとっては「地下人《じげびと》」といった存在だったのである。

41 陸奥、出羽をめぐる「前九年の役」「後三年の役」の攻防

◆「六郡の司」対「山北の俘囚主」の対決

律令国家の時代になっても、陸奥《むつ》・出羽《でわ》の地は容易に国家の支配下に入らなかった。そこは、蝦夷《えみし》の土地であった。ようやく陸奥に奥《おく》六郡、出羽に山北《せんぼく》三郡が置かれたのは一〇世紀の後半、すなわち平安中期のことであった。

奥六郡とは、衣川以北の胆沢《いさわ》・江刺《えさし》・和賀《わか》・稗貫《ひえぬき》・斯波《しわ》・岩手《いわて》の六つの郡をいい、山北三郡とは、雄物川上流の平野郡の雄勝《おかち》・平鹿《ひらか》・山本《やまもと》の三つの郡のことである。そして、奥六郡を支配したのが「六郡の司」とよばれた安倍氏であり、山北三郡を統轄《とうかつ》したのが「山北の俘囚主」といわれる清原氏であった。

奥六郡と山北三郡は、律令国家にとっては北の最前線であり、かろうじて律令国家の支配体制に組みこめているというのが実状であった。これらの地域は、金の他にも毛皮・馬・鷹の羽などの産地として有名であり、安倍・清原両氏は、これらの交易によって豊かな財力と強力な軍事力をたくわえていった。

つまり、安倍氏も清原氏も一応、律令国家の支配下に属してはいるものの、現実には半ば独立地域の王のような存在であったのである。したがって、彼らが朝廷の意に従わなくなるのは時間の問題であったといえよう。

こうした中、奥六郡を支配していた安倍頼良《よりよし》（頼時）は、衣川以南の地にまで勢力をのばし始めた。そこで陸奥・出羽の両国の国司は国の兵数千人を動員して頼良を討ったが逆に鬼切部《おにきりべ》で打ち破られてしまった。朝廷は一〇五一年、源頼義を陸奥守として現地へ送りこんだ。前九年の役の開始である。

陸奥の国府である多賀城《たがじょう》に入った頼義・義家父子に対して、安倍氏側はいったんは帰順の態度を示したものの結局、和平は破れて戦争となり、一〇五七年、鳥海柵《とのみのさく》で安倍頼良は敗死した。

しかし、あとをついだ子の貞任・宗任兄弟や頼良の娘をめとった藤原経清らの抵抗が強く、同年、源頼義軍は黄海《きのみ》で敗北をきっした。戦いは長期化したが、勝敗を分けたのは山北三郡の清原氏であった。一〇六二年、清原武則は一万の兵を率いて源頼義に加勢したのである。

これを機に安倍氏側の小松柵・衣川柵・鳥海柵・黒沢尻柵などが落ち、ついに最後の拠点である厨川柵《くりやがわのさく》も落ち安倍氏は滅んだ。

■前九年の役・後三年の役の構図

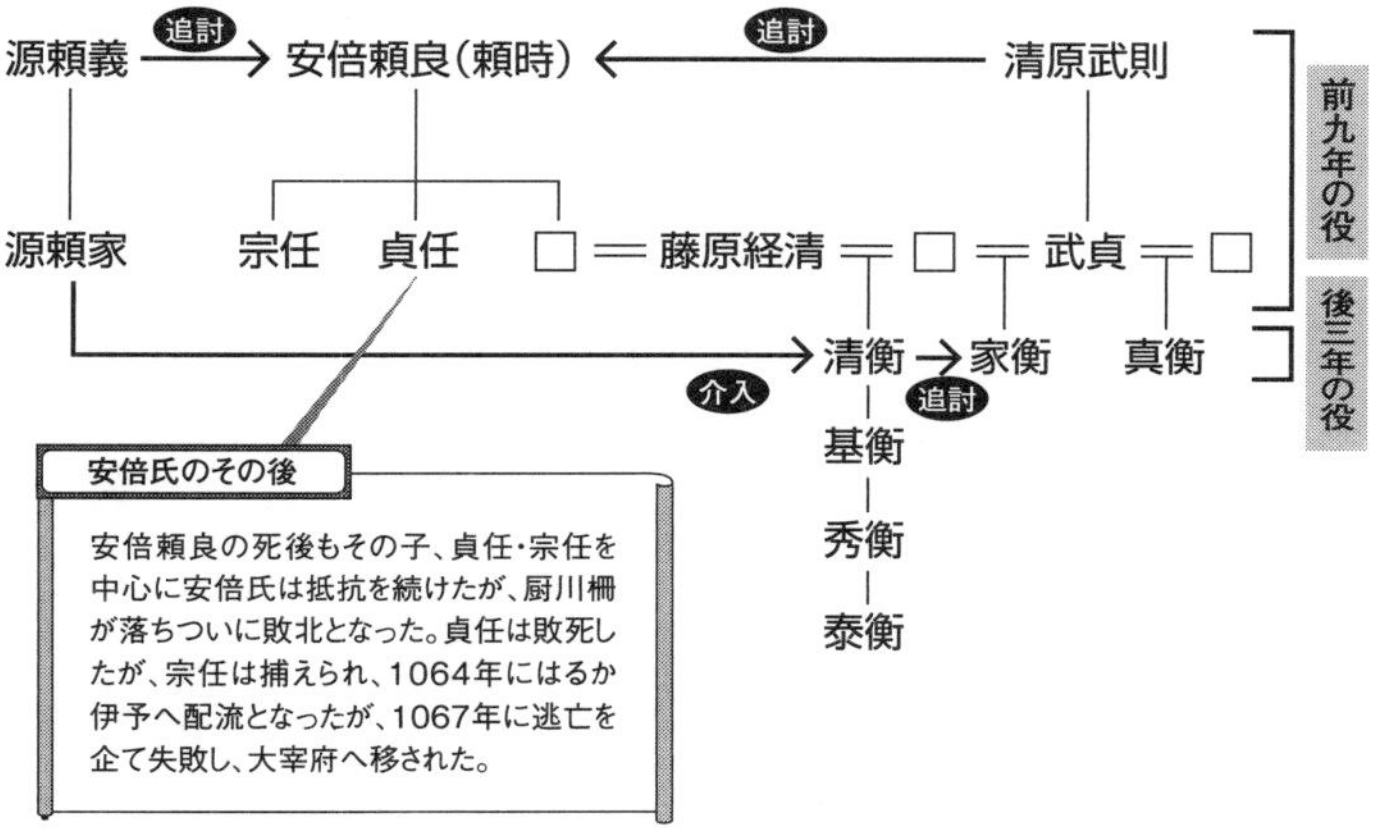

■前九年の役・後三年の役合戦図

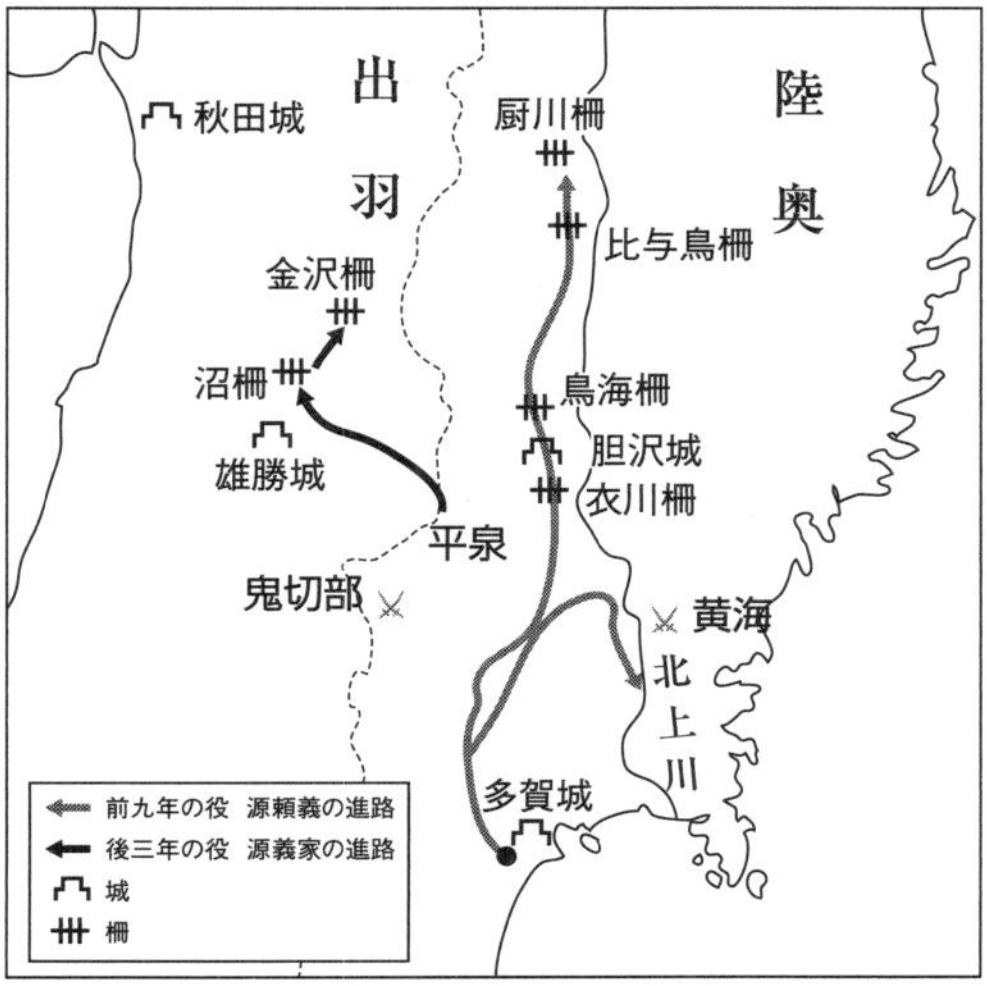

前九年の役
奥羽の豪族、安倍頼良は衣川以南の地まで、勢力を伸ばしつつあった。1051年、朝廷は源頼義を陸奥守として現地に送り込む。安倍頼良は1057年、鳥海柵で敗死するが、その後も、貞任、宗任の兄弟が激しく抵抗。戦いは長期化したが、清原武則が源頼義に加勢したことで、安倍氏は本拠の柵を次々落とし、1062年、厨川柵が落ち、安倍氏は滅ぶ。

後三年の役
前九年の役後、勢力を拡大した清原氏は、1083年、内紛を起こす。これに陸奥守源義家が介入した。真衡病死後、家衡対清衡・源義家の戦いとなり、1087年、金沢柵が落ち、家衡は処刑される。

◆内紛からはじまった後三年の役

前九年の役は源頼義側の勝利に終わったが、最も得をしたのは清原氏であり、奥六郡を所領に加え、鎮守府将軍の地位も獲得した。この奥羽の支配者となった清原氏が一〇八三年に内紛を起こし始めた。後三年の役である。武貞の子である真衡《さねひら》・家衡《いえひら》の争いに清衡《きよひら》が加わり、これに陸奥守となった源義家が介入したのである。実は、清衡は前九年で敗れた藤原経清の子であり、母が清原武貞の妻となったため、清原氏によって育てられた。家衛は清衡の母と武貞との間の子である。

戦いは、真衡が病死したのち、家衡と清衡・源義家の争いとなり、一〇八七年、金沢柵が落ち、家衡の処刑で終わりを告げた。

この結果、奥羽は藤原清衡の支配下に置かれることになった。

42 都を舞台に繰り広げられた「保元の乱」「平治の乱」が持つ意味

◆勝者と敗者、それぞれの結末

地方で反乱をくり返し、自分たちの実力にめざめ始めた武士が、ついに都を舞台に力を発揮したのが保元《ほうげん》の乱と平治《へいじ》の乱である。

保元元年（一一五六年）、権力者の鳥羽法皇が亡くなった。その子の崇徳上皇と後白河天皇の兄弟は、どちらがあとを継ぐかで激しく対立した。

上皇のもとには、〝悪左府〟と異名をとる切れ者の藤原頼長（左大臣）らが集まり、天皇方には頼長の兄で関白の藤原忠通がついた。しかし、彼らはいかに憎みあっても武力をもっていなかったため戦うことはできなかった。そこで、それぞれ武士を招集することになる。

上皇のいた白河殿の御所には、源義家から源氏の嫡流を継承した源為義とその子である為朝が召集された。平氏からは平忠正がよばれた。一方、天皇方には源義朝・平清盛がそれぞれ馳せ参じた。

■保元の乱

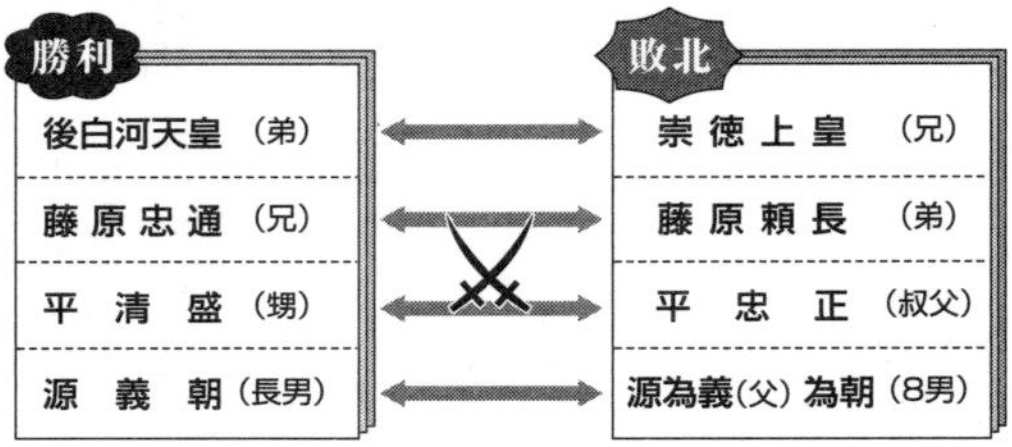

勝利		敗北	
後白河天皇 （弟）	⟷	崇徳上皇 （兄）	
藤原忠通 （兄）	⟷	藤原頼長 （弟）	
平清盛 （甥）	⟷	平忠正 （叔父）	
源義朝 （長男）	⟷	源為義（父）為朝（8男）	

鳥羽法皇が亡くなった後、崇徳上皇と後白河天皇の間に皇位継承争いが起きる。敗れた崇徳上皇は讃岐に配流。政権を掌握した後白河天皇は三年後に上皇となり、院政を開始

■平治の乱

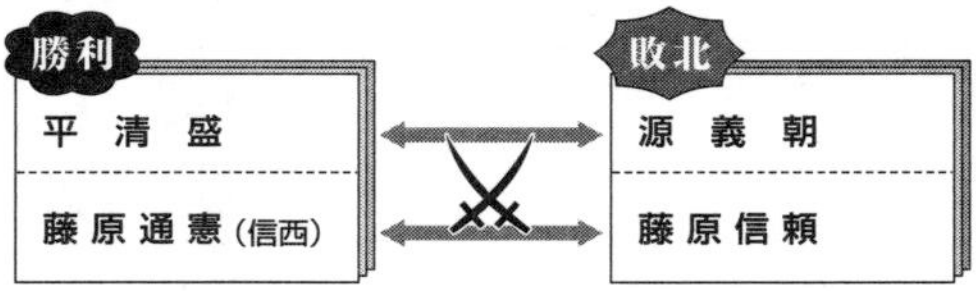

勝利		敗北
平清盛	⟷	源義朝
藤原通憲（信西）	⟷	藤原信頼

平清盛と源義朝の対立に藤原信西と藤原信頼の対立が加わる。信頼と組んだ義朝がクーデターを起こした。信西は殺害されたが、体勢をたて直した平清盛が勝利。この後、清盛は平氏全盛の時代を築く

ここに、天皇家・摂関家・源氏・平氏がそれぞれ親子、兄弟あい別れて争う保元の乱が始まった。

戦いは、上皇方の源為朝が夜襲を進言したがきいれられず、逆に天皇方による夜襲によって始まった。七月十一日の未明のことである。

激闘ののち、上皇の御所である白河殿に火がついて勝敗は決した。上皇方の源為朝は、鎮西八郎為朝といわれ、身長七尺（約二・一メートル）の豪の者で弓を得意としたが、やはり一人ではいかんともしがたかった。

戦いののち、上皇方への処分は重かった。崇徳上皇は讃岐へ流され、藤原頼長は戦闘中に首に矢を受けて落命した。平忠正は清盛によって斬られ、源為義も斬られ、為朝は伊豆

大島へ流刑となった。

一方、後白河天皇は政権を掌握し、三年後には上皇となって院政を開いた。しかし、ここで思わぬ事件が起こることになる。上皇となった後白河の側近の藤原信西と藤原信頼とが互いに勢力を争って対立しあうようになったのである。事件は一一五九年十二月に勃発した。平治の乱である。

平清盛が熊野詣のため都を離れたすきに、藤原信頼が源義朝と組んでクーデターを起こした。義朝の軍勢は後白河上皇のいる三条殿に夜襲をかけ上皇を幽閉した。藤原信西は捕えられて首を切られた。

都での騒動をきいた平清盛は急ぎ引き返し六波羅に陣をひいた。いよいよ本格的な戦いの幕が切って落とされることになる。年もおしつまった十二月二十七日巳の刻（午前一〇時）に始まった戦闘は酉の刻（午後六時）まで続けられた。結果は平清盛の勝利であった。藤原信頼は斬刑に処せられ、源義朝は東国へ逃れる途中、尾張で部下に暗殺された。

◆戦いの主役は貴族から武士へ

保元の乱とそれに続く平治の乱は、武士たちにとっていままでにない画期的な戦いであった。

それまでは武士たちが実力を自覚しはじめたといっても、それはあくまでも地方でのことであった。

しかし今回は都で武士が主体となって争い、彼らの働きが政権に大きく関係したのである。

保元の乱は、天皇家・摂関家の傭兵といった感がまだ強かったが、平治の乱にいたっては、平清盛・源義朝の二人が戦いの主人公となった。武士が都で自分たちの力で戦うようになったのである。

事実、平治の乱ののち、平清盛の勢力は飛躍的に伸び、平氏の時代がやってくるのである。

43 平氏全盛の時代に導いた平清盛の道のり

◆武士出身で貴族の頂点にたった男

海上に朱塗りの鳥居が美しい厳島《いつくしま》神社（広島県）は、平清盛はじめ平家一門が海上守護の神として崇敬した神社であり、平氏の繁栄のシンボルともいえよう。

保元・平治の二度の乱を経て、平清盛は頭角をあらわし、「平家にあらざるは人にあらず」とまでいわしめた栄華を手にいれることになる。しかし、清盛一代で平氏は黄金期を迎えたわけではない。

清盛の祖父である正盛、父である忠盛の代から平氏は、時の上皇の下で海賊のとりしまりなどをおこない、主として西国に力を築いていった。一一五三年、父の忠盛の死によって、清盛は「巨万の富」といわれた財力を引きつぐことになった。

実は、清盛自身、出生の秘密があった。それは、忠盛が父親となっているが、本当の父親は白河上皇だというのである。清盛の母は祇園女御の妹で、白河上皇から忠盛へ下賜された女性であったが、忠盛に与えられる以前に彼女は妊娠していたというのである。

そのことはさておいて、清盛は、保元の乱ののち播磨守兼大宰大弐となり、西国での影響力を強めることに成功し、平治の乱ののち正三位となり公卿となった。正三位とは官職とてらしあわせると、大納言につくことのできる位であり、貴族のトップ官僚の仲間入りをはたしたことになる。

そして、一一六七年に従一位・太政大臣となった。地下人と称された武士の出身で、ついに貴族の頂点に立ったのである。

清盛の長子の重盛をはじめとして一門の主だった者もそれぞれ地位を得、清盛の娘の徳子（建礼門院）は高倉天皇の中宮となって、安徳天皇を生んだ。清盛は天皇の外戚になることに成功したのである。こうしたやり方は、まるで藤原摂関家のやり方と同じであった。

◆「鹿ケ谷事件」に見え隠れする綻び

平清盛は桓武平氏から出た伊勢平氏であり、いうまでもなく武士である。しかし、政権の握り方は貴族的であり、のちの源頼朝らが武家の棟梁として征夷大将軍を望んだのとは大きな違いがみられる。

平氏の経済力を支えたものとして忘れられないのは宋との貿易（日宋貿易）である。

清盛は日宋貿易に力を入れ、安芸の音戸瀬戸《おんどのせと》の航路を整備したり、大輪田泊《おおわだのとまり》（現在の神戸港）を改修して、宋船などの貿易船を引き入れた。本来、外国の船は九州の大宰府でいったん留めるのがしきたりであったから、大輪田泊まで通行を認めるということは大決断であった。

こうした平氏一門の強引ともいえる繁栄に対しては、当然のことながら反感も大きかった。それが表面化したのが、一一七七年の鹿《しし》ケ谷《がたに》の陰謀である。東山の鹿ケ谷の俊寛の山荘に後白河上皇の院の近臣である藤原成親・西光や俊寛らが集まり、平氏打倒の企てをしたというのである。

■後白河上皇と平清盛の関係

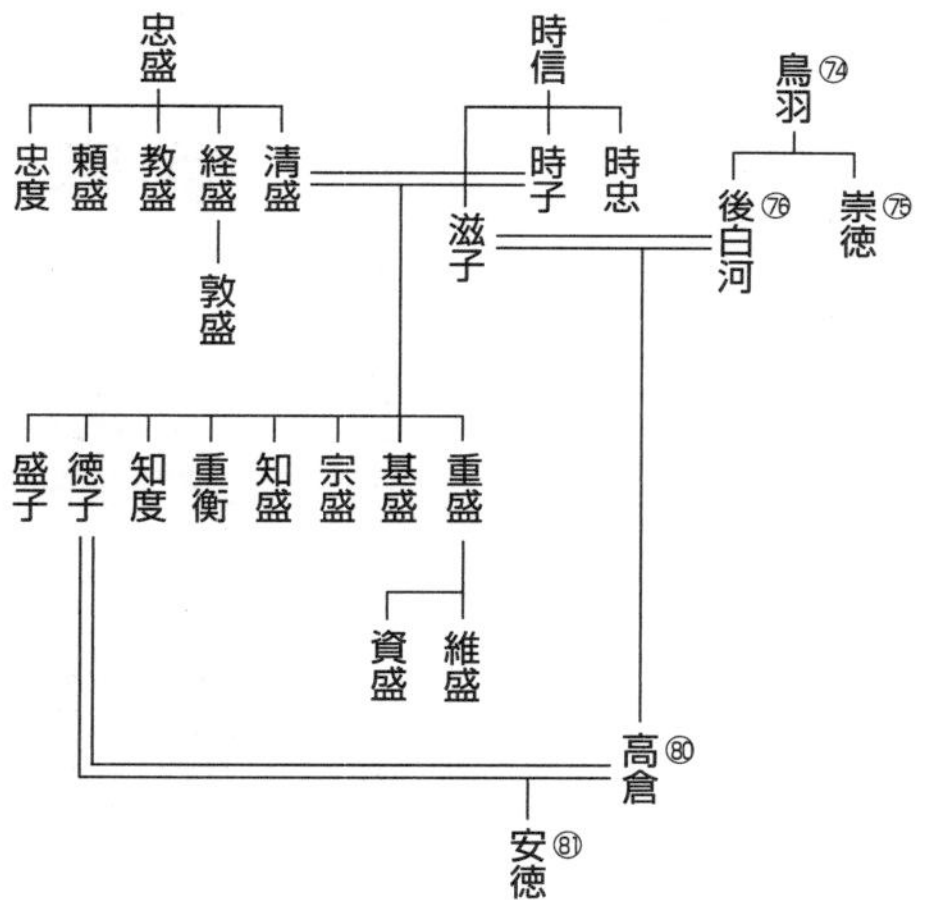

事件は多田行綱の密告で発覚し、成親は備前へ流罪ののちまもなく殺害され、西光は死罪、俊寛は喜界島《きかいじま》へ流された。しかし、上皇の反平氏的行動は止まず、これに対して清盛は一一七九年の暮、ついに上皇を鳥羽殿に幽閉してしまった。

名実ともに清盛は日本の主になったが、背後からは滅亡の足音がきこえ始めていた。

44 奥州の覇者・藤原氏の栄光と没落の裏側

◆辺境の平泉が文化都市になりえた理由

前九年の役・後三年の役を経て、奥羽の支配者となったのは、藤原清衡《ふじわらのきよひら》であった。清衡は平泉を拠点として、基衡《もとひら》・秀衡《ひでひら》と続く奥州藤原氏三代の栄華のもとを築いた。清衡が、この世の浄土として建立したのが中尊寺《ちゅうそんじ》であり、その阿弥陀堂《あみだどう》が金色堂《こんじきどう》である。柳の御所と称される平泉館の真西に位置する金色堂には、いまも清衡・基衡・秀衡三代のミイラが安置されている。

清衡のあとを継いだ基衡が建立したのが毛越寺《もうつうじ》である。毛越寺は、もともと清衡が一一二六年に建立したが火災にあって焼失、その後、基衡が再建したものである。いまも見事な浄土庭園がみられるが、往時は金堂をはじめ四〇をこえる伽藍《がらん》が軒《のき》を争ったといわれる。

三代目の秀衡は、無量光院《むりょうこういん》を建立したことで知られるが、奥州藤原氏の絶頂期を築いた人物でもある。秀衡は特産の金や馬などを使って都と積極的に交易すると共に、摂関家や延暦寺・東大寺といった権門勢家に莫大な進物をし、パイプの強化につとめた。その見返りとして、都からは最新流行の文化がもたらされ、平泉は辺境にあっても文化都市でありえたのである。文物は国内だけに限らず、中国をはじめ海外からのものも運びこまれた。中には津軽の十三湊を使って、大陸と直接に交易して手に入れたものもあったとされる。平泉は、奥羽の軍事拠点であると共に、都に劣らぬ進んだ文化都市であった。

秀衡は一一七〇年に鎮守府将軍に任じられた。当時、都では三年前に平清盛が太政大臣となり、平家が栄華を誇っていた。しかし、その一〇年後には、以仁王によって平家追討の令旨が発せられ、これに応じて源頼朝が兵を挙げ、鎌倉を拠点に平家追討にのり出すことになる。

◆発見された「平泉館」は何を明らかにしたか

こうした激動の時代にあって秀衡は、都、鎌倉のいずれにも屈せず、奥羽の支配者として「奥の御館」と称された。近年、藤原氏の政庁で柳の御所と称される平泉館の発掘が進行している。これによって一二世紀の平泉の様子が少しずつ明らかになっている。

それによると、平泉には北上川の水運や奥大道の陸運によってさまざまな文物がもたらされ、都に劣らぬ繁栄ぶりであったことがうかがわれる。中国産の白磁などもみつかり国際色豊かな文化をもっていたことも裏づけられた。しかし、その一方で大堀の跡もでてお

■奥州藤原氏系図

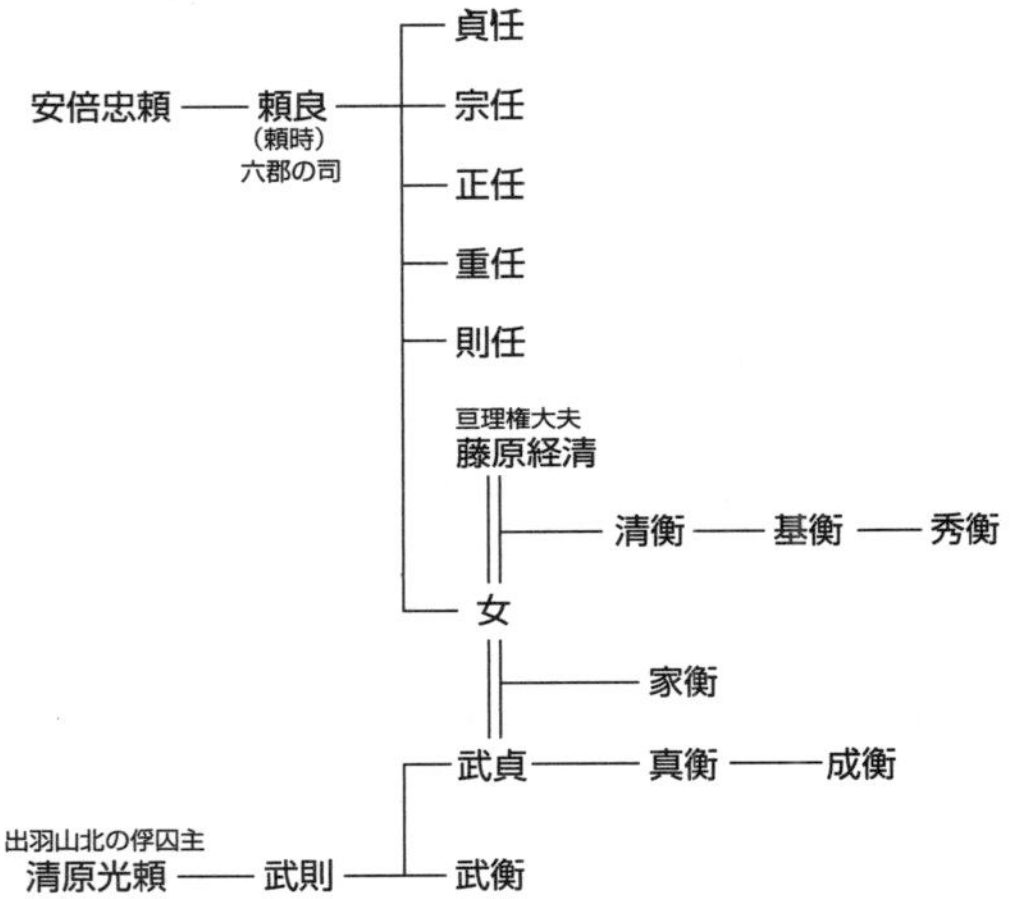

り、軍事的拠点としての平泉の役割も忘れてはならないことが再確認された。

秀衡というと源義経との関係も有名である。平治の乱ののち、捕えられた義経は幼少だったこともあって命を助けられ鞍馬寺に預けられた。その後、寺を抜け出した義経が頼った先が奥州の秀衡のもとであった。

秀衡の保護を受けた義経は一一八〇年、兄の源頼朝の挙兵に馳せ参じ平家追討に活躍することになる。そして、平家討滅後、兄との関係が悪化した義経を再び保護したのが秀衡であった。しかし、秀衡が死ぬと、子の泰衡は頼朝を恐れてその要求を受け入れて義経を攻め殺してしまう。しかし、その泰衡も一一八九年、頼朝に攻められ、奥州藤原氏は滅亡してしまうことになる。

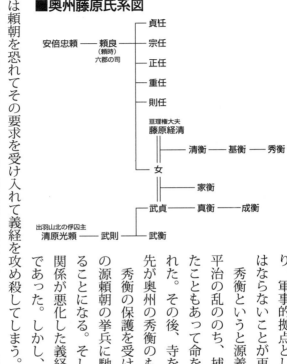

45 源平合戦の攻防の裏側に見え隠れするもの

◆清盛に福原遷都を決意させた出来事

『平家物語』に「日本秋津島はわずかに六十六箇国、平家知行の国三十余箇国、既に半国にこえたり」といわれるような栄華を都で平氏がほしいままにしていたとき、ひそかな動きがあった。後白河《ごしらかわ》上皇の次男の以仁王《もちひとおう》が平氏打倒を企てていたのである。

治承《じしょう》四年（一一八〇年）、都で唯一、源氏として生き残っていた源頼政《よりまさ》のすすめに応じて、平氏追討の令旨を発した。しかし、令旨の一件は平氏方の察知するところとなり、追討軍が出された。以仁王は源頼政と共に園城寺に逃れた。

しかし、そこから奈良の興福寺へ向かう途中、宇治橋のあたりで平氏の追討軍に追いつかれてしまい、以仁王と源頼政は戦死をとげた。

この事件は、平清盛に大きなショックを与え、大輪田泊《おおわだのとまり》を擁する福原への遷都を決行させることになる。しかし、福原遷都はかえって人々の反感を買うことになり、すぐにまた平安京に都はもどされた。

たしかに清盛の不安は的中した。以仁王の令旨は、平家の目をかいくぐって諸国の源氏に届けられたからである。

当時、三十四歳であった源頼朝が配流先の伊豆で、源行家からこの令旨を受けとったのは一一八〇年四月のことであった。頼朝は一一五九年の平治の乱で父の義朝が敗れて殺害されたあと、逮捕されて死罪になるところ、清盛の義母の池禅尼《いけのぜんに》の助けで伊豆へ流されていた。

一一八〇年八月十七日、源頼朝は平兼隆《たいらのかねたか》の館に夜討ちをかけて挙兵した。このとき、頼朝に従ったのは妻の北条政子、舅の北条時政、土肥実平《どひさねひら》らごく少数の兵しかいなかった。

その後、石橋山の合戦で大庭景親《おおばかげちか》と戦って敗れ、からくも一命をとりとめて安房《あわ》に逃れ、上総・下総・武蔵を経由して、その間、千葉介常胤《ちばのすけつねたね》・上総介広常《かずさのすけひろつね》らの軍勢を加えて鎌倉に入った。鎌倉の主、源頼朝の誕生である。

頼朝が鎌倉に入った十月には、富士川の合戦がおこなわれた。頼朝追討の命を受けた平維盛《これもり》（清盛の孫）が富士川をはさんで源氏軍と対峙したが、水鳥の羽音を敵の来襲と勘ちがいして逃走するというぶざまな敗北をした。

■頼朝の挙兵

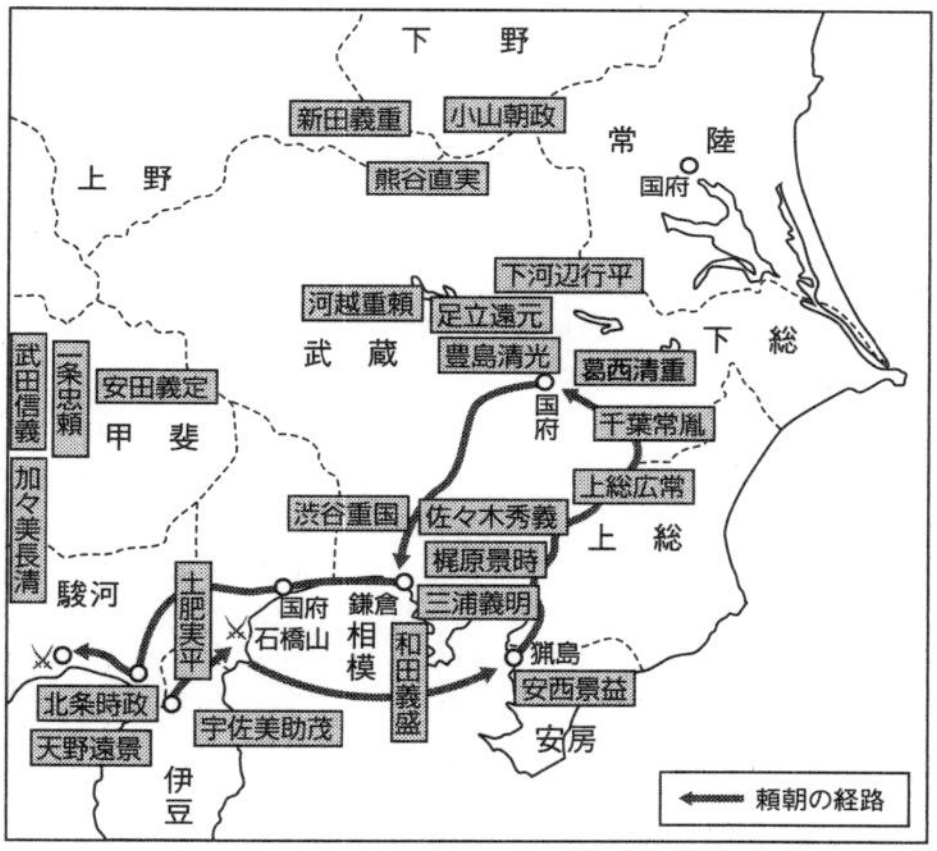

「日本史年表・地図」（吉川弘文館）をもとに作成

1180年8月、源頼朝は挙兵する。その後、石橋山で大庭景親と戦って敗れるが、安房に逃れ、上総、下総で軍勢を加えて鎌倉に戻る。同年10月に行われた富士川の戦いでは、平維盛の軍が水鳥の羽音を敵の来襲と勘違いして敗走したとつたえられる。

■源平合戦の流れ

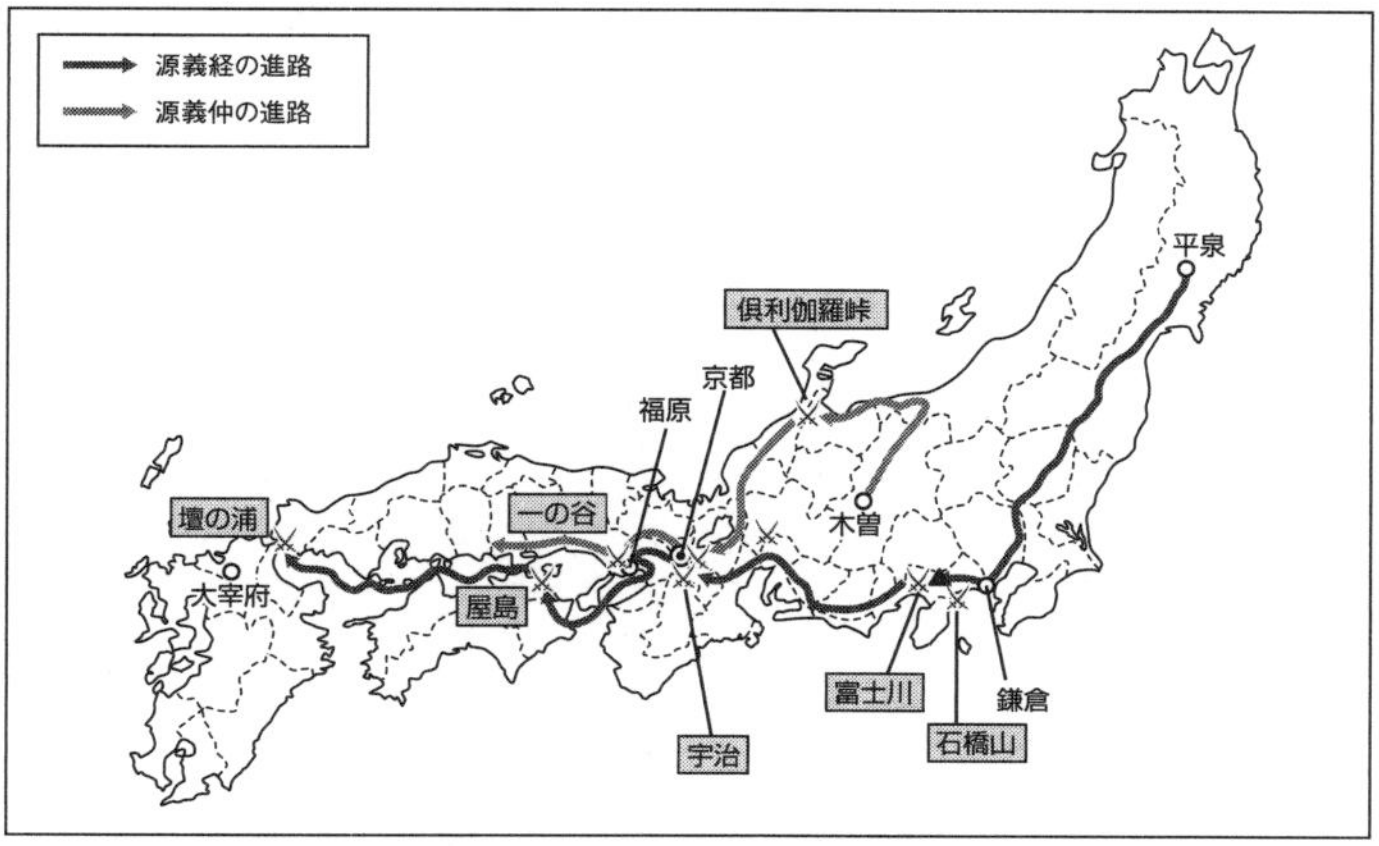

1180年9月、源義仲が平氏追討の兵を挙げた。翌年、千曲川横田河原の合戦で平氏方の城助職を破り、越前合戦では、平通盛を破る。1183年の礪波山の戦い（倶利伽羅峠）では、平維盛の大軍を打ち破り、入京を果たす。その後、後白河上皇との関係を悪化させた義仲は、後白河上皇を幽閉するが、源頼朝の命を受けた義経・範頼の軍との戦いに敗れ、戦死する（1184）

◆倶利伽羅峠で平氏の大軍を破った木曽義仲

源頼朝の挙兵に二十日ほど遅れた一一八〇年九月、木曽にこもっていた源義仲も平氏追討の兵を挙げた。

木曽義仲と称して信濃の中原兼遠のもとで成長した義仲は、武勇に秀いでていることで知られていた。

一一八一年六月に千曲川横田河原の合戦で平氏方の城助職《じょうすけもと》を退け、九月には越前合戦で平通盛を打ち破った。

そして、一一八三年五月には越中の礪波山《となみやま》の倶利伽羅《くりから》峠で平維盛の大軍を破った。このときの義仲は、角に松明《たいまつ》をつけた牛を放って夜襲をかけたといわれる。

この戦いに勝利した意味は大きく、頼朝の命をうけて京都をめざして東海道をいく源義経軍に先んじることになった。事実、義仲はこのあと二か月あまりで上洛をはたしたのである。

一方、平氏方はこうした騒ぎの最中、一一八一年に一族の棟梁である清盛が病死して、都落ちをよぎなくされることになる。

46 平氏を追いつめた源義経の知略とは？

◆西国へ逃れた平氏

源義仲《よしなか》の上洛に恐れをなした平氏一門は、一一八三年七月、幼い安徳《あんとく》天皇をつれだって西国へと逃走を始めた。いわゆる平家の都落ちである。そのあとを追うようにして、源義仲が入京してきた。義仲は京の人々に迎えられ、左馬頭《さまのかみ》に任じられた。このとき「朝日将軍」という称号も与えられたといわれる。

しかし、都での義仲の評判は次第に悪くなっていった。義仲軍は戦闘にかけてはたしかに勇猛であったが、秩序という面では統制がとれていなかった。それに加えて後白河《ごしらかわ》上皇と義仲の関係も微妙であった。

上皇は義仲に清盛のような独裁権を与えるつもりは毛頭なく、鎌倉の頼朝とバランスをとり、その上に自分が君臨しようとしたからである。

こうした中、一一八三年十一月、義仲は上皇を幽閉してしまった。両者の決裂である。義仲は強引に征夷大将軍になったが、こうした無理は、鎌倉の頼朝にチャンスを与えることになった。上洛を義仲に先んじられた頼朝であるが、ここに上皇の救出のための上洛という口実を得たのである。さっそく、頼朝の命をうけた義経らの軍勢が都をめざして攻めのぼってきた。

一一八四年正月、義経らは上洛をはたし、敗れた義仲はわずか主従七騎で落ちていく最中、粟津松原で戦死した。

◆合戦を彩る二つのドラマ

一方、都落ちした平氏軍は、西国で兵をたてなおし、軍を進め福原へと進出してきていた。

都で源氏が一族争いをしているのを横目でながめて、再上洛の機会をうかがっていたのである。

摂津の一の谷（神戸市）に平氏が陣を構えたというので、一一八四年二月、源義経たちは平氏追討のため出陣した。

一の谷は、前は海、背後は急斜面で、守るに易く攻めるに難い地形であった。しかし、ここで義経による名高い鵯越えの逆落としの奇襲がおこなわれる。義経は、わずかな主従を率いて、一の谷の背後の人馬を寄せつけない急斜面に回りこみ、ここから敵陣へ一挙に

■一の谷の戦い

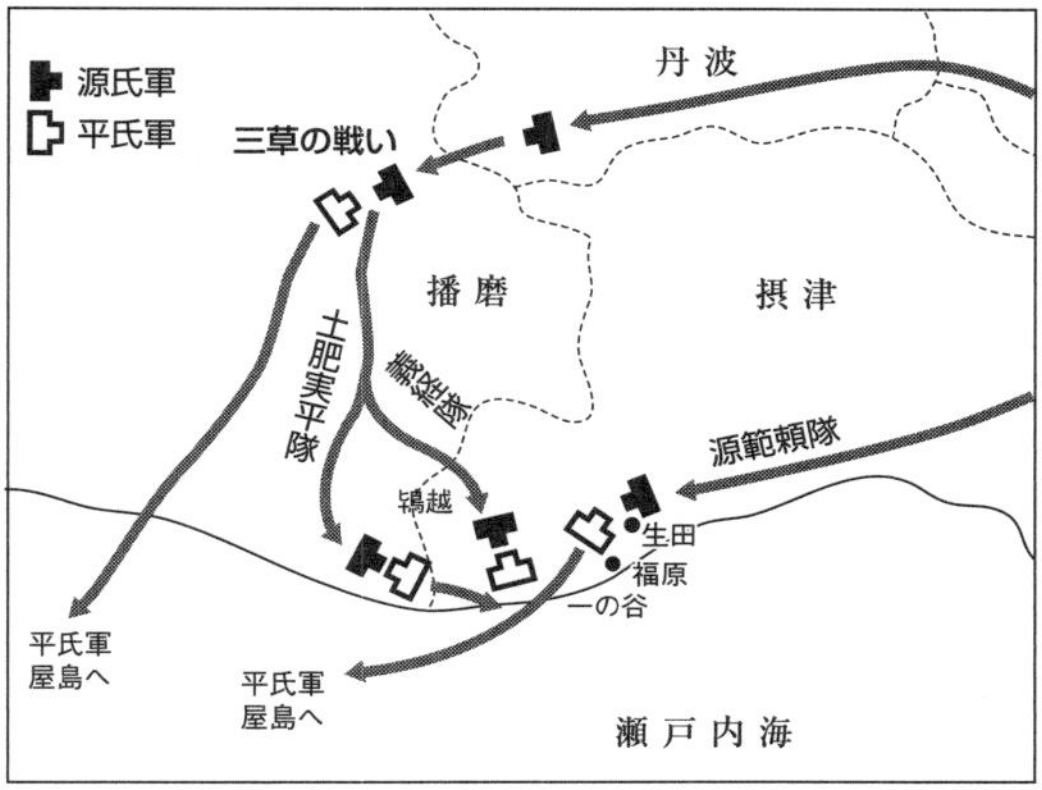

一の谷は海と急斜面に囲まれ、天然の要害ともいえる地であった。この人馬を寄せ付けない急斜面に回りこんだ源義経は、ここを降り落ちるという奇襲を敢行、平氏を敗走に追い込む。史上名高い「鵯越えの逆落とし」である

■屋島の戦い

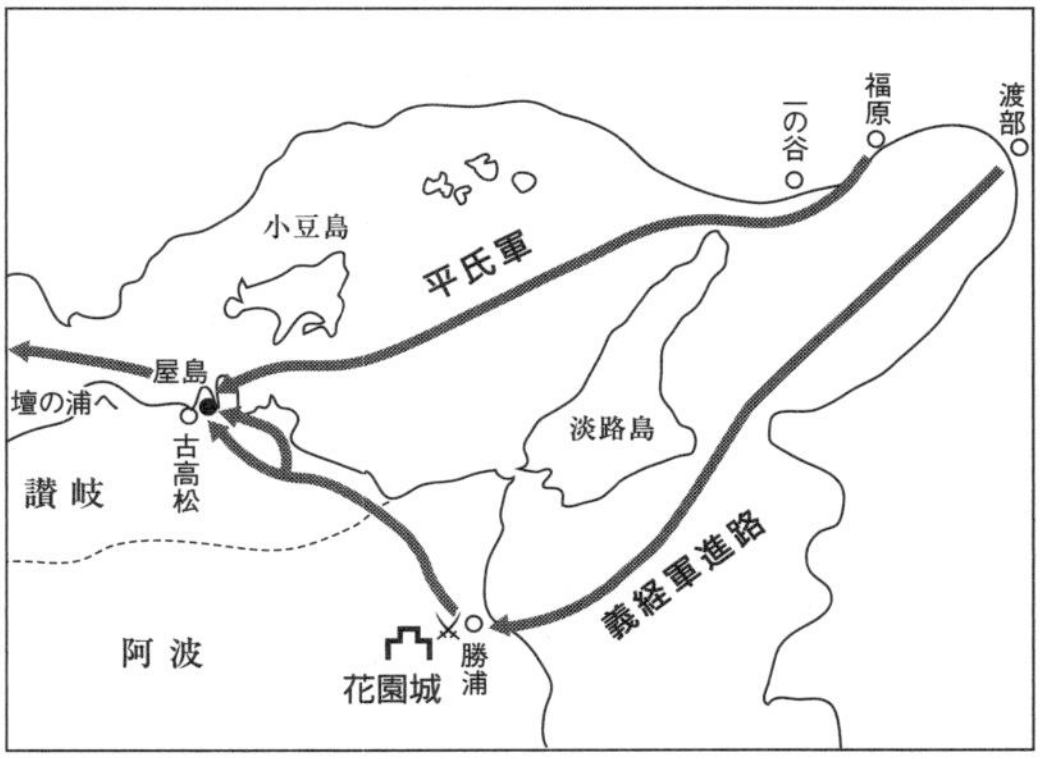

屋島に逃れた平氏軍を追って、暴風雨のなか海を越えた義経軍は勝浦に上陸。屋島に急行すると、平氏軍に襲いかかり、敗れた平氏軍は瀬戸内海を敗走、壇の浦の最終決戦をむかえることになる

武将としての源義経

源義経というと悲願のヒーローで、ドラマなどでは美男子が演じることになっている。しかし、実際は歯がでていてあまり良い男ではなかったといわれている。武士としても豪傑ではなかったが、作戦を立てるのがうまかったといわれる。一の谷の合戦、屋島の合戦にみられる奇襲は、まさに義経ならではの戦いぶりといえよう。

攻め降りたとされる。

あまりの急斜面にしりごみする家来に、鹿の足あとをみつけた義経は、「鹿も四本足なら馬も四本足、鹿が降りられて馬が降りられぬはずはない」といって自ら駆けおりたと伝えられている。

このとき、駆けおりた侍の一人に畠山重忠がいるが、降りる途中で愛馬が足をいためてしまったため、憐れに思った重忠はその馬をかついで坂をおりたと伝えられている。有名な一の谷の戦いの鵯越《ひよどりごえ》の逆落としであるが、これについては近年異論も出されている。

いずれにしてもこの奇襲で平氏はなすすべもなく敗退し、四国の屋島へと逃れた。

屋島へ逃れた平氏軍を、再度、義経の奇襲がおそいかかる。一一八五年二月、大暴風雨の日に、義経は攻撃のために軍船をくり出したのである。

このとき義経軍は、わずかに五艘一五〇騎であったという。しかし、不意をつかれた平氏は、また敗れ去ってしまうのである。

屋島の戦いにさいしては、平家方が軍船に扇の的をかかげて射ってみよと挑発したところ、源氏方の那須与一が、見事これを射落として両軍からやんやのかっさいを浴びたとも伝えられている。

47 源氏の時代がはじまるきっかけとなった壇の浦の最終決戦の謎

◆戦う前、平氏は包囲されていた

一の谷の戦い・屋島の戦いと続けざまに敗れた平氏は、関門海峡の壇《だん》の浦《うら》に最後の決戦の場を求めた。

源氏の軍船八四〇艘、平氏の軍船五〇〇艘が一一八五年三月二十四日、ぶつかりあった。壇の浦の合戦である。

しかし、この戦いは、戦う以前にすでに勝敗が決していたといってもよいほど源平両軍のモチベーションには差があった。

屋島の戦いのあと、義経をはじめとする源氏軍は、もともと用意した軍船百数十艘に伊予の河野氏の水軍三〇をはじめとする四国の水軍を吸収するなどしてどんどん巨大化していった。

源氏方が周防につくと、さらに他の軍船数十艘が加わり、兵力は日に日に増していったのである。

これに加えて、平氏の背後である周防《すおう》・長門《ながと》から九州にかけては源範頼《のりより》が軍をすすめ、平氏の退路を絶つかまえをみせていた。つまり、平氏は、五〇〇艘の兵船で、関門海峡の制海権を保持していたものの、周囲はぐるりと源氏に包囲されていたといってもよいのである。

状況的に不利な中で、平氏軍は、山峨秀遠《やまがひでとお》を第一陣とする三段構えの陣形をとった。第三陣の後方には、清盛の未亡人である時子（二位尼《にいのあま》）にいだかれた安徳天皇や天皇の母である建礼門院をはじめとする女房たちの御座船がひかえていた。

激戦の末、戦いは漕ぎ手を集中的にねらった戦法や潮の流れ・方向をたくみに利用した源氏軍が勝利をつかんだ。

平氏軍は、総大将の知盛《とももり》をはじめとして経盛《つねもり》・教盛《のりもり》・資盛《すけもり》といった一門の大方が戦死し、宗盛《むねもり》・時忠《ときただ》らは捕えられた。

歌舞伎などにみられる知盛が遺体をひき上げられないようにいかりを体にまきつけて海中に飛びこむエピソードや、平教盛に追いかけられた源義経が船から船へと飛び移って逃げる八艘飛びのエピソードはこのときのものである。

◆運命に翻弄されたその後の平氏

敗色が濃厚となった平氏の女房たちの御座船はあわれをさそった。多くの女房たちはわ

■壇の浦の合戦での潮の流れ

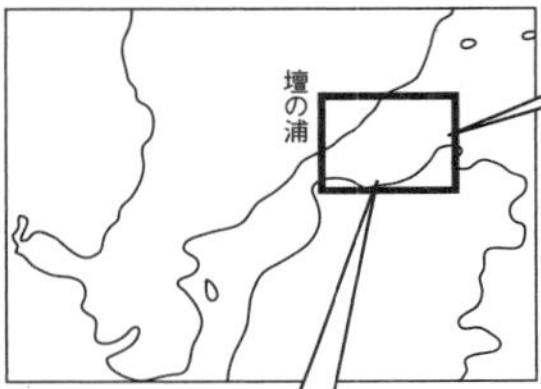

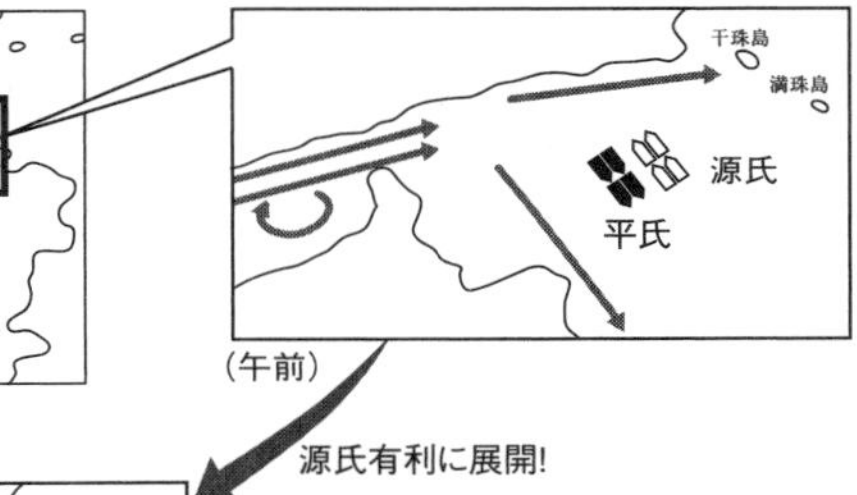

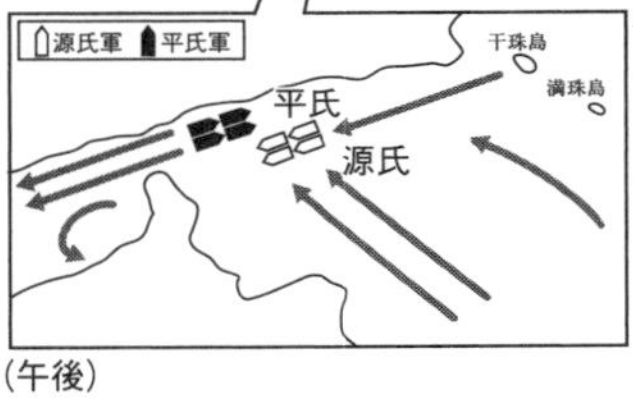

三種の神器

天皇のシンボルとされる三種の神器（剣・玉・鏡）であるが、実はこの三種の神器という形は古代の史料ではあまりみられない。意外なことに平家の盛衰を描いた『平家物語』が史料としては古い方といえる。

■平安時代後期年表

1027	(万寿4)	藤原道長亡くなる
1028	(長元1)	平忠常の乱
1045	(寛徳2)	荘園整理令
1051	(永承6)	前九年の役起きる
1053	(天喜1)	平等院鳳凰堂完成
1062	(康平5)	前九年の役終結
1069	(延久1)	延久の荘園整理令
1083	(永保3)	後三年の役起きる
1086	(応徳3)	白河上皇による院政がはじまる
1087	(寛治1)	後三年の役終結
1095	(嘉保2)	白河上皇が北面の武士を設置
1129	(大治4)	鳥羽上皇による院政がじはじまる
1156	(保元1)	保元の乱
1158	(保元3)	後白河上皇による院政がはじまる
1159	(平治1)	平治の乱
1160	(永暦1)	平治の乱で破れた源義朝の子頼朝が伊豆へ流される

1167	(仁安2)	平清盛が太政大臣となる
1177	(治承1)	鹿ヶ谷の陰謀
1179	(治承3)	平清盛が後白河法王を幽閉
1180	(治承4)	以仁王が平氏追討の令旨を発する
		源頼朝が挙兵。石橋山の戦いで破れる
		頼朝、安房経由で鎌倉に入る
		富士川の戦い
1181	(養和1)	平清盛亡くなる
1183	(寿永2)	木曽義仲、砺波山の戦いで平氏破る
1184	(寿永3)	一の谷の戦い
1185	(文治1)	屋島の戦い
		壇の浦の戦い(平氏滅亡)
1187	(文治3)	源義経が奥州へ逃れる
1189	(文治5)	源義経、殺害される
		源頼朝、奥州平定
1192	(建久3)	源頼朝、征夷大将軍となる

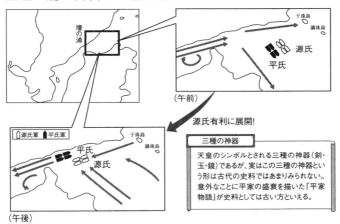

れ先にと海へ飛びこんでいった。このとき、安徳天皇の生母である建礼門院（徳子）も入水したが、助けられて死ぬことができなかった。

七歳の安徳天皇は清盛の未亡人時子と共に海中に沈んだ。このとき剣・玉・鏡の三種の神器も行方不明となってしまった。のちに玉・鏡は無事もどったが剣はついにみつからなかった。

安徳天皇の生母である建礼門院も数奇な運命をたどることになる。

建礼門院も多くの女房たちと海中に飛びこんだのであるが、幸か不幸か救出されてしまうのである。

その後、京都の郊外である大原の寂光院に移された建礼門院はそこで余生を送ることになる。

平氏一門の栄枯盛衰をあますところなく描いた『平家物語』の最後は、寂光院で暮らす建礼門院のもとに後白河上皇がたずねてきて昔語りをするという「大原御幸」でしめくくられている。

身は武士である平清盛の娘として生まれ、天皇の母となって絶頂を極めたのちは、海のもくずとなる経験をし、今はこうして大原で余生を送っていると語る建礼門院の言葉は、まさに平氏そのものをいいあらわしているように思われる。

特集2

日本神話と古代日本の実像を追う

イザナキとイザナミの「国生み神話」が持つ意味

■国土の創造

日本列島の誕生の由来を神話の面から説明したのが国生み神話であり、その主人公がイザナキ・イザナミの二神である。国土の創造という点で神話でも重要な役割を担っている。

『古事記』では、天地のはじめに、アメノミナカヌシなどの五神、すなわち「別天《ことあまつ》神《かみ》」が登場し、そのあとをうけてクニノトコタチ以下の「神世七代」が姿をみせる。その神世七代の最後を飾るのがイザナキ・イザナミ男女二神にほかならない。

イザナキ・イザナミに与えられた任務は、まだつかみどころなく漂っている状態の地上をしっかりと作り固めることであった。そこで両神は、天神一同のこの言葉をうけて、与えられた天の沼矛《ぬぼこ》をもって、天の浮《うき》橋《はし》に立ち、天の沼矛を地上におろして海水をかきまぜて引き上げたところ、矛の先より塩がしたたり落ちて島になった。これがオノゴロ島である。

このオノゴロ島に天降ったイザナキ・イザナミ両神は、天の御《み》柱《はしら》を立てて、これを壮大な建物にみたてた。そして、イザナキからイザナミに姿をたずねると、イザナミは我が身には合わないところがあるという。すると、イザナキは自分にはあまっているところがあるといい、このあまっているところでイザナミの合わないところをふさいで国土を生もうともちかける。つまり、夫婦になって国土を生もうというわけである。この申し出に、イザナミも同意すると、二神で天の御柱を回って性交することになる。

イザナキは天の御柱を左から回り、イザナミは右から回り、出会ったときイザナミがまず、「ああ、何と良い男だこと」といい、ついでイザナキが「ああ、何と良い女だ」といった。すると、イザナキは女性が最初にいうのはよくないと告げたが、二神は性交に及ぶことになる。その結果、誕生したのが水蛭子《ひるこ》とされるが、この子は葦船に入れて流してしまった。次に淡島を生んだが、これも子としては認めなかった。

つまり、イザナキとイザナミの国生みは、はじめうまくいかなかったことになる。二神は高天原へもどり国生みがうまくいかないことを報告し、その原因をたずねたところ、天神は太占の占いをして、「女性からものをいったからうまくいかなかった」と教え、やりなおすようにといった。

イザナキ・イザナミ両神はオノゴロ島に帰り、再度、柱の周囲を回り、出会ってかられず男神であるイザナキの方から声をかけた。そして、性交したところ、淡道《あわじ》の穂の狭別島《さわけのしま》、すなわち淡路島が生まれた。

次に、伊予《いよ》の二名島《ふたなのしま》、すなわち四国を生むのであるが、この島については、「面《おも》四つあり」とあって、それぞれについて伊予国はエヒメ、讃岐国《さぬきのくに》はイイヨリヒコ、粟国《あわのくに》（阿波国）はオオゲツヒメ、土左国《とさのくに》（土佐国）はタケヨリワケというように、人格的な名前がついている。こうした人格的な名称はこのあとの国生みについてもでてくる。

すなわち、次に隠岐《おき》の三子島《みつごのしま》を生むが、この隠岐島には、アメノオシコロワケという別名がつけられている。次に生んだ筑紫《つくしの》島《しま》には、「身一つにして面四つあり」と記されており、それは筑紫国（シラヒワケ）・豊国《とよのくに》（トヨヒワケ）・肥国《ひのくに》（タケヒムカヒトヨクジヒネワケ）・熊曾国《くまそのくに》（タケヒワケ）のことをいっている。

その後もイザナキ・イザナミによる国生みは続き、伊伎島《いきのしま》・津島《つしま》を生んでいる。この二島は、壱岐・対馬のことであり、各々、アメヒトツバシラ・アメノサデヨリヒメという別名をもっている。次いで、佐度島《さどのしま》、すなわち佐渡島を生んでおり、さらに、大《おお》倭豊秋津島《やまととよあきづしま》を生んでいる。この大倭豊秋津島は大和を中心とした畿内に当たる地域とされ、アマツミソラトヨアキヅネワケという名前をもっている。そして、以上の八島を合わせて大八島《おおやしま》国と総称している。これで一応の国生みが終わったことになっているが、イザナキ・イザナミが国生みを終えて帰るときにさらに六島を生んでいる。それが、吉備児島《きびのこじま》（児島半島）—タケヒカタワケ、小豆《あづき》島—オオノテヒメ、大島《おおのしま》—オオタマルワケ、女《ひめ》島（姫島）—アメノヒトツネ、知詞島《ちかのしま》（五島列島）—アメノオシオ、両児島《ふたごのしま》（男女群島）—アメフタヤである。

以上が、『古事記』にみられる国生み神話である。国生みによって誕生したほとんどの国に人格的な名前がつけられていて興味深いのであるが、それにもまして、国を

■国生み神話

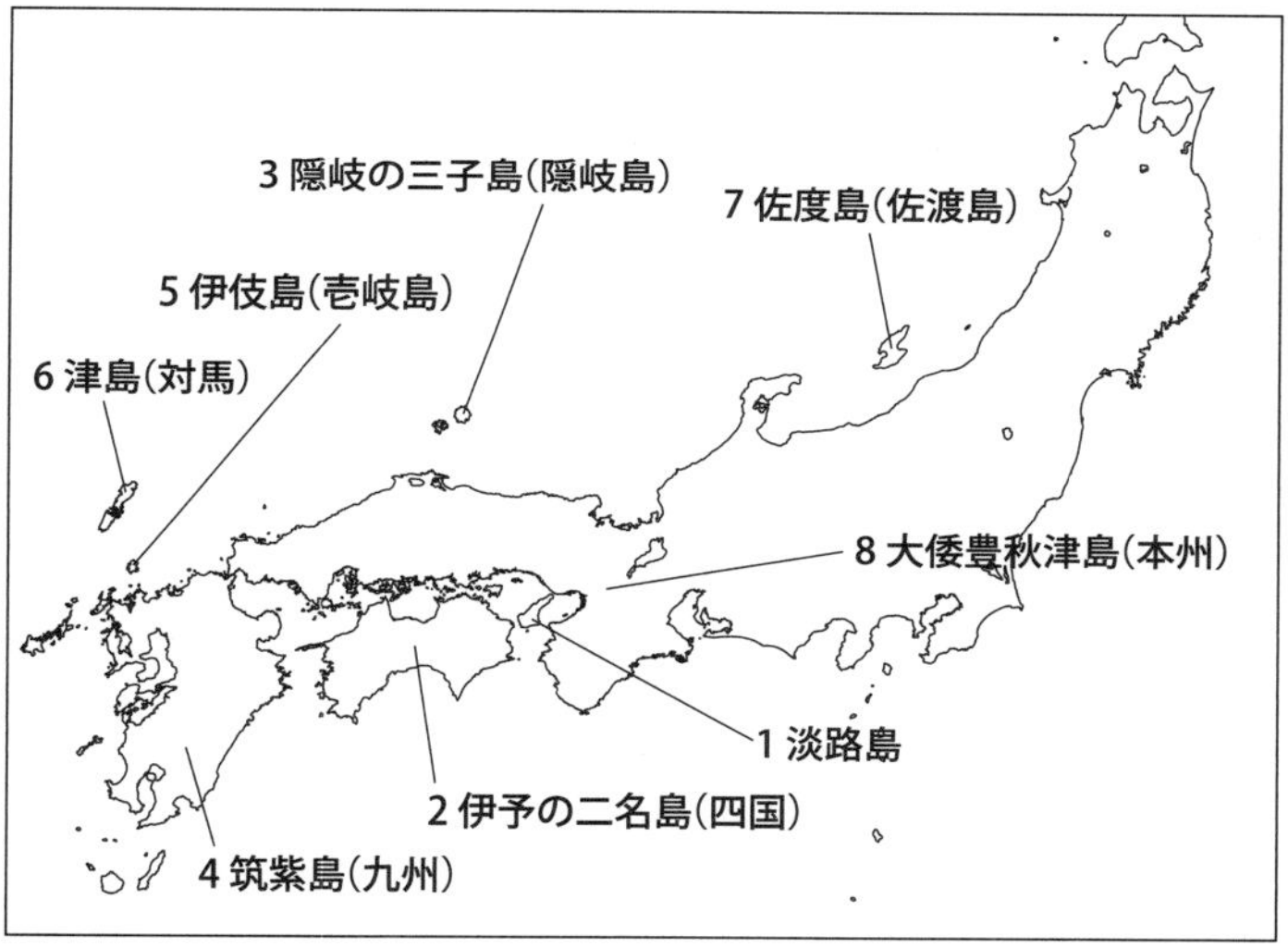

水蛭子
淡島　} 国生みに入れず

大八島国

1 淡路島
2 伊予の二名島
　①伊予国（エヒメ）
　②讃岐国（イイヨリヒコ）
　③粟国（オオゲツヒメ）
　④土左国（タケヨリワケ）
3 隠岐の三子島
　（アメノオシコロワケ）
4 筑紫島
　①筑紫国（シラヒワケ）
　②豊国（トヨヒワケ）
　③肥国（タケヒムカヒトヨクジヒネワケ）
　④熊曾国（タケヒワケ）
5 伊伎島（アメヒトツバシラ）
6 津島（アメノサデヨリヒメ）
7 佐度島
8 大倭豊秋津島
　（アマツミソラトヨアキヅネワケ）

吉備児島（タケヒカタワケ）
小豆島（オオノテヒメ）
大島（オオタマルワケ）
女島（アメノヒトツネ）
知詞島（アメノオシオ）
両児島（アメフタヤ）

生むという国土の創造法は注目される。イザナキとイザナミによる国を生むという方法は、とりもなおさず、生み落とすということで方向的には上から下へということになる。つまり、地面に対して垂直の方向ということである。記・紀神話では、国譲り神話や天孫降臨神話など、こうした垂直型の神話が割合、多くみられる。そして、この垂直型神話の分布は、朝鮮半島からシベリアといった北方に広くみられるともいわれている。つまり、垂直型神話は北方系の神話というわけである。イザナキとイザナミによる国生み神話もこのタイプに入るわけである。それでは、日本の国土創造神話は北方系なのかというと、そう簡単にはいえないのである。それは、『出雲国風土記』にも、国引き神話とよばれるいわば国土創造神話がみられるが、この神話は、国引きという点からもわかるように、地面に対して水平方向の神話なのである。

■国引き神話の内容

『出雲国風土記』の国引き神話は、意宇《おう》郡の地名由来説話である。主人公はヤツカミズオミツヌという巨人神である。この神が、「八雲立つ出雲」は、幅の狭い布のような形をしたできたての国で小さく作ってしまったので、土地をぬい合わせて大きくしようといって国引きを始めることになる。

国引きは全部で四回おこなわれ、具体的には島根半島部を作りあげることになる。まず一回目は、朝鮮半島の新羅から国を引いてくる。ヤツカミズオミツヌが、余っている土地があるかとみるとあるようなので、

■国引き神話の舞台

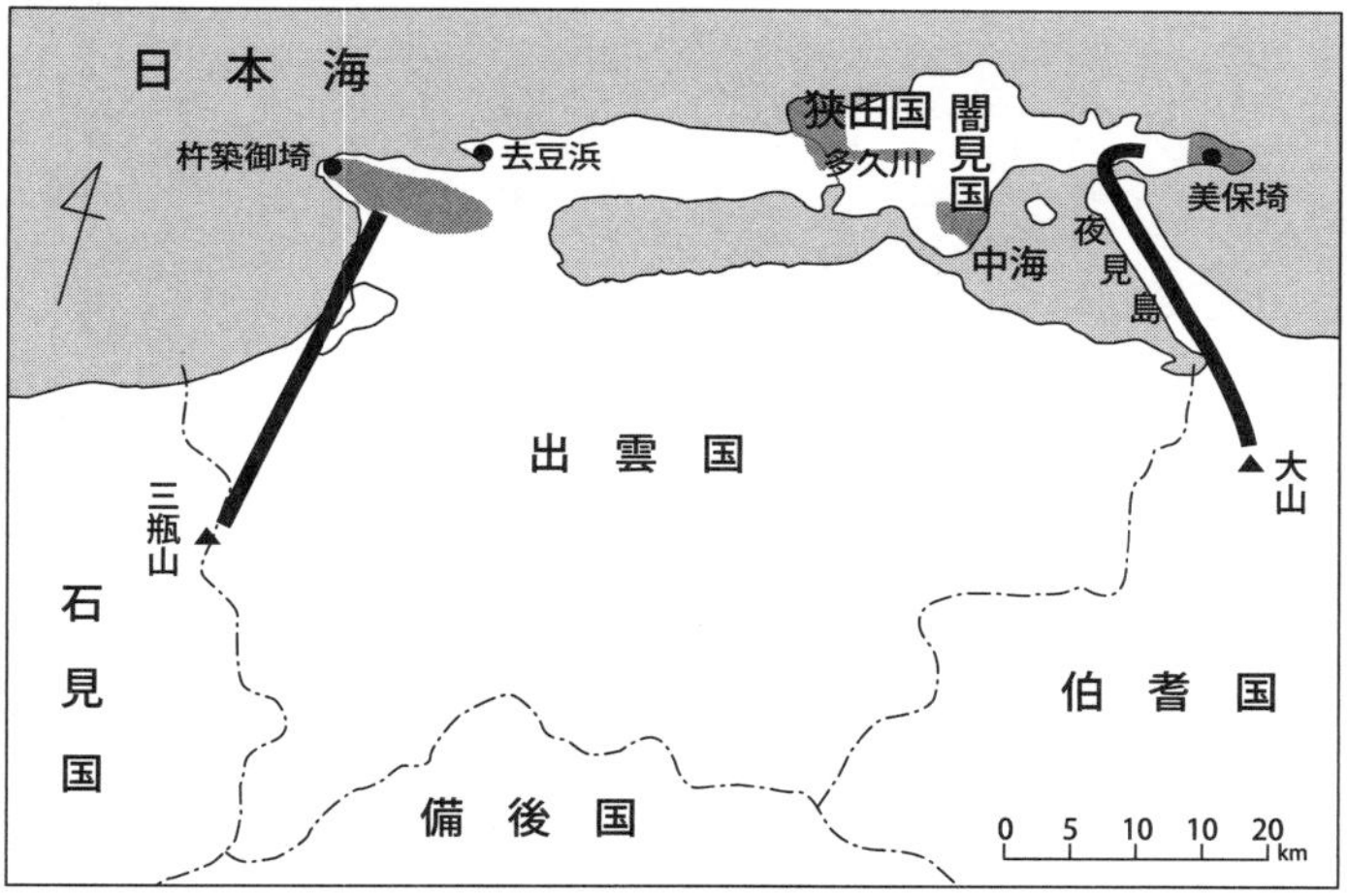

若い女性の広い胸のようなスキで大きな魚を刺し殺すような力で土地を分けとり、三つよりの丈夫な綱で河船を引くように国こい国こいと引っぱってきてぬいつけたと記している。

　こうして国引きしてきた地域はどこかというと、杵築のあたりというから、島根半島の西部にあたるエリアということになり、ここには出雲大社が鎮座している。さらに、この国引きのさいに使用した綱は薗《その》の長浜《ながはま》であり、その綱をつなぎとめた杭が佐比売山（三瓶山）であるとも記している。

　二回目の国引きは、北門の佐伎国からおこなった。一回目と同じようにして国こい国こいと引いてきてぬい合わせたのが佐太神社のある狭田国の一帯としている。二回目の国引きには、綱と杭のことは記されていない。ここにみられる北門については、具体的にどの地域が想定されているかということをめぐって諸説がみられるが、隠岐のことと考えてよいであろう。

三回目の国引きも北門からであるが、農《ぬ》波《なみの》国《くに》を引いてきたとある。この農波国については、多くの写本は「良波」となっているが、良波は地名としてそぐわないというので、農波の誤りかと訂正されたのであるが、農波というのも地名としてあまりあるものとは思えない。おそらくは、写本にみられるように「良波」を生かすべきで、実は「波良《はら》」が写し違って「良波」になったのであろう。「波良」であれば、「原」となり、地名としても自然である。具体的には、隠岐の島後にあたる地域かと思われる。

最後の四回目は、越すなわち北陸からの国引きで、島根半島の東部の美保にあたる部分を引いてきたことになっている。このとき使った綱が夜見島（弓が兵）であり、杭は火神岳（大山）であるという。

そして、四回の国引きをおえたヤツカミズオミツヌは、意宇の杜に杖をつき立てて、「おゑ」といったと記されている。

以上が国引き神話といわれるものであり、記・紀にはまったく記されておらず、『出雲国風土記』のみに記載がみられる出雲のユニークな神話である。

とりわけ、何よりも注目したいのは、国を引いてくるという国土の創造のしかたである。こうした水平型の国土創造神話も日本にはあるのである。わたしたちは、国土の創造を記した神話というと、記・紀の中のイザナキ・イザナミ両神による国生みがまず思いうかぶが、それに加えて、『出雲国風土記』に国引き神話という、もう一つの国土創造神話があることも忘れてはならないであろう。

スサノオとヤマトタケルにみる古代人の「正義」の謎

■正義とは何か

誰しも悪よりも正義を好むのは事実であろう。とりわけ日本人は、正義が好きなようで、テレビや映画でも勧善懲悪《かんぜんちょうあく》が基本である。外国では、悪漢がヒーローとなる悪漢小説とよばれるジャンルがあるが、日本ではいまひとつ人気がないように思われる。

しかし、そもそも正義とはどういうものなのか、ということを具体的に示せといわれると困ってしまうのではなかろうか。人によってそれぞれ違いがあるであろうし、歴史学的にいうと時代によって差違があるということにもなる。

それでは、古代における正義とは、一体、どのようなものであったのであろうか。これは素朴な質問のようであるが、なかなか難問である。というのは、まず何よりも史料が少ないということがあげられる上に、それらの史料には、政治・経済・文化といった分野のできごとが記載の大半を占め、正義などのいわば思想的・観念的なことがらについてはほとんどといってよいくらい記されていないからである。

けれども、古代においても人々が生活をし、ものを考え、行動していたことはいうまでもないことであり、そうした古代人の規範として正義は重要な役割をはたしていたであろうことはまちがいない。そして、この古代人の正義に近づく糸口として、スサノオのヤマタノオロチ退治やヤマトタケルの西征伝承は、とても興味深い内容をもっているように思われる。

■スサノオの正義

日本神話の中でヒーローの代表ともいうべきスサノオ、そのスサノオといえば、やはり、ヤマタノオロチ退治ということになろう。頭と尾が八つもある大蛇であるヤマタノオロチにのまれようとしているクシ(イ)ナダヒメを助けるためにオロチ退治をおこなうスサノオの姿はまさに勇者といえよう。神楽などでも演目にこのヤマタノオロチ退治がとりあげられることが多く、そこではスサノオとヤマタノオロチとの激闘がくりひろげられる。しかし、『古事記』『日本書紀』にみられるオロチ退治を読むと、少し違ったスサノオ像が浮かびあがってくる。

『古事記』をみてみよう。スサノオは、クシ(イ)ナダヒメの両親であるアシナヅチ・テナヅチに「八塩折りの酒」、これは何度も醸造をくり返して造った強い酒といわれているが、この酒を用意することを命じる。そして、垣根をめぐらせ、その垣根に八つの門を作り、門毎に桟敷を設けてそこに酒船を置かせたのである。もちろん酒船には、八塩折りの酒をいっぱい満たしてオロチがやってくるのを待っていた。するとそこへオロチがやってきて、酒船に頭を垂れてその酒を飲んでしまう。そして、酔ってその場に眠りこんでしまうのである。それをみたスサノオは、持っていた十拳剣を抜いて、オロチを切りきざんで殺してしまうことになる。したがって、スサノオは、オロチと正面から対決して、激闘の末に退治したというのとは、少し事情が違うのである。酔いつぶれて眠ってしまっているオロチの首を切り落としていたというのが実情のようである。

それにしても、事前のスサノオの用意周到さには驚かされる。単なる荒ぶる神ではない、計画性というか深慮遠謀さが読みとれる。それに対して、オロチの不用意さには目をおおうものがある。いくら酒を出されたからといって、よくわからないのに飲んだくれて、眠りこんでしまうのは、あまりにも油断がすぎるというか、うかつである。そのようなオロチが殺されるのは当然ということにもなろうが、それでも、スサノオの一連の行動は、ヒーローとしては、何かものたりない感じをもつ人もいるのではなかろうか。しかし、あくまでもスサノオは善であり、オロチは悪なのである。ここに、古代における正義の一端をかいまみることができるのである。

■ヤマトタケルの場合

もう一例、ヤマトタケルの西征をみてみたい。ヤマトタケルは、景行天皇の皇子であり、これまた古代史を代表するヒーローの一人である。もともとヲウスという名であり、兄のオウスとは双子の兄弟である。『日本書紀』では、もう一人、ワカヤマトネコが兄弟となっているが、『古事記』では、さらに、クシツヌワケとカミクシの二人も兄弟となっている。

ヲウスは、子供のときから武勇にすぐれており、ときとしていきすぎることとさえあった。それは、兄のオウスを殺害した事件である。

景行天皇は、美濃国のエヒメ・オトヒメ姉妹が大変、美しいときいて妻にしようとして、オウスに使者の役を命じた。ところが、こともあろうに、オウスがエヒメ・オトヒメと通じてしまう。そのせいでオウスは天皇の前に出なくなってしまう。天皇は、ヲウスに朝夕の会食に出席するようさとすようにいいつけるが、五日たってもオウスは出てこない。そこで、天皇はヲウスに確認したところ、すでにさとしたという。どのようにさとしたのかと問うと、オウスが明け方にトイレに入ったとき、捕まえてつかみつぶして手足をひきちぎって投げすてたというのである。天皇はびっくりしてその荒々しい気性を恐れたという。

そのようなことがあり、ヲウスは西方の二人のクマソタケルを討つように命じられる。このときヲウスは十五、六歳であった。クマソタケルの家に着いて様子をみると、厳重な警戒体制がしかれていた。ちょうど新築祝いの宴があるというので、その日を待ち、童女のいで立ちをして、女たちの中に交ってクマソタケルの家へ入りこんだ。するとクマソタケルは女装したヲウスを二人の間に招き寄せ、宴に興じた。そして、宴もたけなわなころをみはからって、ヲウスは懐の剣をぬいて二人のクマソタケルの弟の方を刺しつらぬいた。すると、クマソタケルは、今まで自分たちより強い者に会ったことがなかったが、あなたの方が強いといい、ヤマトタケルという名をたてまつりたいと申しでる。その言葉が終わるとヲウスはクマソタケルにとどめをさしてしまう。そして、これ以後、ヤマトタケルというようになるのである。

　クマソタケルを無事、倒したヤマトタケルであるが、『古事記』ではこのあと、イズモタケルを殺害している。この部分は『日本書紀』にはなく、『古事記』にのみある話である。すなわち、ヤマトタケルは出雲に入り、イズモタケルを殺そうと思うのであるが、まず、友となる。そして、ひそかに木刀を作り、それを身につけイズモタケルに会い、斐《ひ》伊《い》川で共に水浴びをするのであるが、ヤマトタケルはさっと河から上がり、イズモタケルが持っていた剣を手にとる。驚いたイズモタケルが、あわてて河から上がり、ヤマトタケルの剣

■ヤマトタケルの系譜

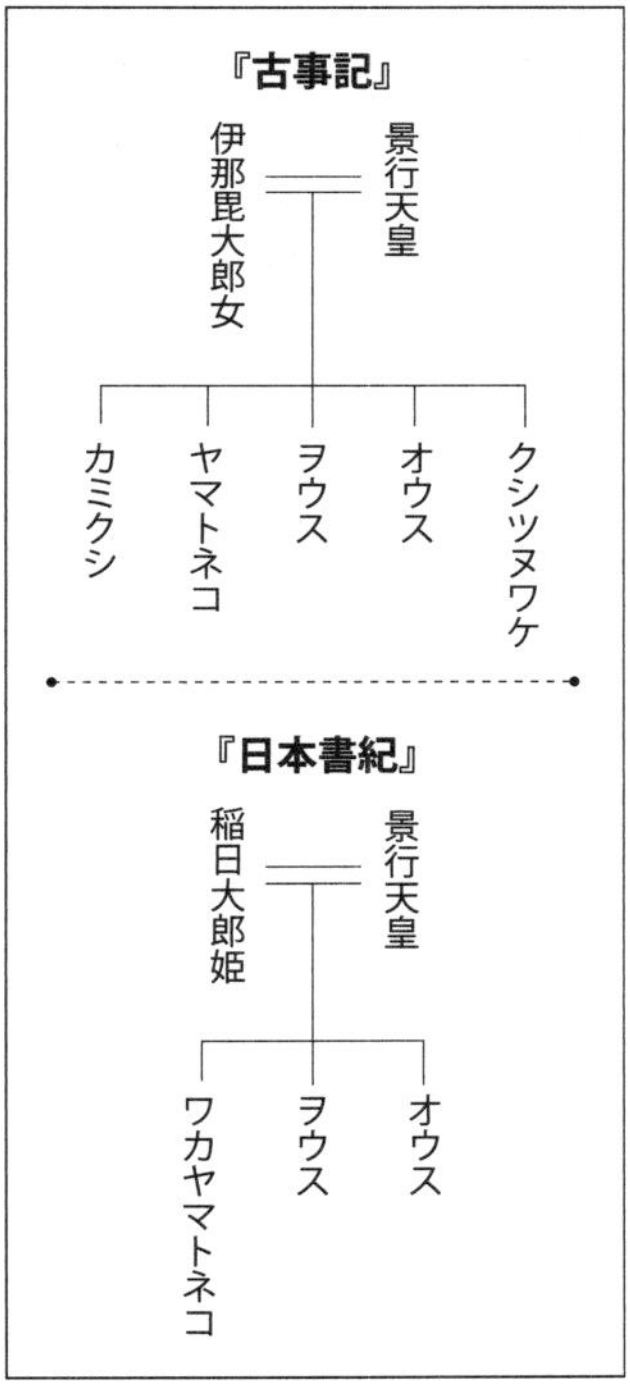

をとると、突然、ヤマトタケルは試合をしようと提案する。いうまでもなく、ヤマトタケルが手にしたイズモタケルの剣は本物であり、イズモタケルが持ったヤマトタケルの剣は木刀である。勝負はみえており、ヤマトタケルはイズモタケルを殺害することに成功するのである。

ここで、あらためてヤマトタケルの闘い方をみてみると、クマソタケルを倒すときには、家の警備が厳しいのを知ると、無理に攻め入ることをせず、チャンスをじっと待っている。そして、新築祝いの宴を利用するのであるが、このときも女装してクマソタケルに近づくという作戦を立てている。こうした用意をした上で、宴席で酒が入り油断したクマソタケルを襲うのである。

イズモタケルを倒すときも、最初から殺害する目的で出雲へ行くのであるが、まず、友好関係を結んでいる。そして、こっそりと木刀を作り、水浴びにつれ出す。その上で、剣をすりかえて、イズモタケルを殺すのである。実に計画的というか、手のこんだ倒し方で、単に武勇にすぐれた豪傑というイメージにはほど遠い気がする。

■古代の正義とは

スサノオとヤマトタケルを例にして、古代の正義についてみてみた。両者とも力づくで相手を倒すのではなく、前もって作戦を立て工夫をして敵にいどんでおり、少々、ずるいといってもよいようにさえ思われる。しかし、あくまでもスサノオもヤマトタケルも善であり、正義なのである。あざむかれたオロチやクマソタケル・イズモタケルが悪いのである。

　いうまでもなく、スサノオやヤマトタケルの例は古代の一面であり、これをもって古代の正義をいいつくしているとはいえないであろうが、両者にみられる正義もまたまちがいなく古代の正義をあらわしているといえよう。

スサノオが退治した ヤマタノオロチの正体

■スサノオのヤマタノオロチ退治

　『古事記』や『日本書紀』にみられる神話の中で、前述したスサノオのヤマタノオロチ退治の神話は、とりわけ有名なもののひとつである。ヒーローが、怪物からお姫さまを救い、最後はめでたく結ばれるというストーリーは、世界的にも広く分布がみられ、ペルセウス・アンドロメダ型説話という名で呼ばれている。スサノオのヤマタノオロチ退治もそれらのひとつといえるのである。

　この神話を『古事記』でみてみると、高天原を追放されたスサノオは、出雲の斐伊《ひい》川の上流の鳥髪《とりかみ》の地に天降る。そのとき、川の上流から箸が流れてくるのをみて、さらに、川をさかのぼると、アシナヅチ・テナヅチという名の国神の老夫婦が娘のクシナダヒメと泣いていた。その理由を問いただしたところ、八人の娘がいたが、越のヤマタノオロチが年毎にやってきて娘を喰らい、とうとう最後のクシナダヒメの番になってしまった。ちょうどオロチがやってくる時期になったので泣いているという返事であった。さらに、スサノオがヤマタノオロチとは、どんなオロチかと聞いたところ、目はホオズキのように赤く、身が一つに頭と尾はそれぞれ八つずつあるという。さらに、オロチの体には、杉の木がはえておりコケまではえていて、長さは八つの谷、八つの丘にまで及ぶほどで腹にはいつも血がただれているというのである。

これらを聞いたスサノオは、オロチ退治とひきかえにクシナダヒメを自分の妻にのぞむ。これに対して、アシナヅチとテナヅチは、スサノオの素姓を問い、アマテラスの弟と知って、娘をさし出すことを承諾する。そこで、スサノオは、クシナダヒメを櫛に変えて髪に挿し、アシナヅチ・テナヅチには強い酒を作ることを命じた。

そして、待っているとヤマタノオロチがやってきて用意されていた酒を飲みほし、酔って眠ってしまう。そこでスサノオは、オロチを切り殺してしまうのであるが、オロチの尾から「都牟刈の大刀」が出てくる。そして、この剣をスサノオは高天原のアマテラスに献上するのである。これが三種の神器のひとつになる草薙の大刀に他ならない。

オロチを退治したスサノオは、宮を造るにふさわしい地を求め歩き、須賀の地に至ってここに宮を造ることに決定する。そして、須賀宮で、

八雲《やくも》立つ　出雲八重垣　妻籠《つまご》みに　八重垣作る　その八重垣を

という歌をよんだとされる。須賀宮の地は、現在の須我神社に比定されており、和歌発祥の地といわれている。

■記・紀とヤマタノオロチ

このスサノオによるヤマタノオロチ退治にみられるヤマタノオロチが一体、何を意味しているのかということについては、いままでもさまざまなことがいわれているが、いまだ定説といえるものはないようである。

たとえば、『古事記』に「高志」のヤマタノオロチとあることから、オロチとは高志（越）、すなわち北陸の勢力の象徴ととらえ、出雲と北陸との間の武力衝突を神話化したものという説がある。この点に関しては、『出雲国風土記』にも意宇郡の拝志郷に、ここから「天の下造らしし大神」、すなわちオオクニヌシが越の八口を平定するために出発したという記事があり、同じく意宇郡の母理郷の長江山の条に、オオクニヌシが越の八口を平定しおえて帰ってきたことが記されている。

しかし、『出雲国風土記』の場合、よくみるとわかるように、主人公はスサノオではなくてオオクニヌシである。また、越の八口とあり、ヤマタノオロチとはなっていない。

八口というのは、地名かともいわれているが、くわしいことは不明である。

つまり、『出雲国風土記』の記事は、ヤマタノオロチを北陸の勢力の象徴とすることに関して、援護射撃になっているようにみえて実は問題も多いといえるのである。

また、ヤマタノオロチを出雲の斐伊川のことと解釈する説も根強い人気があるようにみうけられる。

斐伊川は、出雲を代表する大河川であり、洪水を引き起こすいわゆる「暴れ川」である。その暴れ川としての様子やたくさんの支流をもつことなどがヤマタノオロチとイメージが重なるというわけである。

たしかに、夏に飛行機で出雲縁結び空港に到着すると、着陸する直前に斐伊川がオロチのようにみえる。川幅広く、しかも大きく蛇行した姿をみせ、しかも、天井川なので川床が上がっていて夏の渇水期にはところどころが砂洲のようになっているので飛行機からながめると、まるで大蛇のようである。

しかし、斐伊川が現在のような天井川になったのは、近世になって特に盛んになる採鉄のための鉄穴流しの影響といわれている。

むろん、古代から出雲はたたら製鉄が有名であるが、近世以降のたたら製鉄とくらべると規模は比較にならない。したがって、現在みられる斐伊川河口の情景は古代の斐伊川とはずい分と違う、と考えた方がよいであろう。

また、ヤマタノオロチを斐伊川とする説に立つと、それを倒したスサノオは、暴れ川をおさえた神、つまり、治水の神ということになる。

このようにとらえると、少し疑問がわいてくる。それは、記・紀神話の中に、どうして出雲の治水の話がぽつんと入り込んでいるのかという点である。スサノオのヤマタノオロチ退治神話の前後をみても、出雲の治水に関連する要素はみあたらない。したがって、ヤマタノオロチを斐伊川にみたてて、スサノオを治水の神ととらえることは、やはり問題があるように思われる。

■ヤマタノオロチは出雲の象徴

では、一体、ヤマタノオロチをどのようにとらえるのがよいのであろうか。この点については、やはり、記・紀神話の構成の中で考えていかなくてはならないであろう。

いま、『古事記』によってヤマタノオロチ退治神話の前後をみてみると、

スサノオの高天原での乱暴
↓
アマテラスの天の石屋隠れ
↓
スサノオの出雲への追放
↓
〔ヤマタノオロチ退治〕
↓
オオクニヌシのイナバの素兎《しろうさぎ》
↓
八十神による迫害
↓
オオクニヌシの根国《ねのくに》訪問
↓
オオクニヌシの国譲り
↓
ニニギの天孫降臨《てんそんこうりん》

ということになる。こうした流れをみても、ヤマタノオロチ退治神話を出雲の治水神話

ととらえるのはやはり無理があるように思われる。

　そこで、あらためてヤマタノオロチ退治神話を思い出してみよう。スサノオがヤマタノオロチを切り殺す。すると、オロチの尾から剣が出てくる。この剣をスサノオは、わざわざアマテラスに献上しているのである。

■ヤマタノオロチ退治神話の構造

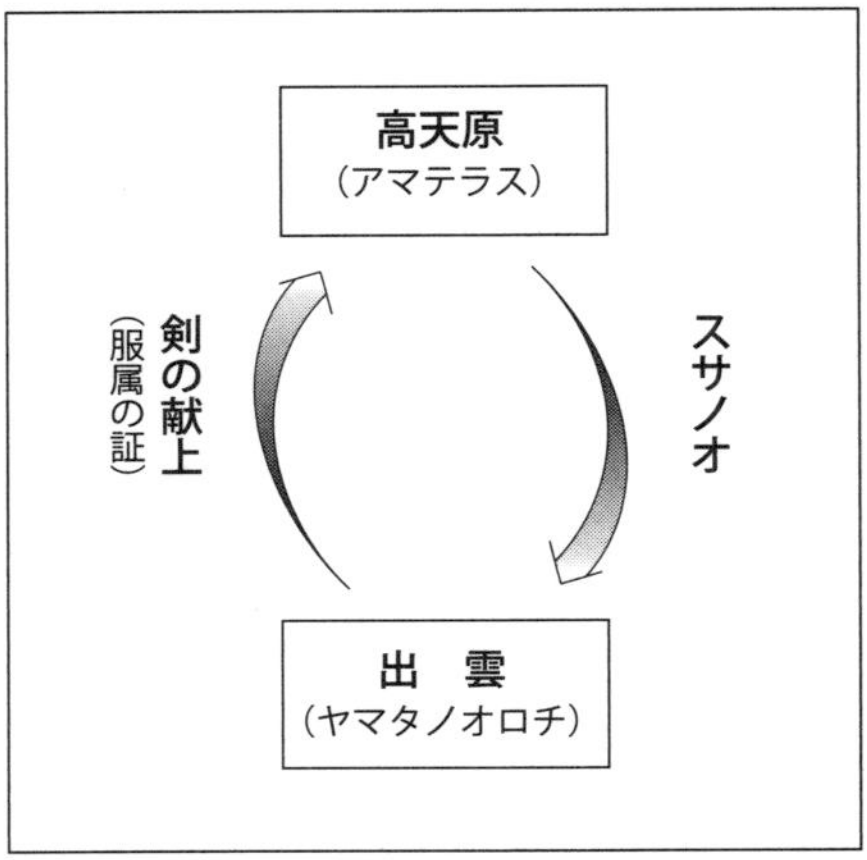

　高天原から追放されたスサノオが、なぜオロチから出た剣をアマテラスに献上しているのであろうか。さらに、ヤマタノオロチ退治神話が世界的にみると、ペルセウス・アンドロメダ型説話に属することはすでにのべたが、このタイプの説でも怪物から剣が出現して、それを誰かに献上するということは例外といえる。つまり、オロチからでてきた草薙剣をアマテラスに献上するという部分は、ヤマタノオロチ退治神話独特ということができる。そして、この部分こそがヤマタノオロチ退治神話の眼目なのではなかろうか。

　すなわち、高天原から天降ってきたスサノオが出雲を平定し、そのあかしとして出雲の神宝＝剣を高天原へ献上するというものである。

剣はしばしば神宝として扱われ、服属のあかしとしての役割を果たすのに十分である。

まして、たたら製鉄が有名であった出雲にとって、剣の献上は大きな意味をもつと考えられるのである。

このようにのべると、それではのちの国譲りとダブるのではないかといわれるかもしれない。しかし、必ずしもそうではないように思われる。

記・紀神話のメインは、オオクニヌシの国譲り、そして、それに続くニニギの天孫降臨である。

しかし、その前、つまり、オオクニヌシ以前の段階で一度、国譲りの出雲版ともいうべき出雲の服属を配置しているのではなかろうか。すなわち、記・紀神話は小さな国譲りをまずおこない、次いで大きな国譲りをおこなうという構造をもっていると考えられる。

■記・紀神話の国譲り

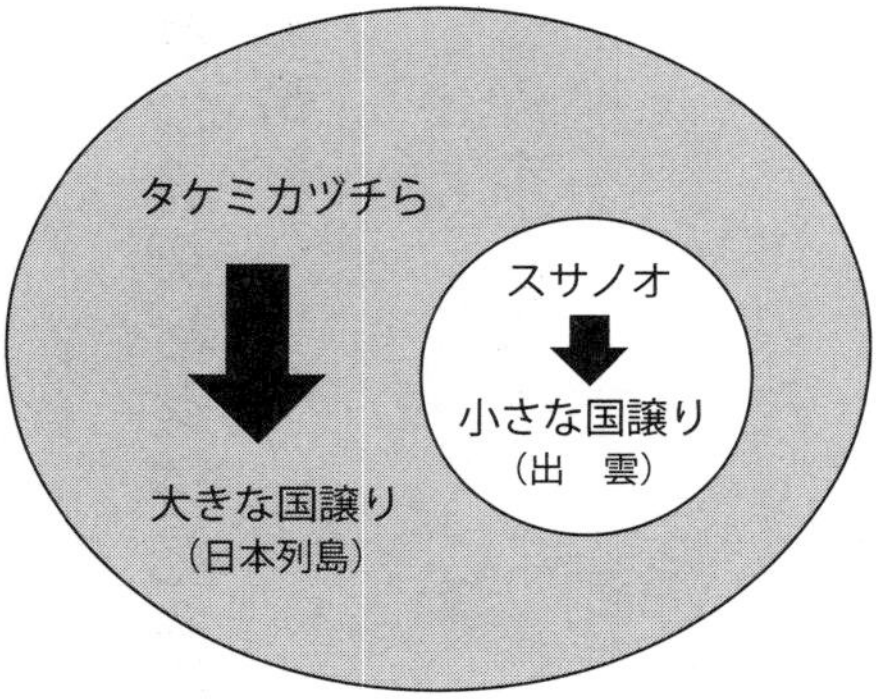

オオクニヌシと女神たちをつなぐ奇妙な接点

■縁結びの神オオクニヌシ

オオクニヌシは多くの女神と婚姻関係を結んでいる。いわば恋多き神といえよう。そのことが現在、縁結びの神として信仰されている理由であるともいわれる。たしかにその要素はあるのかもしれないが、恋多きことと縁結びとを直結させるのは、少し短絡的なように思われる。

一般的にいって、東洋・西洋を問わず神は多くの女神と関係をもつのがふつうであるから、恋多き神イコール縁結びの神と考えるならば、ほとんどの神がこれにあてはまり、縁結びの神になってしまうであろう。にもかかわらずことさらオオクニヌシが縁結びの神として信仰されるのは、国譲り神話をへて幽界をつかさどる神になったからに他ならない。

幽界の神というと、すぐに死者の世界ととらえる人がいるかもしれないが、あの世とばかり解釈するのは正しいとはいえない。幽界とは、目にみえない世界というべきであろう。目にみえるこの世が顕界であり、それに対して目にみえない世界が幽界ということになる。結婚も含めて、仕事や健康など将来の目にみえない一切のことが幽界なのである。

したがって、オオクニヌシが幽界をとりしきるということは、そうしたさまざまなご縁をとりしきるということに他ならないのである。

■ヤガミヒメとイナバの素兎

とはいえ、オオクニヌシがさまざまな女神に婚姻を申し入れているのは事実である。『古事記』では、オオクニヌシはイナバの素兎の神話から姿をみせるが、実はこの神話はヤガミヒメへの妻問いに端を発している。

イナバの素兎の話は、以前ならば「大きなふくろをかたにけ、大黒さまが来かかると、ここにイナバの素兎、皮をむかれてあかはだか……」という唱歌でおなじみであったが、現在はむしろ知っている人の方が少ないのではなかろうか。

このイナバの素兎の神話は、実は『古事記』にのみ記されているもので、『日本書紀』にはみられない話なのである。話のはじまりは、因幡にヤガミヒメという美しい女神がいることをききつけたオオクニヌシの兄弟神である八十神がやってくる場面である。そのときオオクニヌシは、八十神の旅行道具をつめた袋をかつがされて従者としてあとからついてきていた。

気多岬までやってきたとき、皮をはがれて裸になった兎がうつぶせになっていた。そこで、八十神は海水をあびて風にあたり、高い山の尾根にいれば治ると兎に教えてやる。そのとおりにした兎は、さらにひどくなり、泣いているところにオオクニヌシがやってくるのである。そして、兎にそんな体になった理由をたずねると、兎は隠岐にいたが、こちらに渡ってこようとしてワニをだましたというのである。

だまし方はこうである。一族の多さを比べようともち出して、ワニを隠岐から気多岬まで並ばせてその数をかぞえながら渡ってきたというのである。そして、渡りきろうとしたときにだましたことを告げると一番はしにいたワニが兎を捕まえてまるはだかにしてしまった。泣きじゃくっていたときに八十神がきて治療法を教えてくれたが、そのとおりにするとさらにひどくなったと告白した。

そこで、オオクニヌシは、真水で体を洗い、がまのはなをしき散らしてその上に寝ころがるように教える。兎がそのとおりにしたところ、体はもとのようになったという。

そして、その兎が、八十神はヤガミヒメを得ることはできないでしょうといい、袋かつぎをさせられているとはいえ、あなたこそがヤガミヒメと結ばれるでしょうと予言し、実際そのとおりになるのである。

その後、八十神によって二度も命を奪われたオオクニヌシが根の国へ逃れ、そこでスセリビメと結ばれ、正妻とする。

地上にもどったオオクニヌシは、八十神を追いはらい、国作りに着手するが、ヤガミヒメとも結ばれ子もできる。

オオクニヌシは、ヤガミヒメと子を出雲へつれてくるが、スセリビメを恐れたヤガミヒメは、子を木の俣に刺しはさんで自分の故郷に帰ってしまう。

このように、オオクニヌシとヤガミヒメとのロマンスは子をなしながらも悲恋に終わることになるのであるが、その背景には、正妻であるスセリビメの嫉妬があった。スセリビメは根の国でオオクニヌシの強力な助言者として活躍するが、オオクニヌシの正妻としての地上での姿は嫉妬深い女神として描かれている。

■ヌナカワヒメへの求婚

スセリビメの嫉妬がさらにエスカレートしたのが、オオクニヌシのヌナカワヒメへの妻問いである。この話も『古事記』にはみられるが『日本書紀』にはみられない。

ヌナカワヒメは、「高志国の沼河非売」と記されている。このことからもわかるように、北陸の女神で、このあたり一帯に信仰圏をもつ女神であったといわれている。それを裏づけるものとして式内社の奴奈川神社がある。祭神は、もちろんヌナカワヒメ命であり、のちにヤチホコ神（オオクニヌシ）を合祀したとされる。

このあたりには、ヒスイの産地として有名な姫川が流れており、ヌナカワヒメはヒスイを象徴した女神とされている。

『古事記』をみると、ヤチホコ、すなわちオオクニヌシがヌナカワヒメのもとへと出雲から通ってくる。そして、ヌナカワヒメに歌を贈るが、それに対してヌナカワヒメは戸を開けることはせず、内側から歌を返す。そして、その日の夜は会うことをせず、翌晩にオオクニヌシを受け入れたのである。

こうしたオオクニヌシの行動を知ったスセリビメは嫉妬に燃えくるうことになる。ほとほと困りはてたオオクニヌシは、意を決して出雲から大和へとのがれようとするが、その時、スセリビメが態度をあらためたので両神は仲なおりをしたとある。

■オオクニヌシの妻問いの意味

ヤガミヒメやヌナカワヒメへのオオクニヌシの妻問いを表面的によみとると、オオクニヌシの冒険ロマンのようにもみえ、スセリビメという正妻がありながら何とオオクニヌシは恋多き神なのだろうという印象を与える。しかし、オオクニヌシの一連の婚姻譚には、政治的・経済的な意味も隠されているように思われる。

オオクニヌシの出雲、ヤガミヒメの因幡、ヌナカワヒメの越（北陸）、これらはいずれも日本海沿岸の地域であり、対馬海流によって結ばれているエリアということができる。したがって、対馬海流を媒介とした交流がこれらの地域の間にあっても不思議ではない。

その例として、四隅突出型（墳丘）墓をあげることができる。四隅突出型墓は、弥生時代の墓であり、のちの方墳の四つのコーナーがでっぱった形をしている。いわば、ざぶとんの四隅をでっぱらしたような形である。このユニークな形の墓は、出雲を起点に、日本海を北上して北陸の富山県まで分布がみられる。これらの事実から、弥生時代に出雲を中心に独特の四隅突出型墓を共通の墓として用いる政治的な共同体があったとみる説もある。

こうした四隅突出型墓の問題はひとまずおくとしても、日本海を舞台とした交流は早くからあったと考えてよいであろう。

そして、オオクニヌシの妻問い神話もこうした交流を反映したものととらえることは十分に可能性のあることであろう。

国譲り神話の舞台をめぐる不思議とは？

■記・紀神話のハイライト

『古事記』や『日本書紀』にみられる神話を記・紀神話というが、記・紀神話は天皇家の日本列島支配を正統化するために体系的に作られた神話である。

したがって、初めにみられる天地開闢から始まってウミサチヒコ・ヤマサチヒコを経て、初代天皇とされる神武天皇にいたるまで、編纂者は明確な意図をもってこの記・紀神話をまとめているといってよいのである。

記・紀神話は、質も量も豊富であるが、それらの中でも、最も重要な場面といえば、国譲り神話とそれに続く天孫降臨神話といえる。この場面は、オオクニヌシ神が作りあげた葦原中国、すなわち日本列島を高天原のアマテラス大神に譲りわたし、それをうけて高天原からアマテラス大神の孫であるニニギ命が天降ってくるというものである。

そして、ニニギ命の子孫が神武天皇になっていくわけであり、このことはとりもなおさず、天皇家が神代から日本列島の支配者であるといっていることに他ならない。

こうしたことからも明らかなように、国譲り神話・天孫降臨神話は、記・紀神話の中核をなす神話といってさしつかえないのである。

■国譲り神話の内容

それでは、国譲り神話とは、一体、どのような神話なのか、具体的にみてみよう。『古事記』と『日本書紀』とでは、細部においては相違がみられるが、大筋は同じといってよいであろう。

いま『古事記』によって、その内容をみていくならば、最初に、アマテラス大神が日本列島は、自分の子であるアメノオシホミミ命が支配する国であると宣言する。そこで、アメノオシホミミ命が、高天原と地上の間にある天の浮橋に立ってみたところ、地上は大変、騒がしい様子で天降りなどできそうもない所であるといって、高天原へもどり、そのことをアマテラス大神に報告した。

そうした地上への対応策をはかるため、タカミムスヒ神がアマテラス大神の命をうけて、天の安の河原に八百万の神を集めて神議することになる。その結果、アメノホヒ神が地上へ派遣されることになるが、この神はオオクニヌシ神に従ってしまい、三年間、高天原へ復奏していなかった。

高天原ではしびれをきらして、二番手として、どの神を遣わそうかということになり、アメノワカヒコがよいということになる。

しかし、アメノワカヒコもオオクニヌシ神の娘であるシタテルヒメをめとり、八年もの間、連絡してこなかった。

そこで、高天原側はナキメという名の雉をやって様子をみることにしたところ、ナキメはアメノワカヒコによって射殺されてしまう。さらに、ナキメを貫いた矢は天の安の河原にまで到達することになる。

　そこで、タカミムスヒ神が、その矢をとって、地上に向かって投げ返したところ、アメノワカヒコの胸に当たって死んでしまう。

　このことをうけてアマテラス大神は、次にどの神を派遣したら良いかとはかったところ、タケミカヅチ神にアメノトリフネ神をそえて遣わそうということになる。

　二神は、出雲の稲佐浜に天降りしてオオクニヌシ神に国譲りを迫ったところ、オオクニヌシ神は、自分の子であるコトシロヌシ神に諾否をゆだねてしまう。

　このとき、コトシロヌシ神は、島根半島の東端にあたる美保に行っていたため、アメノトリフネをやって呼び戻し、国譲りの諾否を迫ったところ、即座に賛成して、自らは海中に隠れてしまう。

　すると、今度はもう一柱の子であるタケミナカタ神が登場する。この神はコトシロヌシ神と違って、人の国にきてこそこそ話をしているのは誰だといい放ち、力くらべをしようといい出す。

　そして、タケミカヅチ神の手をとったところ、その手は氷柱に変化し、さらに剣の刃に変わった。タケミナカタ神はびっくりして尻込みをしてしまう。するとタケミカヅチ神は、逆にタケミナカタ神の手をとってやすやすとこれを投げ飛ばしてしまった。思わずタケミナカタ神は逃げ出し、ついに信濃の諏訪湖で殺されようとしたとき、命ごいをしてタケミカヅチ神に服従を誓うことになる。

タケミカヅチ神は出雲にもどり、オオクニヌシ神に子神たちが国譲りに応じたことをのべ、再度、国譲りを迫ったところ、さすがのオオクニヌシ神も国譲りに同意して、自分は出雲大社に鎮座することになる。

■もう一つの国譲り神話

『古事記』の国譲りを順を追ってみてきた。これが、一般にいう国譲り神話である。ところが、『古事記』と同じく奈良時代の前半に編纂された『出雲国風土記』には、これとは少し異なった国譲り神話が記されている。

それは、意宇郡の母理郷にみられる神話で、オオクニヌシ神が越の八口を平定して帰ってきたとき、長江山まできて、「私が造って支配している国は天孫に献上しましょう。ただ、出雲国だけは、私の国として守ることにします」といったというのである。

オオクニヌシ神が自分の国を天孫に譲ろうというのであるから、まちがいなく国譲り神話といってよいであろう。神話的にもさほど分量のある話ではないが、この神話の中には、興味深いことがいくつも含まれている。

■ふたつの国譲り神話の相違点

まず、場所の問題である。『古事記』の場合、タケミカヅチ神とアメノトリフネ神は、稲佐浜に天降りして、オオクニヌシ神と国譲りの交渉をおこなう。この稲佐浜は、現在の出雲大社からほど近い海岸のこととされている。

■ふたつの国譲り

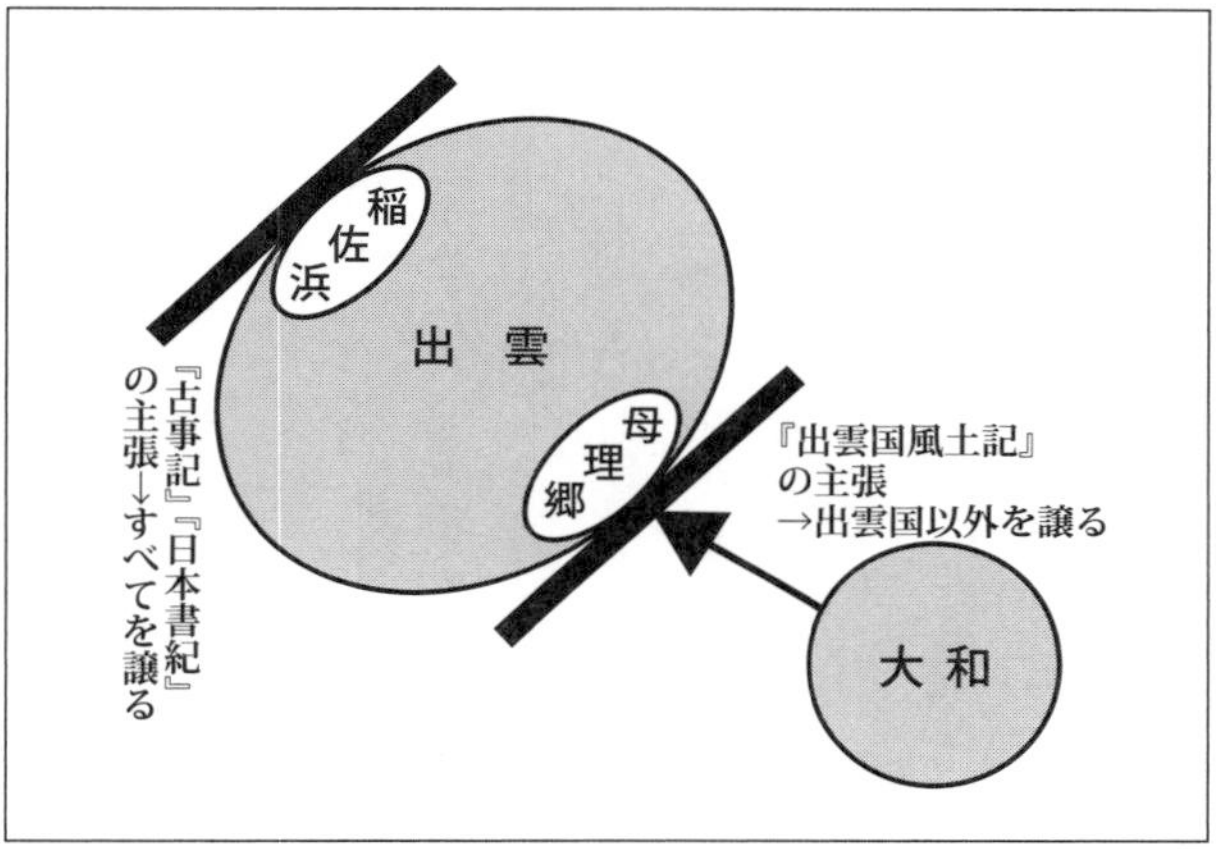

国譲りの舞台・稲佐浜（島根県出雲市）

つまり、神話の舞台は出雲の西部ということになる。

これに対して、母理郷は出雲の東部に位置している。したがって、『古事記』の舞台とは、まったく正反対ということになる。

また、『古事記』では、オオクニヌシ神は葦原中国、すなわち地上のすべての地域を天孫に譲っているが、『出雲国風土記』では、出雲は国譲りの対象外とされ、オオクニヌシ神が支配する地域になっている。

これらの相違点をどのように解釈したらよいのであろうか。

この点については、いまだに定説といったものはないようにみうけられるが、高天原と出雲という視点のうち、高天原を大和に置き換えて考えるとわかりやすいのではなかろうか。

つまり、大和からの国譲りの要求に対して、記・紀の場合には、出雲も含めて、すべて献上しますというのであるから、大和からみて出雲の西部にあたる稲佐浜で国譲りがおこなわれるのである。

これに対して、『出雲国風土記』では、出雲だけは譲りませんというのであるから、大和からみて出雲の入口、つまり東部で国譲りが展開されるのである。

このようにとらえると、国譲りの舞台が一見すると二か所もあって不思議にみえるが、実は、ちゃんと必然性があることがわかるのではなかろうか。

【主な参考文献】

『コンサイス日本人名事典』（三省堂）
『山川日本史総合図録』（山川出版社）
『詳説日本史』（山川出版社）
『日本史年表・地図』児玉幸多編（吉川弘文館）
『日本史ハンドブック』瀧音能之（東進ブックス）
『図説　地図とあらすじで読む古事記と日本書紀』坂本勝監修（青春出版社）
『神々と古代史の謎を解く古事記と日本書紀』瀧音能之（青春出版社）
『古代史を読み解く謎の十一人』瀧音能之（青春出版社）

※本書は『封印された古代史の謎大全』（青春出版社／２０１６年）、『古事記 22の謎の収集』（同／２０１２年）、『覆された古代日本史』（同／２０１１年）、『図説 古代史の舞台裏』（同／２００７年）の内容を再構成し、改題のうえまとめたものです。

著者紹介

瀧音能之　1953年生まれ。現在、駒澤大学教授。日本古代史、特に『風土記』を基本史料とした地域史の研究を進めている。『古代日本の実像をひもとく出雲の謎大全』『誰も言わなかった古代史 謎の十三人を追え!』(いずれも小社刊)、『古代出雲を知る事典』(東京堂出版)、『出雲大社の謎』(朝日新聞出版) ほか。

古代日本《こだいにほん》の歩《ある》き方《かた》 その謎《なぞ》を解明《かいめい》する!

2023年2月10日　第1刷

著　者　瀧《たき》音《おと》能《よし》之《ゆき》

発行者　小澤源太郎

責任編集　株式会社プライム涌光
電話　編集部　03(3203)2850

発行所　株式会社青春出版社
東京都新宿区若松町12番1号〒162-0056
振替番号　00190-7-98602
電話　営業部　03(3207)1916

印刷　大日本印刷　　製本　フォーネット社

万一、落丁、乱丁がありました節は、お取りかえします。

ISBN978-4-413-23291-3 C0021